天津市哲学社会科学规划项目研究成果

我国保险公司治理质量研究

——基于公司治理评价视角

郝臣 等著

南开大学出版社
天津

图书在版编目(CIP)数据

我国保险公司治理质量研究 ：基于公司治理评价视角 / 郝臣等著. -- 天津 ：南开大学出版社，2024. 10.
ISBN 978-7-310-06638-4

Ⅰ. F842.3

中国国家版本馆 CIP 数据核字第 2024BP9386 号

我国保险公司治理质量研究——基于公司治理评价视角
WOGUO BAOXIAN GONGSI ZHILI ZHILIANG YANJIU
——JIYU GONGSI ZHILI PINGJIA SHIJIAO

南开大学出版社出版发行
出版人:刘文华
地址:天津市南开区卫津路 94 号　　邮政编码:300071
营销部电话:(022)23508339　营销部传真:(022)23508542
https://nkup.nankai.edu.cn

天津泰宇印务有限公司印刷　全国各地新华书店经销
2024 年 10 月第 1 版　　2024 年 10 月第 1 次印刷
230×170 毫米　16 开本　18.75 印张　2 插页　324 千字
定价:90.00 元

如遇图书印装质量问题,请与本社营销部联系调换,电话:(022)23508339

内容简介

公司治理是我国保险监管的三大支柱之一，其质量备受关注，而公司治理指数能够客观、科学、全面地反映公司治理质量。本书基于南开大学中国保险机构治理评价课题组构建的中国保险公司治理评价指标体系，利用手工整理的公开数据生成2016－2022年中国保险公司治理指数（CICGI），并开展治理指数的总体分析、维度分析、层次分析和比较分析，全面呈现我国保险公司治理发展脉络与现状。本书不仅可以作为了解我国保险公司治理发展历程的宝贵资料，也能为政府部门、行业协会与学会、保险公司等主体进行决策提供重要参考。

作者简介

郝臣（1978—），男，管理学博士，副教授，研究生导师。2007 年获南开大学企业管理专业博士学位，毕业后在南开大学任教至今，现任南开大学中国公司治理研究院金融机构治理研究室主任、南开大学商学院财务管理系教师，主要研究领域为金融机构治理与公司财务，具体研究方向为保险机构治理。作者先后在《管理世界》《南开管理评论》《中国工业经济》《保险研究》等期刊发表学术论文 100 余篇，在《上海证券报》《董事会》《中国商业保险》等报刊推出思想论文 30 余篇，出版《中国保险公司治理研究》《中国保险机构治理指数研究》《金融机构治理手册》《公司治理手册》《国有控股金融机构治理研究》等学术著作、研究报告、教材、译著等 40 余部，先后主持包括 3 项国家社科基金项目在内的各类国家级和省部级科研项目 10 余项。作者是《中国大百科全书·工商管理卷》公司治理分支副主编、长江学者创新团队和国家精品课《公司治理学》教学团队核心成员、中国保险学会首批智库专家以及中国企业管理研究会理事。其著作入选国家哲学社会科学成果文库，科研成果先后获第八届高等学校科学研究优秀成果奖（人文社会科学）二等奖、第七届高等学校科学研究优秀成果奖（人文社会科学）二等奖、第十八届天津市社会科学优秀成果二等奖和三等奖、第十六届天津市社会科学优秀成果一等奖、第三届中国企业改革与发展研究会优秀成果一等奖和二等奖、第七届中国企业改革与发展研究会优秀成果一等奖、南开大学社会科学优秀成果奖等。此外，先后指导各类研究生 187 人，参与完成的教学成果获国家级教学成果二等奖、天津市教学成果特等奖，个人先后三次获南开大学良师益友相关荣誉称号。

序 言

《中国银保监会关于推动银行业和保险业高质量发展的指导意见》（银保监发〔2019〕52 号）明确提出我国银行保险业的阶段发展目标，到 2025 年：第一，机构体系上，实现金融结构更加优化，形成多层次、广覆盖、有差异的银行保险机构体系；第二，治理质量上，公司治理水平持续提升，基本建立中国特色现代金融企业制度；第三，金融产品上，个性化、差异化、定制化产品开发能力明显增强，形成有效满足市场需求的金融产品体系；第四，市场发展上，信贷市场、保险市场、信托市场、金融租赁市场和不良资产市场进一步健全完善；第五，金融监管上，重点领域金融风险得到有效处置，银行保险监管体系和监管能力现代化建设取得显著成效。该指导意见文件总计包括七个方面三十条具体内容，围绕建立健全中国特色现代金融企业制度就有五条具体内容，具体来说包括全面加强党的领导、严格规范股权管理、加强“三会一层”建设、优化激励约束机制和强化金融消费者合法权益保护。可见，作为我国保险监管三支柱框架之一的公司治理是实现保险业高质量发展的关键一环，监管部门极其重视保险公司治理质量。良好的保险公司治理既是保险业高质量发展的体现，也是保险业实现高质量发展的基础和保障。

正是基于上述背景，本人带领课题组申报了天津市哲学社会科学规划基金项目《我国保险公司治理质量研究——基于公司治理评价视角》（项目号：TJGL22-002）并获资助。该项目也是本人主持的继《外部环境、内部治理与企业绩效——基于天津市中小企业的调研》（项目号：TJGL08-077）和《基于风险承担视角的我国保险公司监督机制有效性研究》（项目号：TJGL20-003）之后的第三项天津市哲学社会科学规划基金项目。该项目立项后，课题组先后开展了文献研讨、数据整理以及针对保险公司特点的公司治理评价系统的研发设计、评价结果分析、阶段成果发表等研究工作，而本著作则是该项目的最终结项成果。《我国保险公司治理质量研究——基于公司治理评价视角》一书包括十章、四十节内容。

本书写作分工如下：郝臣负责总体框架设计，第一章引言初稿由郝臣、马贵军完成，第二章中国式保险治理现代化进程研究初稿由郝臣、董迎秋、马贵军、曹嘉宁完成，第三章中国保险机构发展与治理研究初稿由郝臣、秦欣然、郭新明、蔡滢璐、郝梦晨、曹嘉宁完成，第四章中国保险公司治理评价系统开发初稿由郝臣、刘琦、王萍、崔光耀、马贵军、齐岳、张耀伟、张苏、孟乾坤、陈兴晔完成，第五章保险公司治理评价样本与数据来源初稿由郝臣、马贵军、胡楷微、郝梦晨、赵晓畅完成，第六章中国保险公司治理指数总体分析初稿由郝臣、马贵军、姜欣悦、姜语、蔡滢璐、张旭平、谢丰华完成，第七章中国保险公司治理指数分维度分析初稿由郝臣、马贵军、胡楷微、姜欣悦、姜语、孙雪菲、魏宇婧、仇菁、丰祺完成，第八章中国保险公司治理指数分层次分析初稿由郝臣、姜欣悦、姜语、马贵军、郝梦晨完成，第九章中国保险公司治理指数比较分析初稿由郝臣、马贵军、姜语、孙雪菲、姜欣悦、蔡滢璐、李卓承完成，第十章中国保险公司治理质量研究结论初稿由郝臣、姜语、姜欣悦、马贵军完成，最后由郝臣负责总纂统稿工作。

此外，赵祥君、陈鑫柔、陈佳欣、王爽、王梓淳、陈俊蕾、杨会奕、郭佳晴、韦雯婷、安妮热、翟芷涵、连玫晴、杨洁、黄金洋、郑晨怡、张天祎、曹骄鹂等课题组成员参与了保险公司治理指数分析表格、图形的制作与初步分析、原始数据校验等工作，黄伽熙、杨慧、代紫苑、杨乐渊、文樱岚、许晓彤、艾妍、黄缤乐、朱静宇、杨科宇等课题组成员参与了原始数据手工收集整理及数据透视等工作。感谢所有上述提及的以及在项目立项前期开展相关研究工作的课题组成员方子睿、黄渲雯、陈婧、张冰、任国强、付奕奕、张好妍、曾召民等对本课题顺利完成的大力支持！

最后，感谢南开大学人文社会科学基本科研业务费专项资金项目（项目号：63222307；项目号：63232209）、南开人文社科系列年度报告专项项目的资助！感谢国家社科基金项目《我国中小型保险机构治理研究》（项目号：20FGLB037）、中国保险学会年度研究课题《严监管形势下中小保险机构公司治理研究》（项目号：ISCKT2019-N-1-02）的支持！感谢中国式现代化发展研究院绿色治理与治理现代化研究中心、南开大学商学院、南开大学中国公司治理研究院著作出版专项计划的大力支持！感谢南开大学出版社编辑的专业校对，同时也感谢团队成员刘琦、郑钰镜、石懿、刘逸恬、马雨凡、张雪静、秦欣然、姜欣悦、姜语等在保险治理领域的付出和努力！

陈雨露（2023）在《学习时报》发表的文章《深刻理解和把握金融高质量发展》指出，金融高质量发展必须以现代治理体系建设提升金融风险防控能力；陈雨露（2023）在《红旗文摘》发表的文章《走好中国特色金融发展之路 全面建设社会主义现代化国家》强调，要依靠金融治理现代化来防范实体经济过度波动向系统性金融风险转化。希望本书的出版能够为实现我国保险业高质量发展贡献学者的一点点力量！

郝臣

2023 年 12 月 31 日

于南开园

目 录

图目录

表目录

第一章　引言

2023 年 6 月 8 日，国家金融监督管理总局局长李云泽在第十四届陆家嘴论坛上指出，金融机构要强化公司治理、转换经营机制、完善管理流程，加快建立中国特色现代金融企业制度。本书就我国保险公司治理质量展开评价研究，本章作为统领章节，介绍了研究背景、研究价值、文献综述、研究逻辑、研究内容、章节安排、技术路线以及研究创新。

第一节　研究背景与价值

本节主要介绍研究的背景和价值。在研究背景方面，介绍了中央金融工作会议对金融机构治理质量的重视以及《银行保险机构公司治理准则》（银保监发〔2021〕14 号）的出台。在研究价值方面，阐述了本研究的重要学术价值和应用价值。

一、研究背景

（一）历次全国金融工作会议重视金融机构治理质量

自 1997 年以来，我国已经先后召开了五次全国金融工作会议，历次会议均非常重视金融机构的治理质量。2023 年 10 月 30 日，中央金融工作会议召开，这是金融工作会议首次从以“全国”命名转变为以“中央”命名，一词之差充分体现了党中央对金融工作的集中统一领导，也直接展现了金融工作的重要性。本届中央金融工作会议强调，金融是国民经济的血脉，是国家核心竞争力的重要组成部分，要加快建设金融强国，全面加强金融监管，完善金融体制，优化金融服务，防范化解风险，坚定不移走中国特色金融发展之路，推动我国金融高质量发展，为以中国式现代化全面推进强国建设、民族复兴伟业提供有力支撑；会议同时指出，要健全法人治理，完善中国特色现代金融企业制度。可见，金融机构治理质量是金融强国建设的重要方面。

（二）监管部门出台新版银行保险法人机构治理准则

长期以来，我国上市公司主要遵循《公司法》（中华人民共和国主席令第15号）、《上市公司治理准则》（中国证券监督管理委员会公告〔2018〕29号）等完善公司治理。2021年6月2日，在考虑银行保险机构治理特殊性的基础上，原中国银保监会发布《银行保险机构公司治理准则》（银保监发〔2021〕14号），这是首部专门针对银行保险法人机构的公司治理准则，标志着银行保险法人机构治理迈入新的发展阶段。该准则共11章117条，包括总则、党的领导、股东与股东大会、董事与董事会、监事与监事会、高级管理层等，明确了各治理主体的职责，强化了治理机制运行的规范性，重点包括：明确股东的权利与义务、股东大会的职权、股东大会会议及表决等相关规则；强调董事特别是独立董事的选任、职责及履职保障，明确董事会及其专门委员会的组成、职权及会议表决等要求；规范监事选任履职及监事会、高管层的设置和运行；要求银行保险机构完善激励约束机制，健全信息披露制度与机制，加强风险管理与内部控制及内外部审计。

二、研究价值

（一）学术价值

第一，基于保险公司样本开展研究，丰富了公司治理理论；第二，保险公司治理评价模型构建、评价指标设计等系列评价研究拓展了公司治理评价理论与方法；第三，构建保险业公司治理数据库，为同行研究的深入开展奠定了数据平台基础；第四，分析公司治理质量影响因素，实现了从关注治理经济后果到关注影响因素的研究思路转变。

（二）应用价值

第一，长周期和全样本保险公司治理评价的开展为监管部门从整体上把握监管对象的治理状况提供了参考借鉴；第二，保险公司治理指数及其分指数为保险公司提高自身治理水平提供了工具手段；第三，保险公司治理质量榜单的发布有利于形成行业治理改进的声誉机制。

第二节　文献综述

本节的主要内容为文献综述，包括学术史梳理、研究动态和文献综述小结。在学术史梳理方面，围绕“中国公司治理理论与实践受到学者广泛关注”和“公司治理研究领域围绕公司治理对象分支化发展”两个趋势展开。在研究动态方面，点明了保险公司治理研究的迅速发展过程。最后，小结了不同阶段下保险公司治理领域的研究重点和现存不足。

一、学术史梳理

（一）中国公司治理理论与实践受到领域内学者广泛关注

丹尼斯（Denis，2001）从整体视角对过去 25 年公司治理研究状况进行了综述，发现早期研究主要围绕美国展开。之后，这一局面发生了改变，公司治理领域的研究对象从早期的关注英美发达市场经济国家为主拓展到今天的转轨和新兴市场经济体（李维安，2001）。例如，克莱森斯和范（Claessens & Fan，2002）研究了亚洲地区的公司治理问题，范、魏、许（Fan、Wei & Xu，2011）关注了新兴市场国家的公司治理问题。自 1978 年改革开放四十多年来，在我国公司治理发展经历观念导入、结构构建、机制建立三个阶段后，目前进入到有效性提高阶段。克拉克（Clarke，2003）聚焦于中国公司治理问题，江和金（Jiang & Kim，2015）还专门提供了一个审视中国公司治理的现代视角。

（二）公司治理研究领域围绕公司治理对象分支化发展

通过对郑红亮和王凤彬（2000），姚伟、黄卓和郭磊（2003），郑志刚（2007），李维安、邱艾超、牛建波和徐业坤（2010），陈仕华和郑文全（2010），曹廷求（2012），姜付秀、金（Kim）和王运通（2016），李维安、郝臣、崔光耀、郑敏娜和孟乾坤（2019），姜付秀、郑晓佳、王莹和马嘉（2023）等综述性文献的梳理不难发现，随着治理实践的深入，公司治理研究的样本或治理对象已从早期的上市公司拓展到各种类型的公司并进一步拓展为各类营利性组织，具体包括上市公司、非上市公司、中央与地方国有企业、中小企业、民营企业、创业企业、集团公司、跨国公司以及各类金融机构等。需要说明的是，每一类研究样本的治理不等于“公司治理+研究样本”。在研究具体类型样本治理问题时，需要以经典公司治理理论为基础，进一步分析和挖掘每一类样本的治理目标、结构与机制等方面的特殊性，构建起适应该样本演化规律的治理模式（李维安、郝臣、崔光耀、郑敏娜和孟乾坤，2019）。

二、研究动态

金融机构治理是公司治理领域的重要分支，而在这一分支领域中，保险公司治理研究的发展尤为迅速。斯皮勒（Spiller，1972）率先对保险公司内部治理中的股权结构问题进行了探索性研究。

之后，学者围绕组织形式（Mayers和Smith，2010；He和Sommer，2011；Mayers和Smith，2013）、股权结构（谢晓霞和李进，2009；王晓英和彭雪梅，2011；罗胜和曹顺明，2011；He和Sommer，2011；Huang、Ma和Pope，2012；Huang和Eling，2013；Honyenuga、Tuninga和Ghijsen，2014；Wicaksono和Mulyaningsih，2019；Junaid、Xue、Syed、Ziaullah和Riffat，2020；Rubio-Misas，2020；Ma和Ren，2020；Alqirem、Afifa、Saleh和Haniah，2020）、董事会（罗胜和张雁云；2011；Ho，2011；Taghavi，2014；Miller和Yang，2015；Xie、Cai、Lu、Liu和Takumi，2016；Pooser、Wang和Barrese，2017；董迎秋和王瑞涵，2020；Alhassan和Boakye，2020；Alhassan、Zyambo和Boakye，2021；Sallemi、Hadiji和Zouari，2021）、高管（He、Somme和Xie，2011；Lin、Cheng和David，2013；叶成徽和陈晓安，2012；Bahloul、Hachicha和Bouri，2013；Cheng、Cummins和Lin，2017；Abdoush，2017；Adams和Jiang，2017；Kourtzidis和Tzeremes，2020）、社会责任（Olowokudejo和Aduloju，2011；Lee、Chang和Lee，2017）、利益相关者（Cole、He和McCullough，2011；Fields、Gupta和Prakash，2012；Hong和Bao，2015）、信息披露（Kirkbesoglu、McNeill和Ozder，2015；Malafronte、Porzio和Starita，2016）、外部监管（罗胜，2013）等治理要素展开了研究。

在保险公司治理实践方面，董迎秋和王瑞涵（2018）系统研究了保险公司治理实践发展，对我国保险公司治理的发展历程做出阶段性划分，并尝试总结各阶段的发展路径和发展经验。在保险公司治理风险方面，董迎秋、金铭卉、崔亚南、刘婷和郝臣（2018）基于保险业公司治理框架视角深入研究了保险公司治理风险。

此外，有学者关注了保险公司治理原则（Kuye，2020；Sankhla，2021）、保险公司治理评价（Elegunde，2021）等方向；还有学者对保险公司治理领域进行了综述（Boubakri，2011；MacMinn和Ren，2011；张扬、郝臣和李慧聪，2012；Eling和Pankoke，2016；沈健和杜鹃，2017；Anderloni、Moro和Tanda，2020）。

三、文献综述小结

本研究梳理上述文献后发现，早期保险公司治理研究的重点是治理的合规性（Obalola，2008；Schwartz，2008），涉及治理问题诊断与改进建议等内容。治理合规是治理有效的前提（李慧聪、李维安和郝臣，2015），2008

年金融危机之后研究关注的焦点则是作为保险公司治理质量重要方面的治理有效性。近年来，伴随我国保险监管三支柱框架（即市场行为、偿付能力与公司治理）的建立，学术界愈加关注保险公司治理质量。但已有研究多使用绩效、效率等会因公司治理质量提高而提升的各类结果性指标来间接反映公司治理质量，且已有研究多集中于公司治理的某一具体要素，只有少数文献尝试从治理评价角度来研究保险公司治理质量（Elegunde，2020；仇兆燕，2022）。公司治理是一个有机系统，公司有效运转是各治理要素协同发挥作用的结果，因此迫切需要从公司治理评价视角来研究保险公司治理质量。

第三节　研究逻辑、内容与章节安排

本节的主要内容为研究逻辑和研究内容及章节安排。在研究逻辑方面，围绕“治理评价→治理质量→治理改进”这一思路搭建了本研究的总体框架。在研究内容方面，包括设计能准确反映保险公司治理质量的评价系统、基于评价结果系统分析我国保险公司治理质量和提出提升我国保险公司治理质量可行对策建议。在章节安排方面，介绍了本书的主要章节等基本情况。

一、研究逻辑

本研究以提升我国保险公司治理质量的现实需求为导向，基于利益相关者理论、委托代理理论等理论基础，设计出一套基于公开信息的、适用于我国保险公司的治理评价系统，并利用评价结果，即中国保险公司治理指数（China Insurance Company Governance Index，缩写为CICGI）来反映和分析保险公司治理质量，该指数也称南开保险公司治理指数（Insurance Company Governance Index of Nankai University，缩写为ICGI^{NK}）。本研究的总体逻辑如图1-1所示，主要围绕“治理评价→治理质量→治理改进”这一研究主线展开。

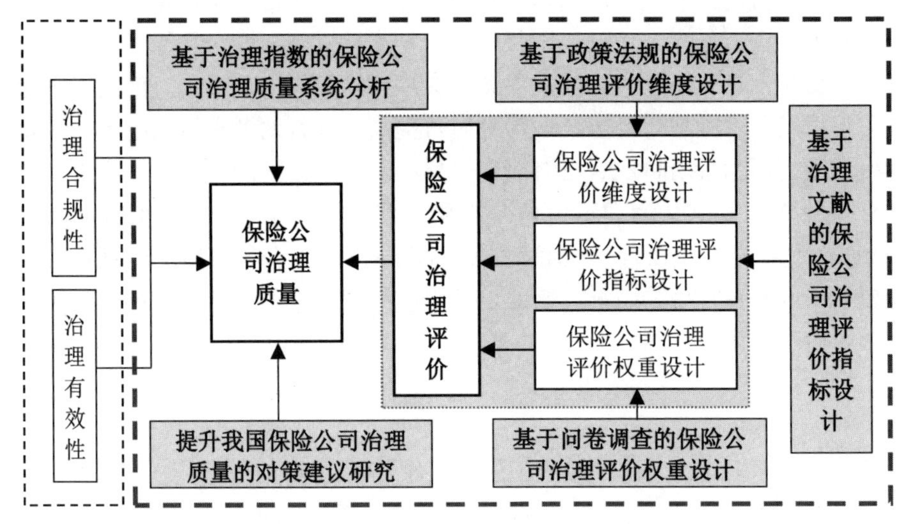

图 1-1 本书总体框架图

资料来源：作者整理。

二、研究内容

（一）设计能准确反映保险公司治理质量的评价系统

公司治理指数能够科学和量化反映公司治理质量，是本研究的重要变量，但现有研究缺少专门针对非上市公司和保险公司的治理评价指标体系。本研究在参考国内外已有公司治理评价系统的基础上，立足我国公司治理环境，设计出一套适用于我国保险公司的治理评价系统。

（二）基于评价结果系统分析我国保险公司治理质量

基于中国保险公司治理指数（CICGI）进行我国保险公司治理质量的总体分析，进行治理质量分年度（2016—2022 年）的比较分析等，进行治理质量分组织形式、资本性质和险种类型的具体分析。

（三）提出提升我国保险公司治理质量可行对策建议

在构建保险公司治理评价体系和进行公司治理质量量化分析后，针对公司治理评价发现的问题进行原因剖析，提出完善保险公司治理的对策建议。

三、章节安排

如图 1-2 所示，本书基于公司治理评价视角，针对我国保险公司治理质量展开研究，共包括十章、四十小节，分别是第二章引言，第二章中国式保险治理现代化进程研究，第三章中国保险机构发展与治理研究，第四章中国保险公司治理评价系统开发，第五章保险公司治理评价样本与数据来源，第六章中国保险公司治理指数总体分析，第七章中国保险公司治理指数分维度分析，第八章中国保险公司治理指数分层次分析，第九章中国保险公司治理指数比较分析和第十章中国保险公司治理质量研究结论。此外，本书共有 115 张表、132 张图以及 2 个附表，涉及参考文献 325 篇，以帮助读者更好地理解本书内容。

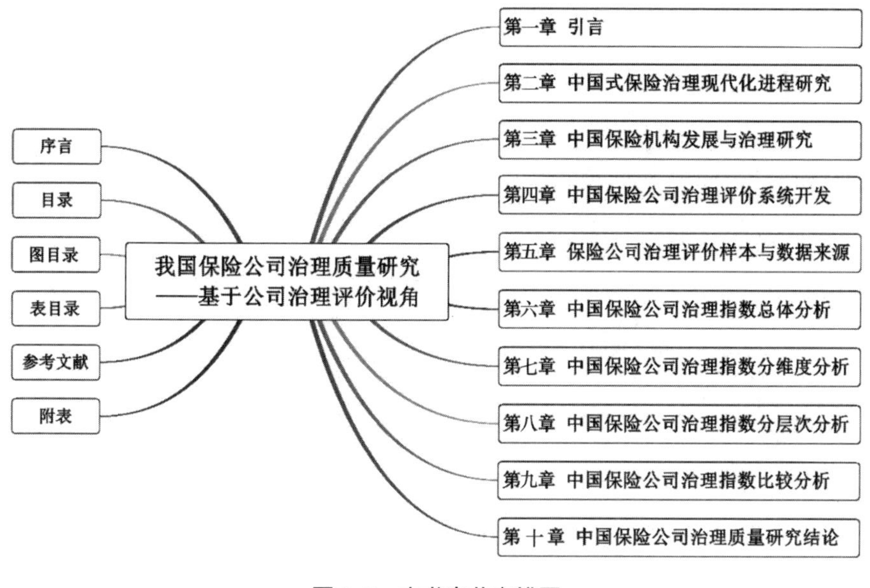

图 1-2　本书章节安排图

资料来源：作者整理。

第四节　技术路线与创新

本节的主要内容为研究的技术路线和研究创新。在技术路线方面，将规范研究、调研研究与实证研究相结合，设计并运用中国保险公司治理评价指标体系。在研究创新方面，包括学术思想的创新、学术观点的创新和研究方法的创新。

一、技术路线

图 1-3 呈现了本研究的技术路线。本研究从研究背景出发，基于治理理论和研究文献设计中国保险公司治理评价指标体系，导入治理原始数据生成中国保险公司治理指数，进而利用该治理指数对我国保险公司治理质量进行系统分析，包括总体分析、分年度比较分析、分资本性质比较分析、分组织形式比较分析、分规模大小比较分析、分险种类型比较分析等，最后基于指数分析结论有针对性地提出提升我国保险公司治理质量的对策建议。

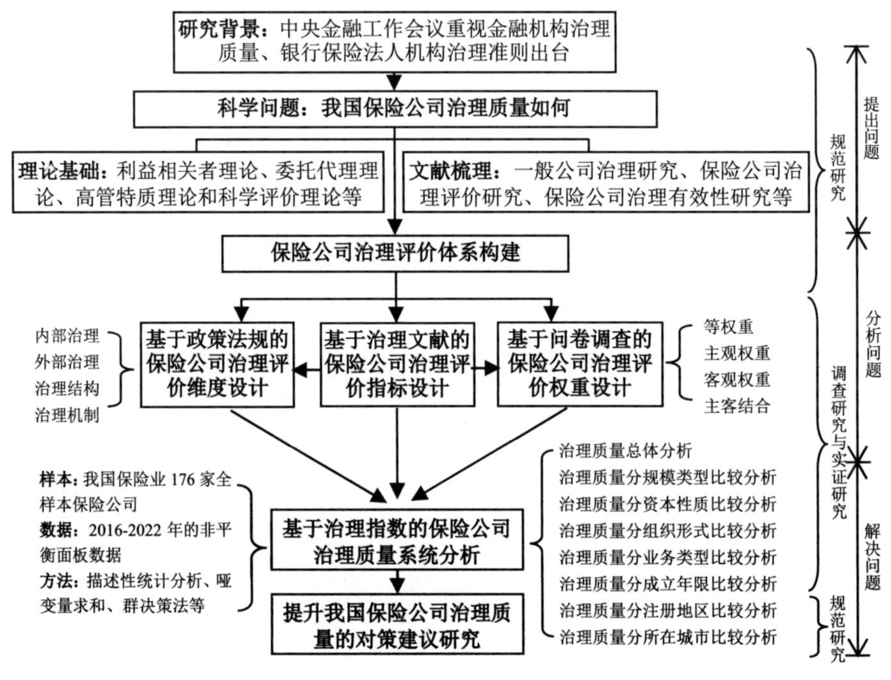

图 1-3　本书技术路线图

资料来源：作者整理。

二、研究创新

（一）学术思想方面的创新

研究思路上，将公司治理质量的衡量方式从观测公司治理经济后果的间接方式转换为通过公司治理评价生成公司治理指数的直接方式；研究内容上，对我国保险公司治理质量进行了总体与维度分析以及分年度、资本性质、组织形式等分析。

（二）学术观点方面的创新

第一，我国保险公司治理发展在经历观念导入、结构构建和机制建立以后，现已进入到治理质量提高的关键阶段；第二，保险公司治理质量可以通过公司治理评价结果即公司治理指数来反映或刻画；第三，不同资本性质、组织形式、规模大小、险种类型的保险公司治理质量存在显著差异。

（三）研究方法方面的创新

第一，采用问卷调查、文本编码、文献研究等方法来识别和确定我国保险公司治理评价的维度与具体指标；第二，采用相较于专家打分法更加客观的哑变量求和方法来评价我国保险公司治理质量。

第二章　中国式保险治理现代化进程研究

法律法规是治理制度安排的基础，保险治理法律法规的建设状况能够科学地刻画中国式保险治理现代化的进程。本章在界定保险治理、保险业治理、保险机构治理和保险公司治理内涵的基础上，手工整理了我国1979年保险业复业至2022年年末总计44年期间各类主体出台的1000部保险治理法律法规文件，并基于整理的文件进行了总体和具体分析。在总体分析中，本章详细梳理了我国保险治理法律法规的发展脉络，划分了我国保险治理的发展阶段，并从发布主体、修改次数和有效性方面进行了统计分析；在具体分析中，本章根据治理内容不同，将保险治理法律法规文件细分至多个层级。最后，本章提出了中国式保险治理现代化进程的六点结论和四点展望。

第一节　引言与保险治理内涵的界定

一、引言

公司治理是健全现代金融企业制度的“牛鼻子”（郭树清，2022），与市场行为和偿付能力共同构成我国保险监管的“三大支柱”。2020年8月17日，中国银保监会发布《健全银行业保险业公司治理三年行动方案（2020—2022年）》（银保监发〔2020〕40号），强调要力争通过三年时间的努力，初步构建起中国特色银行业保险业公司治理机制。2023年3月24日，中国银保监会官网发文总结了银行业保险业健全公司治理三年行动取得的明显成效，指出三年来监管部门多管齐下、标本兼治，以加强党的领导推动制度优势转化为治理效能，以重拳整治乱象促进股东股权和关联交易规范管理，以完善制度机制增强自上而下的内部风险控制能力，推动中国特色现代金融企业制度建设迈上了新台阶（中国银保监会办公厅，2023）。

本章认为完善、规范和有效的治理体系是保险业中国式现代化发展的基石，这恰恰需要坚实的法律根基作为保障。1979 年保险业复业至 2022 年年末总计 44 年期间，我国各类主体先后出台了 1000 部保险治理法律法规文件，构成了保险治理稳固的制度基础。早在 20 世纪 90 年代，就有学者将法律因素引入解释金融发展和经济增长的具体研究中（La Porta，Lopez-d-Silanes，Shleifer & Vishny，1998）。在治理领域，个别学者关注了具体法律对公司治理的影响（陈海声和梁喜，2010），鲜有学者基于大样本法律法规开展保险治理领域相关研究。

本章在界定保险治理、保险业治理、保险机构治理和保险公司治理内涵的基础上，对我国 1979－2022 年的 1000 部保险治理法律法规文件进行总体分析和具体分析，以深刻剖析中国式保险治理现代化的进程。在总体分析中，详细梳理了我国保险治理法律法规的发展脉络，划分了我国保险治理的发展阶段，并从发布主体、修改次数以及有效性方面进行了统计分析；在具体分析中，根据治理内容不同将保险治理法律法规文件细分至最高五级。本章是治理领域首篇基于大样本、长周期数据，关注保险行业治理现代化，聚焦法律法规主题的研究文献。

二、保险治理的内涵

保险治理就是指广义的保险业治理，是金融治理的重要内容。广义的保险业治理包括了保险机构治理，而狭义的保险业治理不包括保险机构治理。保险机构治理也有广义和狭义之分，具体而言，广义的保险机构治理包含了保险公司治理，狭义的保险机构治理则不包含保险公司治理。

（一）保险业治理

近年来，越来越多的学者尝试对各类金融机构进行研究（李维安、郝臣等，2018；李维安、郝臣、崔光耀、郑敏娜和孟乾坤，2019），并给出了金融治理的定义。金融治理是指为了实现金融的健康和可持续发展、更好地服务实体经济的目标而做出的关于金融发展重大事项和问题的前瞻性和应急性的制度安排。按照治理边界，金融治理可以划分为全球金融治理、区域金融治理、国家金融治理和地区金融治理四个层次，其中国家金融治理包括金融与实体经济关系和金融业治理两个部分（郝臣，2023）。

保险业治理是金融业治理的重要组成部分，广义的保险业治理包含政府部门对保险行业未来发展的顶层设计，即发展方针的制定；监管机构对保险业未来发展方针的落实和对保险机构的监管，即发展规划的设计和相关监管制度的制定；包括行业协会在内的非政府组织对保险机构的自律引导，即发挥非政府监管的作用；以及行业内各组织（包括监管机构、非政府组织、保险经营机构、保险中介机构等组织）的治理结构构建与治理机制作用的发挥。狭义的保险业治理是指广义的保险业治理内涵中除保险经营机构治理和保险中介机构治理之外的所有内容。

（二）保险机构治理

保险机构包括保险经营机构和保险中介机构。其中，保险经营机构包括保险集团（控股）公司、保险公司、相互保险组织（牛雪舫，2018）、再保险公司、保险资产管理公司、保险公司分支机构、外资保险公司代表处及其他机构；保险中介机构包括保险代理机构、保险经纪机构、保险公估机构等。保险业中的任何组织都不可避免地存在治理问题，因此保险机构治理是保险业治理的重要内容，它是指为了规范保险机构行为、维护利益相关者利益而构建的一系列正式或非正式、内部或外部的治理制度安排，包括内部治理与外部治理两个方面和治理结构与治理机制两个层面。

广义的保险机构治理包含保险公司治理，而狭义的保险机构治理则不涵盖保险公司治理。具体而言，狭义的保险机构治理包括保险经营机构法人机构治理、保险经营机构分支机构治理、保险中介机构法人机构治理和保险中介机构分支机构治理。其中，保险经营机构法人机构治理包含保险集团（控股）公司治理、原保险经营机构治理、再保险经营机构治理和保险资产管理机构治理（郝臣和马贵军，2023）；保险中介机构法人机构治理涵盖保险中介集团治理、保险经纪机构治理、保险代理机构治理以及保险公估机构治理。

（三）保险公司治理

对于一般公司，治理的目标是决策科学（李维安，2001）；而对于保险公司，鉴于其在经营目标、经营产品、资本结构、经营范围、社会影响、经营过程、交易过程、成果核算、收益分配和政府管制十个方面的特殊性（郝臣，2022），本章将保险公司治理目标划分为过程目标和最终目标。保险公司治理的过程目标是决策科学，即通过治理结构搭建、治理机制建立和治理活动开展，实现保险公司在承保和投资两大核心业务上的科学决策；保险公司治理的最终目标是保护投保人、股东等利益相关者的利益，即通过科学决策，降低代理成本，实现以投保人和股东利益为主导的利益相关者利益最大化。

保险公司治理按照治理目标不同有狭义和广义之分。狭义的保险公司治理包括保险公司的治理结构与内部治理机制，即通过有关“三会一层”的构成、地位与性质、基本职权、运作规则等方面的制度安排来解决股东与高级管理人员以及大股东与小股东之间的委托代理问题，治理的目标是实现股东利益的最大化，这与一般公司治理没有本质区别。广义的保险公司治理是在狭义的基础上，导入外部治理机制，同时利益相关者范畴也不仅仅局限于股东和高级管理人员，而是拓展到包括投保人在内的保险公司所有利益相关者。具体来说，广义的保险公司治理是指一套综合内部治理结构、内部治理机制以及外部治理机制，用来协调保险公司与投保人、股东、高级管理人员、员工、社区、政府等利益相关者的利益，以实现保险公司决策科学化，进而实现利益相关者利益最大化的多方面、多层次的治理制度安排体系。

保险公司治理包括财产险公司治理、人身险公司治理、再保险公司治理、保险分公司治理、保险中心支公司治理、保险支公司治理、保险营业部或营销服务部治理和保险公司专属机构治理。其中，财产险公司治理涵盖保险集团（控股）公司治理、原保险经营机构治理、再保险经营机构治理和保险资产管理机构治理；人身险公司治理包含寿险公司治理、养老险公司治理以及健康险公司治理。

第二节　我国保险治理法律法规文件总体分析

一、文件发布年份分析

根据不同时期法律法规文件的数量特点，可以将我国保险治理现代化进程划分为四个阶段，即1979－1994年治理起步阶段、1995－2005年治理探索阶段、2006－2019年快速发展阶段和2020年至今全面发展阶段。

（一）治理起步阶段：保险治理法律法规文件发布数量较少

1979年2月，中国人民银行在全国分行行长会议上提出恢复我国保险业务的决议，之后国务院批准了《中国人民银行全国分行行长会议纪要》（国发〔1979〕99号），做出“逐步恢复国内保险业务”的重大决策。自此，我国保险业治理再次登上历史舞台。同年，我国发布了第1部保险治理法律法规文件，即《关于恢复国内保险业务和加强保险机构的通知》（银保字〔1979〕16号）。此后，各种有关保险治理的法律法规文件陆续发布，1979－1994年共计发布49部，每年不超过10部。按年份统计，1979－1994年分别为2部、0部、0部、1部、2部、2部、1部、1部、3部、2部、5部、3部、6部、4部、8部和9部。

（二）治理探索阶段：保险治理法律法规文件发布频率加快

1995 年 6 月，第八届全国人民代表大会常务委员会第十四次会议通过了《中华人民共和国保险法》（中华人民共和国主席令〔1995〕51 号），使得相关保险治理监管规则亟须调整，大量保险治理法律法规文件应运而生。1995－2005 年每年文件发布数量始终保持在 10 部及以上，最少为 10 部，最多为 56 部，年均发布 28 部。1995－2005 年每年文件发布数量分别为 12 部、28 部、10 部、15 部、44 部、18 部、25 部、22 部、36 部、56 部和 42部。

（三）快速发展阶段：公司治理成为第三大保险监管的支柱

2006 年 1 月，原中国保监会发布《关于规范保险公司治理结构的指导意见（试行）》（保监发〔2006〕2 号），标志着公司治理成为继市场行为和偿付能力之后的第三大保险监管支柱，我国现代保险监管体系基本建立（江生忠，2018），保险治理进入快速发展阶段，各类保险治理法律法规文件发布数量显著增加。2006－2019 年共发布 540 部，年均发布约 38 部，2006－2019 年每年文件发布数量分别为 49 部、45 部、45 部、39 部、57 部、25 部、34 部、41 部、29 部、53 部、36 部、30 部、30 部和 27部。

（四）全面发展阶段：以公司治理三年行动方案施行为标志

2020 年 8 月印发的《健全银行业保险业公司治理三年行动方案（2020－2022 年）》（银保监发〔2020〕40 号）提出推动党的领导与公司治理有机融合、开展公司治理全面评估、规范股东行为、提升董事会等治理主体的履职质效、健全激励约束机制、加强利益相关者权益保护、强化外部市场约束等九项关于提升银行业保险业公司治理质效的具体措施，坚持了问题导向、标本兼治、分类施策和统筹推进四点原则，标志着我国保险治理正式由快速发展阶段转为全面发展阶段。2020－2022 年三年间共制定配套法律法规 103 部，每年分别为 33 部、44 部和 26部。

二、文件发布主体分析

我国保险治理法律法规文件的发布主体共有 40 个，因存在多主体共同发文的情况，各主体合计发文次数达 1086 次。40 个发布主体按照发布保险治理法律法规文件的次数排序依次为原中国保监会 668 次，占比 61.51%；中国银保监会 134 次，占比 12.34%；中国人民银行 115 次，占比 10.59%；中国人民保险公司 43 次，占比 3.96%；财政部 27 次，占比 2.49%；中国证监会 22 次，占比 2.03%；国务院 12 次，占比 1.10%；原中国银监会 11 次，占比 1.01%；其他 32 个发布主体 54 次，占比 4.97%。

三、文件修改次数分析

截至2022年末，在我国1000部保险治理法律法规文件中，有955部自颁布以来未曾修订或修正过，占比95.50%；有26部修改过1次，占比2.60%；有11部修改过2次，占比1.10%；有3部修改过3次，占比0.30%；有4部修改过4次，占比0.40%；有1部修改过5次，占比0.10%。

四、文件有效性分析

法律法规文件共有五种有效性情况类别，分别是现行有效、已被修改、部分失效、失效和尚未生效。截至2022年末，在我国1000部保险治理法律法规文件中，有571部现行有效，占比57.10%；有29部已被修改，占比2.90%；有13部部分失效，占比1.30%；有386部失效，占比38.60%；有1部尚未生效，占比0.10%。

第三节　我国保险治理法律法规文件具体分析

按照治理内容不同，可以将保险治理法律法规文件划分为保险业治理法律法规文件、保险机构治理法律法规文件和保险公司治理法律法规文件三大类。在1000部保险治理法律法规文件中，属于保险业治理的法律法规文件共有363部，占比36.30%；属于保险机构治理的法律法规文件共有175部，占比17.50%；属于保险公司治理的法律法规文件共有462部，占比46.20%。需要强调的是，此处的保险业治理是指狭义的保险业治理，不包括保险机构治理；保险机构治理是指狭义的保险机构治理，不包括保险公司治理；保险公司治理是指广义的保险公司治理，既包括治理结构与内部治理机制，也包括外部治理机制。

一、保险业治理法律法规文件分析

本章根据治理内容进一步将保险业治理法律法规文件细分为法律文件、方针规划文件、行业监管文件和行业组织文件四类。其中，法律文件6部，包含核心法律文件5部、基础法律文件1部；方针规划文件91部；行业监管文件161部；行业组织文件105部。本章接下来分析数量较多的三类。

（一）方针规划文件分析

如表 2-1 所示，方针规划文件的一级分类包括发展方针文件和发展规划文件两类，二级分类涵盖服务经济文件、服务社会文件等五类。需要说明的是，表 2-1 中所划分的治理内容具体指对应的法律法规文件，正文中也以“治理内容+文件”的表示方法强调了文件属性，而不是单纯的治理内容属性，后文的统计表遵循上述逻辑，表格资料均系作者统计整理。

表 2-1　保险业治理方针规划文件分类统计

一级分类	数量（部）	二级分类	数量（部）
发展方针	21	/	/
发展规划	70	服务经济	17
		服务社会	2
		阶段规划	18
		业务规划	17
		专项规划	16

注：“/”表示没有该级分类或法律法规文件数量，全书同。

资料来源：作者整理。

（二）行业监管文件分析

如表 2-2 所示，行业监管文件的一级分类包括监管基础文件、监管报表文件等九类，二级分类涵盖现场监管文件、非现场监管文件等十四类。二级分类下具体险种业务监管文件的三级分类为健康保险监管文件 6 部、养老保险监管文件 2 部、信用和保证保险监管文件 2 部、责任保险监管文件 1 部、互联网保险监管文件 2 部和再保险监管文件 5部。

表 2-2　保险业治理行业监管文件分类统计

一级分类	数量（部）	二级分类	数量（部）
监管基础	32	/	/
监管报表	12	/	/
监管方式	11	现场监管	7
		非现场监管	4
监管通知	14	/	/
文件规范	17	/	/
统计规范	16	/	/
人员监管	20	从业人员监管	2
		中介从业人员监管	1
		销售人员监管	11

续表

一级分类	数量（部）	二级分类	数量（部）
人员监管		监管人员监管	1
		监管人员与从业人员监管	2
		其他人员监管	3
市场监管	5	/	/
业务监管	34	具体险种业务监管	18
		业务审批	4
		业务合规管理	1
		销售管理	5
		合同管理	3
		其他业务监管	3

资料来源：作者整理。

（三）行业组织文件分析

如表 2-3 所示，行业组织文件的一级分类包括监管机构文件和社团组织文件两类，二级分类涵盖监管机构治理基础文件、监管机构职责文件等十三类。二级分类下监管机构治理基础文件的三级分类为机构设置与人员编制文件 3 部、规章制定程序文件 5 部、行政许可行为规范文件 5 部、公章使用文件 2 部、工作规则文件 1 部、问责机制文件 1 部、激励机制文件 1 部和行政复议机制文件 3 部，监管机构政务公开规范文件的三级分类为工作方案文件 1 部、信息披露文件 6 部和报告规范文件 1部。

表 2-3　保险业治理行业组织文件分类统计

一级分类	数量（部）	二级分类	数量（部）
监管机构	99	监管机构治理基础	21
		监管机构职责	5
		监管机构派出机构治理	14
		监管费用治理	9
		监管机构专项治理	8
		监管机构财务治理	2
		监管机构合作治理	4
		监管文件制定规范	8
		监管机构处罚规范	8
		监管机构举报处理规范	3

续表

一级分类	数量（部）	二级分类	数量（部）
		监管机构政务公开规范	8
		监管机构宣传与通报规范	2
		监管机构信访规范	7
社团组织	6	/	/

资料来源：作者整理。

（四）保险业治理法律法规文件分析小结

我国保险监管的目标是保护投保人的合法权益，确保保险公司合规、审慎经营，促进保险业健康发展（郝臣，2021）。实际上，各个国家和地区保险监管都关注行业的发展。保险业治理法律法规文件的落脚点正在于此。首先，我国在《中华人民共和国保险法》的基础上，出台了大量有关保险业发展方针和发展规划的法律法规文件，为保险业健康发展指引了正确方向。其次，行业监管文件是保险业治理法律法规文件中数量最多的一类，体系内容丰富，为保险业健康发展提供了有力保障。最后，我国监管部门也非常重视自身治理问题，制定了多部针对监管机构治理的法律法规文件，为保险业健康发展奠定了监管基础。

二、保险机构治理法律法规文件分析

保险机构治理法律法规文件按照治理内容不同可以细分为保险机构治理文件、保险经营机构治理文件和保险中介机构治理文件三类。其中，保险机构治理文件 44 部，保险经营机构治理文件 62 部，保险中介机构治理文件 69部。

（一）保险机构治理文件分析

如表 2-4 所示，保险机构治理文件的一级分类包括保险机构大类治理文件、中资境外保险机构治理文件等五类，二级分类涵盖股东治理文件、董监高治理文件等十五类。

一级分类下保险机构大类治理文件的二级分类董监高治理文件的三级分类为任职资格文件 3 部和培训规范文件 1 部，利益相关者治理文件的三级分类为员工文件 1 部和消费者文件 1 部，激励约束机制文件的三级分类全部为问责机制文件，外部监管文件的三级分类为行为监管文件 1 部、财务会计治理文件 1 部、报告规范文件 1 部和行政许可文件 3部。

一级分类下外资保险机构治理文件的二级分类外部监管文件的三级

分类全部为行为监管文件，分支机构治理文件的三级分类为报告基础文件9部和报告规范文件1部。一级分类下金融控股公司治理文件的二级分类董监高治理文件的三级分类全部为任职资格文件。一级分类下保险保障基金公司治理文件的二级分类外部监管文件的三级分类全部为业务监管文件。

表2-4　保险机构治理文件分类统计

一级分类	数量（部）	二级分类	数量（部）
保险机构大类治理	20	股东治理	1
		董监高治理	4
		高管治理	1
		利益相关者治理	2
		激励约束机制	4
		信科治理	1
		应急治理	1
		外部监管	6
中资境外保险机构治理	8	治理基础	7
		分支机构治理	1
外资保险机构治理	12	外部监管	2
		分支机构治理	10
金融控股公司治理	3	治理基础	1
		董监高治理	2
保险保障基金公司治理	1	外部监管	1

资料来源：作者整理。

（二）保险经营机构治理文件分析

如表2-5所示，保险经营机构治理文件的一级分类包括保险经营机构大类治理文件、保险集团（控股）公司治理文件等六类，二级分类涵盖治理基础文件、治理标准文件等二十五类。

一级分类下保险经营机构大类治理文件的二级分类董监高治理文件的三级分类为高管治理文件2部和培训规范文件1部，利益相关者治理文件的三级分类为员工文件1部和消费者文件2部，激励约束机制文件的三级分类全部为激励机制文件，外部监管文件的三级分类为行为监管文件1部、财务会计治理文件2部、关联交易管理文件2部、报告规范文件2部和监管通知文件1部，监管评价文件的三级分类为治理评价文件9部、风险管理能力评价文件 2 部和其他评价文件 1部。

一级分类下保险集团（控股）公司治理文件的二级分类外部监管文件的三级分类为偿付能力监管文件 1 部、报表规范文件 1 部和行政许可文件 2 部，监管评价文件的三级分类全部为治理评价文件。一级分类下再保险公司治理文件的二级分类外部监管文件的三级分类全部为报告规范文件。一级分类下保险资产管理公司治理文件的二级分类外部监管文件的三级分类为业务监管文件 2 部、报告规范文件 3 部和统计规范文件 1部。

表 2-5 保险经营机构治理文件分类统计

一级分类	数量（部）	二级分类	数量（部）
保险经营机构大类治理	37	治理基础	1
		治理标准	1
		股东治理	1
		董监高治理	3
		信科治理	2
		利益相关者治理	3
		风险管理	3
		内部审计	1
		内控合规管理	1
		激励约束机制	1
		外部监管	8
		监管评价	12
保险集团（控股）公司治理	7	治理基础	2
		外部监管	4
		监管评价	1
再保险公司治理	3	治理基础	1
		外部监管	1
		稽核与处罚	1
相互保险组织治理	3	治理基础	2
		信息披露	1
保险资产管理公司治理	11	治理基础	3
		高管治理	1
		外部监管	6
		监管评价	1
保险投资公司治理	1	治理基础	1

资料来源：作者整理。

（三）保险中介机构治理文件分析

如表 2-6 所示，保险中介机构治理文件的一级分类包括保险中介机构大类治理文件、保险经纪机构治理文件等四类，二级分类涵盖治理基础文件、治理标准文件等十三类。

一级分类下保险中介机构大类治理文件的二级分类外部监管文件的三级分类为监管基础文件 1 部、监管方式文件 2 部、准入管理文件 2 部、财务会计治理文件 1 部、人员监管文件 5 部、行为监管文件 3 部、业务监管文件 1 部、报表规范文件 1 部和行政许可文件 2 部。一级分类下保险经纪机构治理文件的二级分类外部监管文件的三级分类为人员监管文件 1 部、报表规范文件 2 部和行政许可文件 1 部。一级分类下保险代理机构治理文件的二级分类外部监管文件的三级分类为人员监管文件 1 部、业务监管文件 2 部、行政许可文件 3 部和服务标准文件 1 部。一级分类下保险公估机构治理文件的二级分类外部监管文件的三级分类为业务监管文件 1 部、报表规范文件 1 部和行政许可文件 1部。

表 2-6　保险中介机构治理文件分类统计

一级分类	数量（部）	二级分类	数量（部）
保险中介机构大类治理	28	治理基础	2
		治理标准	1
		股东治理	1
		分支机构治理	1
		信科治理	2
		外部监管	18
		外部审计	3
保险经纪机构治理	12	治理基础	8
		外部监管	4
保险代理机构治理	20	治理基础	13
		外部监管	7
保险公估机构治理	9	治理基础	6
		外部监管	3

资料来源：作者整理。

（四）保险机构治理法律法规文件分析小结

从治理主体维度来看，早期我国主要关注保险经营机构治理，出台了众多有关保险经营机构大类治理的法律法规文件，并且呈现出细分化趋势，针对保险经营机构中的保险集团（控股）公司、再保险公司、相互保险组织、保险资产管理公司和保险投资公司制定了适应其特点的治理法律法规文件。近年来，我国开始重视保险中介机构的治理，相关法律法规文件数量快速增加，也逐渐深入保险经纪机构治理、保险代理机构治理和保险公估机构治理。

三、保险公司治理法律法规文件分析

本章同时将保险公司治理法律法规文件按照治理内容不同细分为治理制度文件、内部治理文件和外部治理文件三类。其中，治理制度文件 45 部，包含公司治理基础文件 40 部、公司治理标准文件 2 部和公司章程文件 3 部；内部治理文件 109 部；外部治理文件 308 部。本章接下来分析数量较多的两类。

（一）内部治理文件分析

如表 2-7 所示，内部治理文件的一级分类包括股东治理文件、董事会治理文件等十五类，二级分类涵盖独立董事治理文件、任职资格管理文件等八类。

表 2-7 保险公司内部治理文件分类统计

一级分类	数量（部）	二级分类	数量（部）
股东治理	13	/	/
董事会治理	2	/	/
董监高治理	13	独立董事治理	1
		任职资格管理	8
		激励约束机制	4
监事会治理	1	/	/
高管治理	25	特定高管治理	12
		任职资格管理	10
		激励约束机制	3
领导人员治理	6	激励约束机制	6
利益相关者治理	2	员工	2
风险管理	9	/	/
内部控制	12	/	/
内部审计	5	/	/
稽查审计	1	/	/
精算管理	7	/	/

续表

一级分类	数量（部）	二级分类	数量（部）
合规管理	6	/	/
内部控制、合规管理	1	/	/
信科治理	6	/	/

资料来源：作者整理。

（二）外部治理文件分析

保险公司治理监管是保险监管发展到一定阶段的产物，有着深刻的经济和社会背景（罗胜，2006）。如表 2-8 所示，外部治理文件的一级分类包括外部监管文件、监管评价文件等六类，二级分类涵盖监管手段文件、行为监管文件等二十七类。二级分类下偿付能力监管文件的三级分类为监管制度文件 11 部、报告规范文件 12 部和标准规范文件 4 部，资金运用监管文件的三级分类为资金运用监管基础文件 14 部、综合投资文件 5 部、债券投资文件 10 部、股票投资文件 8 部、股权投资文件 5 部、境外投资文件 5 部、基础设施投资文件 4 部、金融产品投资文件 4 部和其他资金运用文件7部。

表 2-8　保险公司外部治理文件分类统计

一级分类	数量（部）	二级分类	数量（部）
外部监管	259	监管手段	10
		行为监管	27
		关联交易管理	11
		偿付能力监管	27
		资金运用监管	62
		融资监管	6
		信息系统监管	1
		产品管理	4
		财务会计治理	30
		数据治理	5
		分支机构治理	20
		报告规范	33
		报道规范	5
		行政许可	8
		接管机制	1
		其他监管	9

续表

一级分类	数量（部）	二级分类	数量（部）
监管评价	8	治理评价	3
		服务评价	2
		经营评价	1
		治理销售误导	1
		投诉处理评价	1
信息披露	18	综合规定	3
		具体规则	9
		披露渠道	1
		专项信息披露	5
利益相关者治理	18	消费者	17
		债权人	1
外部审计	4	/	/
并购机制	1	/	/

资料来源：作者整理。

（三）保险公司治理法律法规文件分析小结

从治理内容维度来看，我国既重视保险公司的内部治理，又关注保险公司的外部治理。在内部治理方面，相关法律法规文件主要聚焦于保险公司“三会一层”治理结构的健全，以及董监高激励约束机制的建立。在外部治理方面，有关外部监管的法律法规文件居多，展示出我国保险监管从关注市场行为到市场行为和偿付能力监管并重，再到引入公司治理监管形成三支柱框架进而与国际接轨的发展历程。

第四节　中国式保险治理现代化进程总结

本章认为，中国式保险治理现代化作为中国式现代化的重要组成部分，是指紧紧依托保险业发展现实背景，坚持党的集中统一领导，以法治为保障，以投保人和股东为主导，以利益相关者为中心，以实现行业健康发展并最终有效服务于经济与社会健康发展为目标的中国特色保险治理发展道路。治理的核心是制度安排，法律法规是制度安排的根基，能够对治理产生重大影响，因此基于大样本法律法规开展保险治理研究具有重要意义。本章界定了保险治理、保险业治理、保险机构治理和保险公司治理的内涵，在此基础上对我国1979—2022年间的1000部保险治理法律法规文件进行了总体分析和具体分析。基于此，本章提出中国式保险治理现代化进程的六点结论和四点展望。

一、中国式保险治理现代化进程结论

第一，中国式保险治理现代化具有全程性。我国保险业的高质量发展要求保险领域各个层次的重要问题决策要科学化，决策科学是保险业高质量发展的重要体现，而治理的目标就是决策科学。我国保险业复业以来实现了快速发展，取得了一系列成就，这完全得益于治理所奠定的基础和提供的保障。在我国保险业复业当年，监管部门就出台了相应的保险治理法律法规文件，这恰恰说明了有保险行业，就有保险治理，即治理贯穿我国保险业发展的全过程，而非阶段性之举。

第二，中国式保险治理现代化注重情景性。我国保险治理强调要从中国实际出发，“不照抄、不照搬”，一方面要把党的领导融入治理的各个环节，另一方面也要关注治理的行业特殊性。就党的领导而言，相关保险治理法律法规文件中将强化党的领导作为根本性指导原则，并要求将党的领导贯穿于治理全过程。就保险治理特殊性而言，以保险公司治理为例，其与一般公司相比在具体结构与机制层面的治理内容具有一定的特殊性，例如保险公司具有偿付能力监管、接管机制等一般公司所没有的治理机制，因此针对保险公司治理的法律法规文件也有一定的特殊性。

第三，法律法规是保险治理现代化的核心。保险是推进国家治理现代化的重要工具（郑伟，2020），保险治理现代化能更好地服务国家治理现代化。保险业复业以来，始终致力于以制度框架强化治理质效，不同主体出台了众多有关各类治理内容的保险治理法律法规文件，这些文件为保险业各类组织的治理提供了重要遵循与保障，也构成了中国式保险治理现代化的制度根基，因此是中国式保险治理现代化的核心。

第四，保险治理法律法规数量领先其他行业。2022年3月28日，中国银保监会发布《银行业保险业法治建设实施方案》（银保监发〔2022〕7号），提出到2025年，银行业保险业法律体系更加完备，各项监管行为和金融活动全部纳入法治轨道。我国从1979年保险业复业至2022年末累计出台了1000部保险治理法律法规文件，平均每年制定23部，数量领先于其他行业，这充分说明我国非常重视保险治理法律法规制度的建设。

第五，保险治理法律法规体系内容非常丰富。我国保险治理法律法规文件从具体内容角度来说，可以分为保险业治理法律法规文件、保险机构治理法律法规文件和保险公司治理法律法规文件，每类法律法规文件按照规范的内容不同或层次不同又可以进一步细分为多个层级。例如，保险业治理法律法规文件的一级分类包括法律文件、方针规划文件等四类，二级分类包含核心法律文件、发展方针文件等十五类，部分文件最高可细分至第四级。

第六，中国式保险治理现代化强调系统性。保险治理包含微观、中观和宏观三个层次，即微观层面的保险公司治理、中观层面的保险机构治理和宏观层面的保险业治理。在具体的法律法规文件中，有专门针对保险公司治理的文件，有专门针对保险机构治理的文件，也有专门针对保险业治理的文件；在保险机构治理法律法规文件中，既有针对特定保险机构治理的文件，也有针对全部保险机构治理的文件。这说明在现代化进程中我国保险治理始终致力于构建系统性的治理制度框架，而不是“零敲碎打”。

二、中国式保险治理现代化进程展望

第一，保险治理理念的现代化。中国式保险治理现代化的前提是治理理念的现代化，要坚持合规治理、过程治理、分类治理、责任治理等治理理念。首先，合规治理理念一方面要求监管部门持续完善治理制度，适时出台紧扣保险治理实践背景的法律法规文件，让保险机构治理有法可依；另一方面要求保险机构严格遵守监管规定，完善治理结构，合规运营。其次，过程治理理念表明保险治理不是一蹴而就的，是一个长期的过程，贯穿保险业发展全过程。再次，分类治理理念强调要针对不同类型保险机构出台适应其特点的治理法律法规文件，同时要针对同一类型保险机构治理状况良好与否展开差异化监管。最后，责任治理理念突出 ESG 因素，即环境（Environmental）、社会（Social）与治理（Governance）因素在保险机构治理中的重要作用，保险机构治理不应仅关注 ESG 中的公司治理维度，也要拓展环境和社会责任维度。

第二，保险治理体系的现代化。中国式保险治理现代化的基石是治理体系的现代化，治理体系包含监管体系和保险机构自身治理体系。在监管体系方面，根据 2023 年 3 月两会通过的《党和国家机构改革方案》，我国将组建中央金融委员会、中央金融工作委员会和国家金融监督管理总局，从而形成由中央金融委员会、中央金融工作委员会、中国人民银行、国家金融监督管理总局、国家外汇管理局等主体构成的多层次监管体系。保险机构自身治理体系方面，既有保险机构法人机构治理，也有保险机构分支机构治理，并且针对不同类型保险机构也有适应其特点的治理制度，例如保险资产管理公司必须设立首席风险管理执行官，本章根据整理的保险资产管理公司官网公开披露数据发现，截止到2023年4月23日，除在筹的中邮保险资产管理有限公司外，我国现有的33家保险资产管理公司均设立了首席风险管理执行官，负责组织和指导保险资产管理公司的风险管理。随着保险治理体系现代化水平的提高，我国将形成一套更适合保险业发展的监管体系框架，保险机构自身治理体系也会进一步完善。

第三，保险治理标准的现代化。中国式保险治理现代化的路径是治理标准的现代化。随着中国式保险治理现代化的不断深入，相关法律法规文件发布、更新的频率越来越高，针对保险机构治理的内容越来越全面，治理的标准也越来越严格。例如，《保险机构独立董事管理办法》（银保监发〔2018〕35号）规定保险机构董事会独立董事人数应当至少为3名，并且不低于董事会成员总数的1/3，即要求上市公司需要达到的标准；甚至在某些特定条件下，保险机构独立董事占董事会成员的比例必须达到1/2以上。再如，目前我国关于绿色发展、可持续发展的指引文件主要针对上市公司，而中国银保监会发布的《银行业保险业绿色金融指引》（银保监发〔2022〕15号）也鼓励银行保险机构强化环境、社会和治理（ESG）信息披露，未来可能强制保险机构披露被誉为公司第五张报表的ESG报告。

第四，保险治理手段的现代化。中国式保险治理现代化的条件是治理手段的现代化。治理手段作为中国式保险治理现代化的重要工具，是影响保险治理效能的关键因素。近年来，人工智能、大数据、云计算、区块链等技术加速更新迭代，以其为应用的保险科技已导入保险治理领域，赋能保险行业治理效能提升。从监管部门的角度来看，运用保险科技能够掌握保险机构发展动态，高时效获取保险机构相关数据并开展监管评价，从而有利于实施针对性监管和差异化监管，提高事中监管效能，减少重大风险发生的可能性。从保险机构的角度来看，保险科技水平越来越高，各种治理手段愈加丰富，运用保险科技能够有效提升内部治理效能。

第三章　中国保险机构发展与治理研究

我国学者围绕我国保险机构发展与治理展开了丰富的研究，本章重点梳理了保险机构发展与治理领域的经典学术著作，并从著作作者、著作研究的机构类型、著作的出版社、著作的出版时间等方面揭示中国保险机构发展与治理领域的研究状况。

第一节　中国保险机构发展研究

一、中国保险机构发展研究的总体说明

本研究整理出了215部中国保险机构发展研究相关著作，涉及保险机构发展的多个方面内容，具体如表3-1至表3-5所示。其中，表3-1整理了1993－2002年间我国保险机构发展研究的29部主要著作，表3-2整理了2003－2007年间我国保险机构发展研究的49部主要著作，表3-3整理了2008－2012年间我国保险机构发展研究的47部主要著作，表3-4整理了2013－2017年间我国保险机构发展研究的36部主要著作，表3-5整理了2018－2023年间我国保险机构发展研究的54部主要著作。

表3-1　1993－2002年我国保险机构发展研究主要著作

序号	著作作者	著作名称	出版社	出版时间
1	江生忠和张雪冰	《保险投资》	中国金融出版社	1993.09
2	魏迎宁和杨家发	《保险企业经济活动分析》	国际文化出版社	1994.05
3	郑功成和许飞琼	《各国保险公司管理与运作》	贵州人民出版社	1995.12
4	闵伟东	《金融新企划——银行、证券公司、保险公司的CI战略》	中国经济出版社	1996.02
5	蔡文远	《保险企业经营管理学》	中国财政经济出版社	1997.01

续表

序号	著作作者	著作名称	出版社	出版时间
6	周德英和中国保险报社通联部	《中国保险业机构名录》	中国城市出版社	1997.09
7	邓红国和王治超	《保险业实证研究：经营和监管》	中国金融出版社	1997.11
8	卓志	《保险经营风险防范机制研究》	西南财经大学出版社	1998.02
9	宋铁军	《叩响中国保险业大门：外资保险公司在中国》	中国人民大学出版社	1998.10
10	魏华林	《中国保险市场的开放及其监管》	中国金融出版社	1999.01
11	冯健身	《保险公司财务制度及讲解》	中国财政经济出版社	1999.03
12	雷明德	《保险公司管理》	海潮出版社	1999.05
13	罗安定和欧阳挥义	《保险公司会计核算与理财实务》	海潮出版社	1999.05
14	杨再贵	《最新保险公司会计》	改革出版社	1999.11
15	中国保险监督管理委员会国际部	《外资保险公司驻华机构概览》	中国金融出版社	2000.01
16	申曙光	《保险监管》	中山大学出版社	2000.01
17	财政部会计司	《保险公司会计制度讲解》	经济科学出版社	2000.02
18	江生忠	《保险会计学》	中国金融出版社	2000.07
19	江生忠和祝向军	《保险经营管理学》	中国金融出版社	2001.08
20	雷星晖	《保险公司风险管理观念发展与产品管理创新》	河北人民出版社	2001.08
21	白帝	《西方保险财务管理》	企业管理出版社	2001.08
22	江生忠	《保险中介教程》	机械工业出版社	2001.09
23	张卓奇	《保险公司会计》	上海财经大学出版社	2001.09
24	马永伟	《各国保险法规制度对比研究》	中国金融出版社	2001.12
25	魏迎宁	《保险监管问答》	广东经济出版社	2002.01
26	魏巧琴	《保险企业风险管理》	上海财经大学出版社	2002.02
27	孙磊	《保险公司的风险及其风险管理对策探讨》	西南财经大学出版社	2002.05
28	魏巧琴	《保险公司经营管理》	上海财经大学出版社	2002.11
29	粟芳	《中国非寿险保险公司的偿付能力研究》	复旦大学出版社	2002.12

资料来源：作者整理。

表 3-2　2003—2007 年我国保险机构发展研究主要著作

序号	著作作者	著作名称	出版社	出版时间
1	陶存文	《保险公司会计》	立信会计出版社	2003.02
2	王国良	《现代保险企业管理》	经济科学出版社	2003.06
3	江生忠	《中国保险业发展报告 2003 年》	南开大学出版社	2003.07
4	董昭江	《现代保险企业管理》	人民出版社	2003.07
5	董玉凤和金绍珍	《保险公司经营管理》	高等教育出版社	2003.08
6	刘茂山	《国际保险学》	中国金融出版社	2003.08
7	慕刘伟	《中资保险公司股权融资问题研究》	四川人民出版社	2003.09
8	王一佳、马泓和陈秉正等	《寿险公司风险管理》	中国金融出版社	2003.10
9	李殿军	《保险企业制胜八大要素》	中国金融出版社	2003.10
10	陈秉正	《公司整体化风险管理》	清华大学出版社	2003.11
11	胡昌荣	《中国保险企业家成长研究》	中国财政经济出版社	2003.12
12	李晓林和李肖傧	《保险公司信用评级与寿险产品评价体系研究》	中国财政经济出版社	2004.01
13	刘少君和郭大焕	《保险公司审计要领》	中国发展出版社	2004.01
14	房永斌	《保险法规监管》	中国人民大学出版	2004.01
15	谭启俭	《财产保险企业经营实践与探索》	黄河出版社	2004.03
16	江生忠	《中国保险业发展报告 2004 年》	中国财政经济出版社	2004.05
17	吴定富	《中国保险业发展改革报告（1979—2003）》	中国经济出版社	2004.06
18	张庆洪和王海艳	《保险企业资产负债管理》	经济科学出版社	2004.08
19	张卓奇	《保险公司会计》	复旦大学出版社	2005.02
20	侯旭华	《保险公司财务报表分析》	立信会计出版社	2005.04
21	吴小平	《保险中介机构监管手册》	中国财政经济出版社	2005.06
22	刘茂山、闫东玲和陈璐	《保险发展学》	金融出版社	2005.07
23	北京师联教育研究所	《再保险公司设立规定》	学苑音像出版社	2005.08

续表

序号	著作作者	著作名称	出版社	出版时间
24	江生忠	《中国保险业发展报告2005年》	中国财政经济出版社	2005.10
25	刘子操	《保险企业核心竞争力培育》	东北财经大学出版社	2005.11
26	吴小平	《保险公司非寿险业务准备金评估实务指南》	中国财政经济出版社	2005.12
27	姬便便	《中外财产保险公司竞争力比较研究》	中国农业出版社	2006.01
28	江生忠	《中国保险业改革与发展前沿问题》	机械工业出版社	2006.01
29	赵东升	《保险企业长寿之道》	中国财政经济出版社	2006.01
30	杨文灿	《保险企业经营效率论》	上海三联书店	2006.04
31	彭金柱	《国有保险企业产权制度变革研究》	上海三联书店	2006.04
32	郭金龙	《我国保险业发展的实证分析和国际经验》	经济管理出版社	2006.05
33	孙蓉、彭雪梅和胡秋明等	《中国保险业风险管理战略研究——基于金融混业经营的视角》	中国金融出版社	2006.05
34	吴定富	《股份制保险公司党建工作实践与探索》	党建读物出版社	2006.05
35	中国保险监督管理委员会财务会计部	《保险公司偿付能力报告编报规则2006》	中国财政经济出版社	2006.05
36	刘畅	《中资保险公司核心竞争力培育研究》	东北林业大学出版社	2006.06
37	潘国臣	《保险企业创新能力问题研究》	武汉大学出版社	2006.07
38	李有祥	《中国保险公司管理层激励与约束机制研究》	中国金融出版社	2006.09
39	陈信元和朱红军	《保险公司偿付能力监管会计框架研究》	上海财经大学出版社	2006.11
40	江生忠	《中国保险业发展报告2006年》	中国财政经济出版社	2006.11

续表

序号	著作作者	著作名称	出版社	出版时间
41	李艳华	《保险公司合规管理实务》	法律出版社	2007.01
42	陈兵和彭吉海	《保险公司财务管理》	中国财政经济出版社	2007.02
43	编委会	《保险公司投资资产委托管理模式研究》	首都经济贸易大学出版社	2007.03
44	孙祁祥和郑伟	《经济社会发展视角下的中国保险业——评价、问题与前景》	经济科学出版社	2007.06
45	赵雪媛	《保险公司监管信息披露的研究》	中国财政经济出版社	2007.06
46	中国保险监督管理委员会	《保险公司偿付能力报告编报规划 2007》	中国财政经济出版社	2007.07
47	江生忠	《中国保险业发展报告 2007 年》	中国财政经济出版社	2007.09
48	刘连生和申河	《保险中介》	中国金融出版社	2007.10
49	黄开旭	《财产保险公司保险调查理论与实务》	中国金融出版社	2007.12

资料来源：作者整理。

表 3-3　2008—2012 年我国保险机构发展研究主要著作

序号	著作作者	著作名称	出版社	出版时间
1	江生忠	《保险企业组织形式研究》	中国财政经济出版社	2008.01
2	孙祁祥和郑伟	《欧盟保险偿付能力监管标准II及对中国的启示》	经济科学出版社	2008.05
3	孙祁祥和郑伟	《金融综合经营背景下的中国保险业发展——制度演进、模式比较与战略选择》	经济科学出版社	2008.06
4	欧阳挥义	《上市保险公司会计核算实务》	海南出版社	2008.08
5	朱俊生	《中国保险业转型期发展研究》	首都经济贸易大学出版社	2008.08
6	王成辉	《保险企业经营竞争力研究》	南开大学出版社	2008.12
7	王保平和栗利玲	《保险公司会计实务》	中国财政经济出版社	2009.01

续表

序号	著作作者	著作名称	出版社	出版时间
8	江生忠	《中国保险业发展报告2008年》	中国财政经济出版社	2009.02
9	李秀芳和施岚等	《中国保险公司效率问题研究》	中国财政经济出版社	2009.05
10	陈雨露和马勇	《现代金融体系下的中国金融业混业经营：路径、风险与监管体系》	中国人民大学出版社	2009.06
11	罗亚玲	《基于星系模型的我国保险公司竞争力评价研究》	四川大学出版社	2009.06
12	孙祁祥和郑伟	《保险制度与市场经济——历史、理论与实证考察》	经济科学出版社	2009.06
13	蒋金中	《保险公司业绩管理》	经济科学出版社	2009.09
14	刘汉民	《保险公司财务管理》	经济科学出版社	2009.09
15	刘汉民	《保险公司盈利能力管理》	经济科学出版社	2009.09
16	罗光	《保险公司评级管理》	经济科学出版社	2009.09
17	沈烈	《保险公司资产负债管理》	经济科学出版社	2009.09
18	万众	《保险公司财务会计》	经济科学出版社	2009.09
19	王国军和潘兴	《后金融危机时代保险业的风险防范与战略选择》	法律出版社	2009.09
20	薄滂沱	《保险企业集团化理论与实践研究》	南开大学出版社	2009.11
21	李朝锋	《保险公司偿付能力与许可证监管之比较分析》	山西人民出版社	2009.11
22	毛惠春	《保险公司分支机构管理大全》	中国金融出版社	2009.12
23	魏迎宁	《保险集团财务风险控制问题研究》	中国财政经济出版社	2010.03
24	周玉华和张俊	《保险公司合规风险管理》	法律出版社	2010.05
25	沈琳	《保险公司综合业务实训》	中国人民大学出版社	2010.07
26	杨波	《中国保险专业中介机构发展问题研究》	南京大学出版社	2010.09

续表

序号	著作作者	著作名称	出版社	出版时间
27	丁德臣	《基于 ERM 理论的财产保险公司风险预警与控制研究》	中国金融出版社	2010.10
28	中国保险行业协会	《保险行业企业社会责任年度报告（2010 辑）》	法律出版社	2010.10
29	中国保险监督管理委员会保险中介监管部	《保险中介相关法规制度汇编》	中国财政经济出版社	2010.10
30	贾辉	《你违规了吗？保险机构合规手册》	人民日报出版社	2011.01
31	邢栋	《保险公司信息披露制度法经济学研究》	吉林人民出版社	2011.01
32	郑伟	《中国保险业发展研究》	经济科学出版社	2011.02
33	王建东	《中小财产保险公司发展研究》	南开大学出版社	2011.04
34	陈兵、邓世民和赵宇平	《保险公司高级财务管理实务》	中国财政经济出版社	2011.05
35	张代军	《保险机构经营管理》	立信会计出版社	2011.08
36	占梦雅	《保险公司最低偿付能力资本要求研究》	上海交通大学出版社	2011.10
37	陈雨露和马勇	《中国金融体系大趋势》	中国金融出版社	2011.12
38	王磊	《基于偿付能力监管下的保险公司效率研究》	南京农业大学出版社	2011.12
39	杨贵军	《我国保险公司偿付能力》	经济科学出版社	2011.12
40	李秀芳和解强	《基于多目标规划的保险公司资产负债管理》	中国财政经济出版社	2012.01
41	滕焕钦和张芳洁	《财产保险公司风险预警研究》	中国金融出版社	2012.01
42	编写组	《保险公司内部控制精要——业绩和品牌价值提升的有效手段》	复旦大学出版社	2012.02
43	龙翔	《保险公司市场退出法律制度研究》	中国财政经济出版社	2012.08

续表

序号	著作作者	著作名称	出版社	出版时间
44	王元	《保险公司法律工作管理实务》	中国法制出版社	2012.08
45	余洋	《财产保险公司资产负债管理与动态随机规划法应用研究》	中国财政经济出版社	2012.08
46	冯占军和李秀芳	《中国保险企业竞争力研究》	中国财政经济出版社	2012.10
47	黄溪	《保险公司与基金公司逆周期监管研究》	中国社会科学出版社	2012.12

资料来源：作者整理。

表 3-4　2013—2017 年我国保险机构发展研究主要著作

序号	著作作者	著作名称	出版社	出版时间
1	江先学和吴岚等	《保险公司偿付能力监管研究》	上海交通大学出版社	2013.01
2	周延礼	《保险监管系统党的建设研究》	中共中央党校出版社	2013.01
3	穆晓军和袁朝晖	《华泰之道》	中信出版社	2013.01
4	薄燕娜	《保险公司风险处置及市场退出制度研究》	北京大学出版社	2013.02
5	孟龙	《保险公司中介业务监管》	中国财政经济出版社	2013.02
6	江生忠、锺碧蓉和邵全权	《保险中介前沿问题研究》	南开大学出版社	2013.07
7	侯旭华	《保险公司财务分析与风险防范》	复旦大学出版社	2013.09
8	陈文辉	《保险资金股权投资问题研究》	中国金融出版社	2014.01
9	编写组	《保险公司法律风险管理实务》	首都经济贸易大学出版社	2014.04
10	编写组	《财产保险公司外部监管合规手册》	首都经济贸易大学出版社	2014.04
11	刘宁	《基于经济资本的中国保险公司全面风险管理研究》	湖北人民出版社	2014.05

续表

序号	著作作者	著作名称	出版社	出版时间
12	沈东、张洪涛、汪波和曹亚勇	《财产保险公司财务管理》	首都经济贸易大学出版社	2014.12
13	沈东和曹亚勇	《财产保险公司财务会计》	首都经济贸易大学出版社	2014.12
14	张伟	《我国保险公司非寿险IBNR准备金精算评估研究》	经济管理出版社	2014.12
15	张宗军	《中国保险公司市场退出机制研究》	西南财经大学出版社	2015.01
16	中国保险行业协会	《国内中小财产保险公司发展问题研究报告》	中国金融出版社	2015.01
17	中国保险行业协会	《国内中小财产保险公司发展研究报告》	中国金融出版社	2015.05
18	中国保险行业协会	《中小寿险公司发展研究报告》	中国财政经济出版社	2015.06
19	寇业富	《2015 中国保险公司竞争力评价研究报告》	中国财政经济出版社	2015.10
20	编写组	《财产保险公司审计指南》	中国时代经济出版社	2015.12
21	郭金龙和周华林	《保险业系统性风险及其管理的理论和政策研究》	社会科学文献出版社	2016.01
22	编写组	《财产保险公司反洗钱理论与实务》	首都经济贸易大学出版社	2016.05
23	倪莎	《保险公司动态资产配置》	中国社会科学出版社	2016.05
24	崔惠贤	《集团化对中国保险产业组织的影响研究》	华东理工大学出版社	2016.06
25	侯旭华	《保险公司会计》（第 5 版）	复旦大学出版社	2016.07
26	朱文革	《保险公司风险管理》	上海财经大学出版社	2016.07
27	寇业富	《2016 中国保险公司竞争力评价研究报告》	中国财政经济出版社	2016.10
28	孙立娟	《保险公司破产与危机预测问题研究》	经济科学出版社	2016.10
29	王正文	《基于经济资本的保险公司整合风险管理研究》	中国地质大学出版社	2016.10

续表

序号	著作作者	著作名称	出版社	出版时间
30	周晶	《中国保险公司非量化风险评估研究》	经济科学出版社	2016.12
31	陈辉	《相互保险 开启保险新方式》	中国经济出版社	2017.05
32	李亚男	《随机最优控制理论下的保险公司最优化问题研究》	中国金融出版社	2017.05
33	中国保险资产管理业协会	《国内外保险机构大类资产配置研究》	中国金融出版社	2017.06
34	寇业富	《2017 中国保险公司竞争力评价研究报告》	中国财政经济出版社	2017.09
35	梁涛、何肖峰和任建国	《相互保险组织运作及风险管理研究》	中国金融出版社	2017.09
36	王稳	《健康保险公司风险管理》	中国财政经济出版社	2017.12

资料来源：作者整理。

表 3-5　2018－2023 年我国保险机构发展研究主要著作

序号	著作作者	著作名称	出版社	出版时间
1	贲圣林	《扬帆起航——走向国际的中资保险公司》	浙江大学出版社	2018.01
2	聂斌和张瑶	《保险企业管理》	西南财经大学出版社	2018.01
3	魏平	《我国财产保险公司业务结构优化研究》	中国人民大学出版社	2018.02
4	中国保险行业协会	《保险公司内部审计典型案例集》	中国财政经济出版社	2018.02
5	郭振华	《保险公司经营分析——基于财务报告》	上海交通大学出版社	2018.04
6	编写组	《人身保险公司合规指南》	中国时代经济出版社	2018.05
7	编写组	《财产保险公司合规指南》	中国时代经济出版社	2018.05
8	杨波	《医养结合与保险公司介入研究》	南京大学出版社	2018.06
9	刘树枫	《保险公司业务实训》	西北大学出版社	2018.08
10	寇业富	《2018 中国保险公司竞争力评价研究报告》	中国财政经济出版社	2018.09

续表

序号	著作作者	著作名称	出版社	出版时间
11	许闲	《保险科技创新运用与商业模式》	中国金融出版社	2018.09
12	中国保险行业协会	《保险公司合规管理与大数据应用》	中国金融出版社	2018.11
13	中国保险行业协会	《保险公司人力成本总额市场实践研究》	中国金融出版社	2018.11
14	宋绍富	《我国财产保险公司品牌竞争力的要因构成及其实证研究》	西南财经大学出版社	2018.12
15	太平金融稽核服务（深圳）有限公司	《金融保险集团内部审计创新与实践》	西南财经大学出版社	2018.12
16	许闲	《保险大国崛起》	复旦大学出版社	2018.12
17	陈辉	《相互保险 定义保险新方式》	中国经济出版社	2019.01
18	寇业富	《2019 中国保险公司竞争力评价研究报告》	中国经济出版社	2019.10
19	马海峰	《问题保险公司的救助机制》	立信会计出版社	2019.11
20	胡祥	《我国上市保险公司系统性风险评估》	经济科学出版社	2019.12
21	赛铮	《我国保险公司破产法律制度完善研究》	武汉大学出版社	2019.12
22	王向楠和边文龙	《中国保险公司绩效研究》	中国社会科学出版社	2020.01
23	张娓主	《大数据时代下保险公司的创新之路》	重庆大学出版社	2020.02
24	中国化工集团有限公司统一保险管理办公室，蓝星保险经纪有限公司，对外经济贸易大学保险学院课题组	《企业集团保险管理与实践》	对外经济贸易大学出版社	2020.05
25	缪若冰	《相互保险组织的法律分析及其应用》	中国社会科学出版社	2020.06

续表

序号	著作作者	著作名称	出版社	出版时间
26	王保平、孙娜和程六满	《保险公司会计实务》	中国财政经济出版社	2020.06
27	编委会	《保险公司诉讼管理实务研究》	上海人民出版社	2020.09
28	寇业富	《2020 中国保险公司竞争力评价研究报告》	中国财政经济出版社	2020.09
29	孙蓉作	《新中国保险制度变迁》	西南财经大学出版社	2020.12
30	王运鹏	《博弈论视角下保险公司的竞争与市场均衡》	经济科学出版社	2020.12
31	中国银保监会国际部	《银行业保险业引进来和走出去机构名录——保险业引进来和走出去机构名录》	中国金融出版社	2021.01
32	中国银保监会国际部	《银行业保险业引进来和走出去机构名录——银行业引进来机构名录》	中国金融出版社	2021.01
33	高侯平	《中国系统重要性保险机构识别和监管研究》	中国经济出版社	2021.03
34	王保平、黄文祥和谷小见	《保险公司财务知识精要》	经济科学出版社	2021.03
35	魏巧琴	《保险公司经营管理》（第6版）	上海财经大学出版社	2021.03
36	孙蓉和兰虹	《保险学原理》	西南财经大学出版社	2021.06
37	许闲	《合规与监管科技》	中国金融出版社	2021.06
38	寇业富	《2021 中国保险公司竞争力与投资价值评价研究报告》	中国财政经济出版社	2021.11
39	郝芳静	《保险公司投资中国股市的风险影响研究》	经济管理出版社	2021.12
40	周爱玲	《保险公司投资农村养老社区研究》	中国经济出版社	2021.12
41	寇业富	《2022 中国保险公司竞争力与投资价值评价研究报告》	中国财政经济出版社	2022.01

续表

序号	著作作者	著作名称	出版社	出版时间
42	中国银行保险监督管理委员会偿付能力监管部	《保险公司偿付能力监管规则及讲解》	中国金融出版社	2022.01
43	武亦文	《商业保险公司参与医疗体制改革的路径探析》	中国社会科学出版社	2022.02
44	周玉华	《保险公司合规管理与风险控制实务指引》（第 2 版）	法律出版社	2022.06
45	中国保险行业协会	《保险公司个人信息保护实务研究》	法律出版社	2022.08
46	杨农、刘绪光和王建平	《保险机构数字化转型》	清华大学出版社	2022.09
47	郑伟	《中国保险业发展报告 2022》	经济科学出版社	2022.10
48	庹国柱和李文中	《保险学》（第 11 版）	首都经济贸易大学出版社	2023.01
49	关国卉	《保险公司风险建模与资金管理》	科学出版社	2023.03
50	王玉祥和尤瑞金	《保险机构内部审计》	中国金融出版社	2023.03
51	马玉秀	《中国保险专业中介机构集聚效应研究》	经济科学出版社	2023.05
52	郑伟	《中国保险业发展报告 2023》	经济科学出版社	2023.10
53	赵蕾	《保险公司操作风险量化管理》	经济科学出版社	2023.11
54	中国再保险集团（股份）有限公司	《中国再保险行业发展报告》	中国金融出版社	2023.11

资料来源：作者整理。

二、中国保险机构发展研究的具体分析

首先，从这些著作的作者来看，撰写著作数量最多的作者是江生忠，独自撰写了 10 本保险机构发展的相关著作，著作数量占比高达 4.65%，该作者撰写了以保险机构为研究类型的 2003－2008 年每一年的中国保险业发展报告 6 部以及保险企业组织形式的著作 1 部；此外，作者还撰写了以保险公司、中介机构为研究类型的著作各 1 部。中国保险行业协会和寇业

富的著作数量均为 8 部，均占总著作数量的 3.69%，中国保险行业协会的 8 部著作中有 7 部针对保险公司，有 1 部针对保险机构，囊括了保险公司的发展问题、内部审计、合规管理、个人信息等研究主题；寇业富集中撰写 2015－2022 年每一年度的中国保险公司的竞争力评价研究报告。各个编写组撰写的著作数量为 7 部，均集中在保险公司这一类型，出版时间分布在 2012－2018 年之间，需要说明的是，这些编写组并非同一编写组，是对应每本书的编写组。此外，孙祁祥和郑伟、郑伟、许闲、魏巧琴以及侯旭华的著作数量分别达到了 4 部、3 部、3 部、3 部和 3 部，占比均在 1%以上。

其次，从这些著作关注的保险机构类型来看，涉及保险机构全样本的发展研究、各具体类型保险机构的发展研究以及监管机构发展研究。如图 3-1 所示，其中，有关保险机构全样本的发展研究 56 部，占总著作数量的 26.05%；有关具体类型保险机构的发展研究著作数量最多，有 152 部，占比 70.70%；有关监管机构的发展研究著作有 7 部，占比 3.26%。152 部具体类型保险机构又可以被分为保险公司、保险集团、相互保险组织、再保险公司和中介机构五个类别，如图 3-2 所示。其中，保险公司发展相关著作数量最多，达到 134 部，在 152 部具体类型保险机构著作中占比 88.16%；中介机构、保险集团、相互保险组织和再保险公司著作相对较少，分别为 7 部、5 部、4 部和 2部。

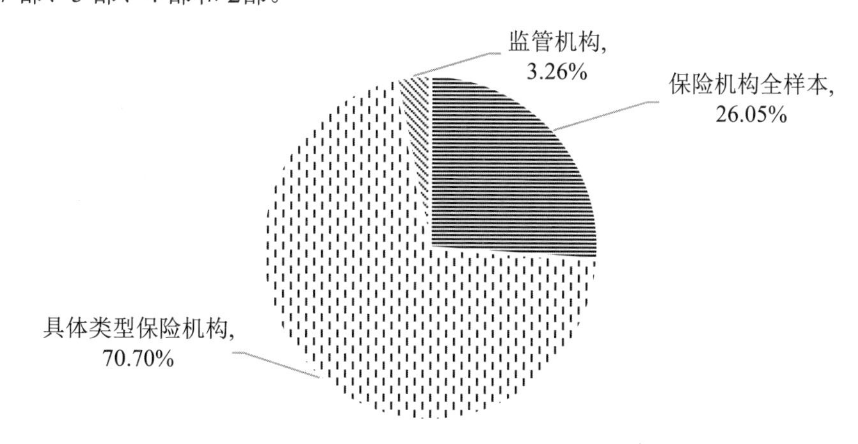

图 3-1　中国保险机构发展研究著作保险机构类型占比统计

资料来源：作者整理。

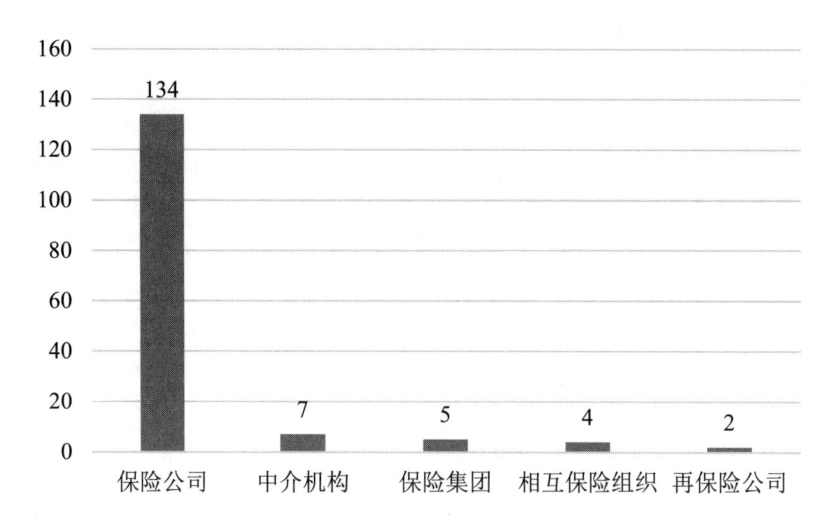

图 3-2　中国保险机构发展研究著作具体类型保险机构占比统计

资料来源：作者整理。

再次，从这些著作的出版社来看，如图 3-3 所示，215 部著作所涉及的出版社共 65 家，其中在中国财政经济出版社出版的著作数量最多，有 38 部，占比 17.67%；中国金融出版社次之，有 33 部，占比 15.35%；经济科学出版社出版了 23 部著作，占比 10.7%；其他 62 家出版社出版著作数量均小于 8 部，占比均在 4%以内。

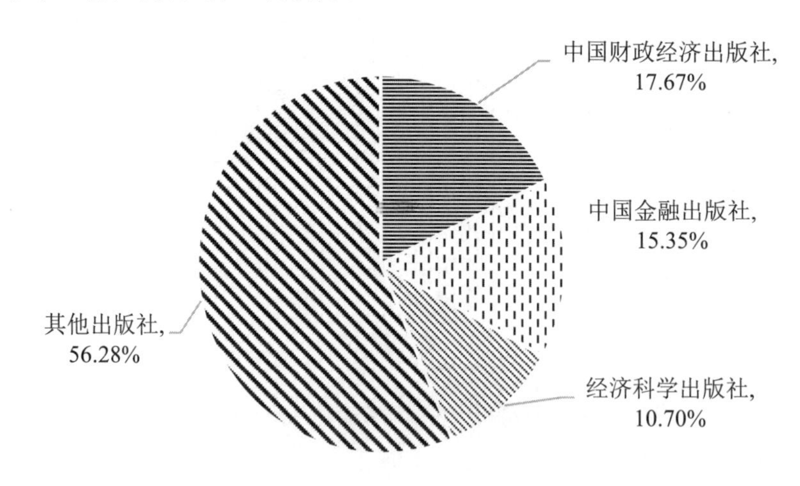

图 3-3　中国保险机构发展研究著作出版社占比统计

资料来源：作者整理。

最后，从这些著作的出版时间来看，如图 3-4 所示，215 部著作中最早出版的是 1993 年江生忠和张雪冰撰写的《保险投资》，1993－2002 年的相关著作相对较少，有 29 部，占比 13.49%；2003－2012 年出版的著作有 96 部，占比 44.65%；2013－2023 年出版的著作有 90 部，占比 41.86%。在 1993－2023 年期间，2009 年和 2018 年这两年相关著作数量最多，均有 16 部，占比 7.44%，2006 年和 2003 年著作数量次之，分别有 14 和 11 部，且占比均超过 5%。

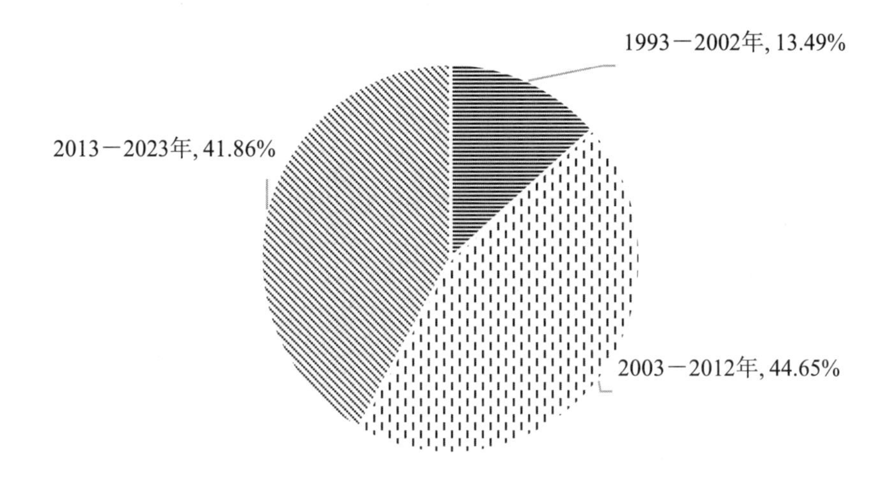

图 3-4　中国保险机构发展研究著作出版时间占比统计

资料来源：作者整理。

第二节　中国保险机构治理研究

一、中国保险机构治理研究的总体说明

本研究整理出了 30 部中国保险机构治理研究相关著作，涉及保险机构治理的多个方面内容。针对中国保险机构治理研究表格中的 30 部著作，本研究也从著作作者、机构类型等方面进行了详细分析，具体如表 3-6 所示。

表 3-6　我国保险机构治理研究主要著作

序号	著作作者	著作名称	出版社	出版时间
1	郑飞虎	《保险公司治理研究》	中国法制出版社	2004.09
2	李克穆	《保险业信息披露研究》	中国财政经济出版社	2007.03
3	赵雪媛	《保险公司监管信息披露的研究》	中国财政经济出版社	2007.06
4	杨馥	《中国保险公司治理监管制度研究》	经济科学出版社	2011.05
5	中国保险监督管理委员会	《中国保险业社会责任白皮书》	经济管理出版社	2014.12
6	郝臣	《中国保险公司治理研究》	清华大学出版社	2015.08
7	郝臣	《保险公司治理对绩效影响实证研究——基于公司治理评价视角》	科学出版社	2016.03
8	方国春	《中国相互制保险公司治理的法律规制——基于公司治理主体权利视角》	法律出版社	2016.12
9	郝臣、李慧聪和崔光耀	《治理的微观、中观与宏观——基于中国保险业的研究》	南开大学出版社	2017.06
10	中国人民财产保险股份有限公司	《保险公司数据治理理论与实践》	知识产权出版社	2019.10
11	郝臣等	《中国保险公司治理发展报告 2018》	南开大学出版社	2019.12
12	罗利勇、胡启明、吴欣欣和宋中华	《我国相互保险组织治理研究》	四川大学出版社	2020.04
13	许荣	《保险机构的治理功能研究》	中国经济出版社	2020.04
14	罗利勇、李悦、邹昌波和杨竞	《我国财产保险公司治理研究》	西南财经大学出版社	2020.11
15	郝臣等	《中国保险公司治理发展报告 2019》	南开大学出版社	2020.12
16	郝臣	《保险公司治理》	清华大学出版社	2021.02
17	郝臣	《保险公司治理、投资效率与投保人利益保护》	东北大学出版社	2021.06

续表

序号	著作作者	著作名称	出版社	出版时间
18	郝臣	《我国保险机构监督机制有效性研究》	东北大学出版社	2021.06
19	中国保险行业协会等	《保险机构公司治理监管制度汇编　第一编　股东治理》	法律出版社	2021.12
20	中国保险行业协会等	《保险机构公司治理监管制度汇编　第二编　董事会治理》	法律出版社	2021.12
21	中国保险行业协会等	《保险机构公司治理监管制度汇编　第三编　监事会和高管层治理》	法律出版社	2021.12
22	中国保险行业协会等	《保险机构公司治理监管制度汇编　第四编　风险内控》	法律出版社	2021.12
23	中国保险行业协会等	《保险机构公司治理监管制度汇编　第五编　关联交易治理》	法律出版社	2021.12
24	中国保险行业协会等	《保险机构公司治理监管制度汇编　第六编　市场约束》	法律出版社	2021.12
25	中国保险行业协会等	《保险机构公司治理监管制度汇编　第七编　其他利益相关者》	法律出版社	2021.12
26	郝臣	《我国中小型保险机构治理研究》	南开大学出版社	2022.07
27	中国保险资产管理业协会	《保险问道之公司治理研究》	法律出版社	2022.08
28	郝臣	《金融机构治理手册》	清华大学出版社	2023.03
29	郝臣	《我国保险治理法律法规研究：1979－2022》	南开大学出版社	2023.06
30	中国保险学会	《保险公司治理的理论与实践》	中国金融出版社	2023.08

资料来源：作者整理。

二、中国保险机构治理研究的具体分析

首先，作者方面，撰写著作数量最多的作者是郝臣，单独撰写的著作

8 部，作为第一作者撰写的著作 3 部，共占比 36.7%，其中单独撰写的著作中有 4 部属于保险公司类型、4 部属于保险机构类型，著作主题涉及保险公司治理、保险机构监督机制有效性、保险治理法律法规以及金融机构治理等领域；中国保险行业协会等的著作数量为 7 部，占比 23.3%，著作主题均为保险机构公司治理监管制度汇编，涉及股东治理、董事会治理、监事会和高管层治理等七个方面。

其次，机构类型方面，如图 3-5 所示，30 部中国的保险机构治理研究著作中，有 15 部机构类型为保险机构，占比最多，达到了 50.00%，14 部为保险公司，1 部为相互保险组织。

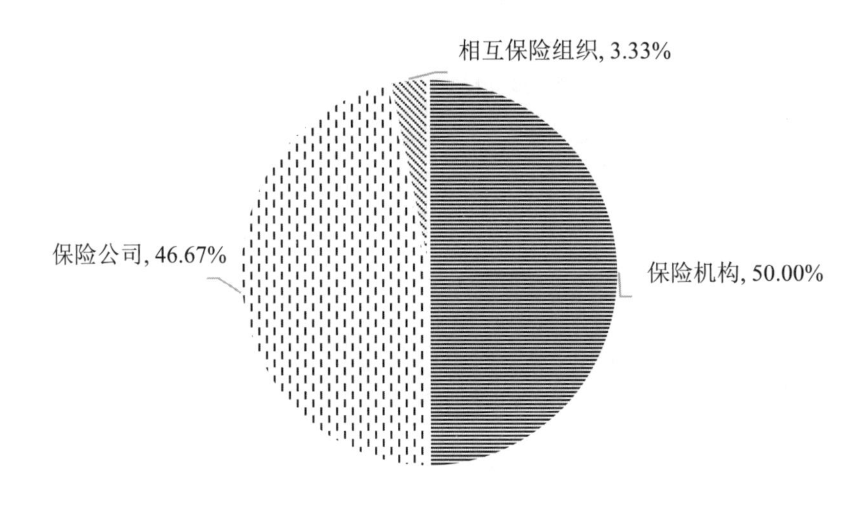

图 3-5　中国保险机构治理研究著作保险机构类型占比统计

资料来源：作者整理。

再次，出版社方面，如图 3-6 所示，法律出版社、南开大学出版社和清华大学出版社是出版著作数量较多的出版社，分别出版了 9 部、5 部和 3 部，分别占 30 部著作的 30.00%、16.67%和 10.00%。

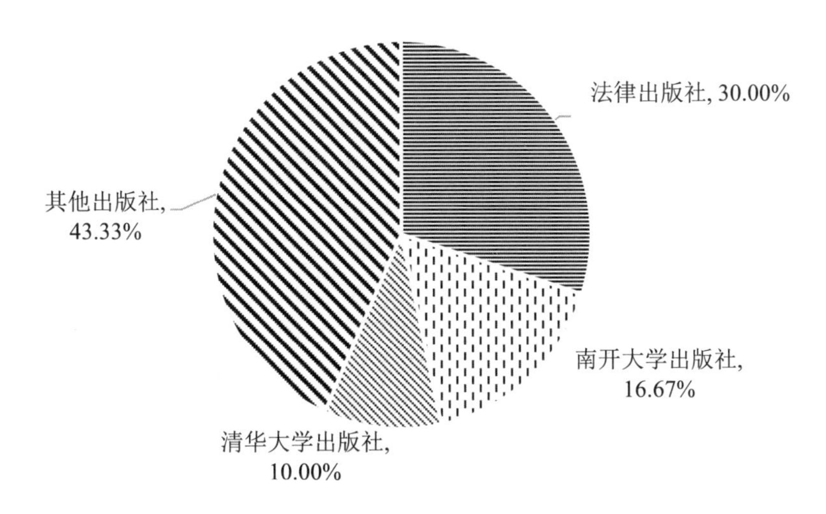

图 3-6　中国保险机构治理研究著作出版社占比统计

资料来源：作者整理。

最后，出版时间方面，如图 3-7 所示，近五年（2019－2023）出版著作数量达到 21 部，占比 70.00%，剩余占比 30.00%的 9 部分散在 2004－2017年。

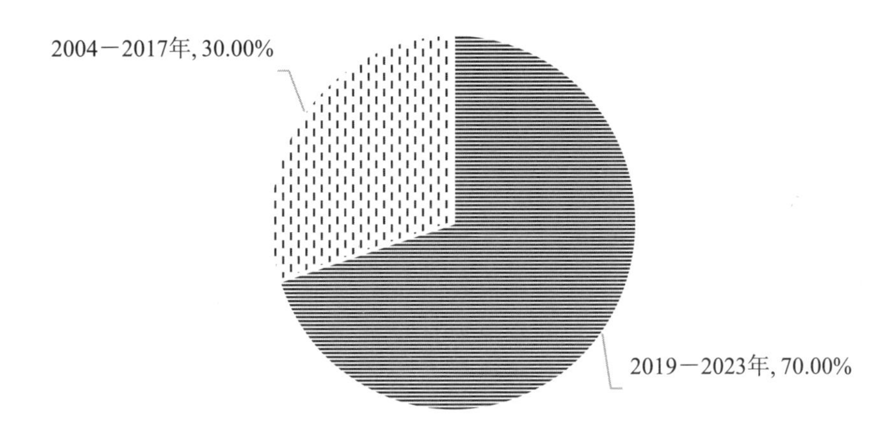

图 3-7　中国保险机构治理研究著作出版时间占比统计

资料来源：作者整理。

第四章　中国保险公司治理评价系统开发

中国保险公司治理评价系统包括评价指标体系、指标量化标准以及指数生成模型。首先，阐述了中国保险公司治理评价系统的设计原则与设计思路；其次，论述了中国保险公司治理评价指标体系框架和具体评价指标；再次，对各评价指标的量化标准进行了设定；最后，基于指标原始评分合成了中国保险公司治理六大内容分指数以及中国保险公司治理指数。

第一节　中国保险公司治理评价系统设计原则与思路

本节主要介绍了中国保险公司治理评价系统的设计原则和设计思路。设计原则方面，中国保险公司治理评价系统的设计必须遵循科学性、客观性、系统性、可行性和动态性原则。设计思路方面，考虑保险公司治理的特殊性，从六大治理内容维度出发设计评价指标体系、设定指标量化标准和构建指数生成模型。

一、中国保险公司治理评价系统设计原则

（一）科学性原则

科学性原则（Scientificity）是指保险公司治理评价系统的设计以及评价方法的选择应符合公司治理评价的基本理论和原则。评价过程必须在科学理论的指导下进行，遵循科学评价的程序，使得整个评价工作做到科学合理，并运用科学的思维方法和语言撰写评价报告。

（二）客观性原则

客观性原则（Objectivity）是指保险公司治理评价系统必须能真实反映评价对象的治理水平以及存在的问题。保险公司治理评价主体应以评价客体真实可得的数据为评价依据，在计算评分和撰写报告的过程中客观、公正，不受主观情绪影响，避免评价结果出现偏离和误差。

（三）系统性原则

系统性原则（Systematicness）是指保险公司治理系统的设计应综合考虑公司治理各方面的状况，并依据重要性赋予各维度一定的权重。保险公司治理评价系统设计要遵循系统论的思维，考虑各子系统和要素之间的关联性，避免因采用单一因素导致的片面性，使评价结果能够全面系统地反映保险公司治理的水平。

（四）可行性原则

可行性原则（Feasibility）是指保险公司治理评价系统的目标要合理、评价系统的具体内容要切合我国保险公司治理实际、评价系统中的具体评价指标要有相应的信息来源等。评价工作正式实施前，需要分别从评价主体和评价客体角度对上述问题逐一进行思考和分析。

（五）动态性原则

动态性原则（Dynamicity）是指保险公司治理评价系统要随着治理环境、治理规则的变化而做出优化调整。评价系统一旦设立，则具有一定的稳定性。但是当评价的外部环境发生了变化，例如监管部门出台了新的治理方面的法律法规，评价的指标及评价的标准可能需要做出适当的调整和优化。

二、中国保险公司治理评价系统设计思路

本研究在梳理国内外已有公司治理评价研究的基础上，参考已有的一般公司治理评价系统设计思路，重点借鉴南开大学中国公司治理研究院发布的中国上市公司治理指数（$CCGI^{NK}$）的指标体系框架，考虑保险公司治理特殊性，立足我国保险公司治理实际，从股东与股权结构、董事与董事会、监事与监事会、高级管理人员、信息披露和利益相关者六大治理内容维度出发设计中国保险公司治理评价具体指标，为各评价指标设定量化标准，进而根据一定的方法生成中国保险公司治理指数，全面反映我国保险公司治理质量。需要重点说明的是，本研究设计的具体评价指标数据来源全部基于公开信息，使原始数据更容易获取；设定的指标量化标准清晰规范，摒除了主观判断，使评价结果更具科学性。

第二节 中国保险公司治理评价指标体系

本节主要介绍了中国保险公司治理评价指标体系框架和具体评价指

标。中国保险公司治理评价体系包括股东与股权结构、董事与董事会、监事与监事会、高级管理人员、信息披露和利益相关者六大维度共计 70 个具体评价指标，本节进一步对各评价指标进行层次、方向和特质分类。

一、中国保险公司治理评价指标体系框架

中国保险公司治理评价涉及内部治理和外部治理两个方面。在保险公司内部治理方面，"三会一层"治理结构是重点和核心，包括股东与股权结构、董事与董事会、监事与监事会和高级管理人员四个维度。在保险公司外部治理方面，主要包括信息披露和利益相关者两个维度。就信息披露而言，我国保险公司多为非上市公司，但因为其经营的特殊性、影响的广泛性等，监管部门出台多部关于保险公司信息披露的相关政策法规，对保险公司的信息披露要求极高，因此本研究将保险公司的信息披露作为一个重要的评价维度。就利益相关者而言，公司治理的目标是实现利益相关者利益最大化，而保险公司除了股东等利益相关者外，还存在一类特殊的利益相关者即投保人，其利益相关者治理较一般公司更为复杂，为此本研究也将利益相关者作为保险公司治理评价的一个重要维度。

在确定治理内容维度的基础上，本研究梳理有关保险公司治理的相关法律法规和学术研究文献，设计具体评价指标。中国保险公司治理评价指标体系框架如表 4-1 所示，股东与股权结构维度、董事与董事会维度、监事与监事会维度、高级管理人员维度、信息披露维度和利益相关者维度包括的具体评价指标数量分别为 5 个、24 个、8 个、7 个、17 个和 9 个，共计 70 个评价指标。

表 4-1　中国保险公司治理评价指标体系构成

总指数	基于治理内容维度分指数	指标数量
中国保险公司治理指数（CICGI）	股东与股权结构分指数（$CICGI_{SHARE}$）	5
	董事与董事会分指数（$CICGI_{BOD}$）	24
	监事与监事会分指数（$CICGI_{SUPER}$）	8
	高级管理人员分指数（$CICGI_{TOP}$）	7
	信息披露分指数（$CICGI_{DISCL}$）	17
	利益相关者分指数（$CICGI_{STAKE}$）	9

资料来源：南开大学中国保险机构治理评价课题组。

二、中国保险公司治理评价具体评价指标

（一）中国人身险公司治理评价指标

《银行保险机构公司治理准则》（银保监发〔2021〕14 号）的制定使得中国人身险公司治理评价指标的设计需要区分评价年度，因为以该准则为时间界限，前后对人身险公司治理的要求略有变化。2021 年及以前评价年度中国人身险公司治理评价具体指标共计 60 个，详见表 4-2，其中指标 5-12：偿付能力报告披露是否及时和指标 5-13：偿付能力报告披露后是否有更正不适用于仅经营受托型业务的养老保险公司，其余指标均适用。

本研究在设计评价指标基础上，也对各指标按照指标层次、指标方向和指标特质进行了分类，以全面呈现每一个治理评价指标的属性。指标层次包括初级和高级，初级指标代表强制性合规，即法律法规明确规定保险公司必须达到的要求；高级指标代表自主性合规，即虽然监管上没有明确规定，但是为法律法规或学术研究所倡导需要达到的合规标准。指标方向包括正向和负向，正向指标是指鼓励保险公司在治理实践上做到的指标；负向指标是指不鼓励保险公司在治理实践上出现的指标。治理特质包括通用和特有，通用指标是指为一般公司所共同适用的指标；特有指标是指仅对保险公司所适用的指标。

表 4-2　中国人身险公司治理评价指标体系（2021 年及以前）

序号	指标编号	指标名称	指标层次	指标方向	指标特质
1	1-1	股东（大）会召开情况	初级	正向	通用
2	1-2	股权结构状况	高级	正向	通用
3	1-3	是否存在机构投资者	高级	正向	通用
4	1-4	股权层级状况	高级	负向	通用
5	1-5	股权出质或质押情况	高级	负向	通用
6	2-1	董事会规模	初级	正向	通用
7	2-11	董事学历状况	高级	正向	通用
8	2-12	有无财务会计审计背景董事	高级	正向	通用
9	2-13	有无金融背景董事	高级	正向	通用
10	2-14	有无保险精算背景董事	高级	正向	特有
11	2-15	董事专业和职业背景结构	高级	正向	通用
12	2-16	董事长是否存在非正常变更情况	高级	负向	通用
13	2-17	独立董事比例情况	初级	正向	通用
14	2-18	独立董事学历情况	高级	正向	通用

续表

序号	指标编号	指标名称	指标层次	指标方向	指标特质
15	2-19	有无财务会计审计背景独立董事	初级	正向	通用
16	2-20	有无金融背景独立董事	初级	正向	通用
17	2-21	有无保险精算背景独立董事	初级	正向	特有
18	2-22	有无法律背景独立董事	初级	正向	通用
19	2-23	独立董事专业和职业背景结构	高级	正向	通用
20	2-24	独立董事任职结构是否多元化	高级	正向	通用
21	3-1	监事会规模或监事人数	初级	正向	通用
22	3-2	职工监事比例情况	初级	正向	通用
23	3-4	监事学历情况	高级	正向	通用
24	3-5	有无财务会计审计背景监事	高级	正向	通用
25	3-6	有无金融背景监事	高级	正向	通用
26	3-7	有无保险精算背景监事	高级	正向	特有
27	3-8	监事专业和职业背景结构	高级	正向	通用
28	4-1	高管规模	高级	正向	通用
29	4-2	董事长和总经理两职是否分设	高级	正向	通用
30	4-3	是否设立总精算师	初级	正向	特有
31	4-4	是否设立合规负责人	初级	正向	特有
32	4-5	是否设立首席风险官	初级	正向	特有
33	4-6	是否设立审计负责人	初级	正向	特有
34	4-7	总经理是否存在非正常变更情况	高级	负向	通用
35	5-1	有无官网	初级	正向	通用
36	5-2	官网整体建设水平状况	高级	正向	通用
37	5-3	官网客服热线披露情况	初级	正向	通用
38	5-4	官网是否披露官微或公众号	高级	正向	通用
39	5-5	官网有无公开信息披露栏目	初级	正向	特有
40	5-6	官网公开信息披露栏目是否明显	初级	正向	特有
41	5-7	官网披露框架是否符合规定	初级	正向	特有
42	5-8	官网基本信息披露是否完善	初级	正向	特有
43	5-9	官网专项信息披露是否完善	初级	正向	特有
44	5-10	官网重大事项披露是否完善	初级	正向	特有
45	5-11	官网公司治理架构披露是否完善	初级	正向	特有
46	5-12	偿付能力报告披露是否及时	初级	正向	特有

续表

序号	指标编号	指标名称	指标层次	指标方向	指标特质
47	5-13	偿付能力报告披露后是否有更正	高级	负向	特有
48	5-14	年度信息披露报告披露是否及时	初级	正向	特有
49	5-15	年度信息披露报告披露是否完善	初级	正向	特有
50	5-16	年度信息披露报告披露后是否有更正	高级	负向	特有
51	5-17	年度财务会计报告审计意见类型	高级	正向	通用
52	6-1	亿元保费、万张保单投诉情况	高级	负向	特有
53	6-2	有无经营异常情况	初级	负向	通用
54	6-3	是否收到监管函	初级	负向	特有
55	6-4	是否受到行政处罚	初级	负向	特有
56	6-5	风险综合评级状况	初级	正向	特有
57	6-6	纳税信用评级状况	初级	正向	通用
58	6-7	评价年度有无失信情况	初级	负向	通用
59	6-8	社会责任承担状况	高级	正向	特有
60	6-9	负面新闻报道情况	高级	负向	通用

资料来源：南开大学中国保险机构治理评价课题组。

1. 2021 年及以前人身险公司治理评价指标

分指标层次来看，2021 年及以前评价年度，中国人身险公司治理评价指标中初级指标 31 个、高级指标 29 个；分指标方向来看，正向指标 48 个、负向指标 12 个；分指标特质来看，通用指标 36 个、特有指标 24个。

2. 2022 年及以后人身险公司治理评价指标

2022 年及以后评价年度，中国人身险公司治理评价具体指标共计 70 个，新增董事会专门委员会和外部监事相关的 10 个指标，指标 4-2 的指标层次也由高级调整为初级，详见表 4-3。其中，指标 5-12：偿付能力报告披露是否及时和指标 5-13：偿付能力报告披露后是否有更正不适用于仅经营受托型业务的养老保险公司，其余指标均适用。对评价指标进行指标层次、指标方向和指标特质分类，分指标层次来看，初级指标 41 个、高级指标 29 个；分指标方向来看，正向指标 58 个、负向指标 12 个；分指标特质来看，通用指标 37 个、特有指标 33个。

表 4-3　中国人身险公司治理评价指标体系（2022 年及以后）

序号	指标编号	指标名称	指标层次	指标方向	指标特质
1	1-1	股东（大）会召开情况	初级	正向	通用
2	1-2	股权结构状况	高级	正向	通用
3	1-3	是否存在机构投资者	高级	正向	通用
4	1-4	股权层级状况	高级	负向	通用
5	1-5	股权出质或质押情况	高级	负向	通用
6	2-1	董事会规模	初级	正向	通用
7	2-2	是否单独或合并设立资产负债管理专门委员会	初级	正向	特有
8	2-3	是否单独或合并设立战略专门委员会	初级	正向	特有
9	2-4	是否单独或合并设立审计专门委员会	初级	正向	特有
10	2-5	是否单独或合并设立提名专门委员会	初级	正向	特有
11	2-6	是否单独或合并设立薪酬专门委员会	初级	正向	特有
12	2-7	是否单独或合并设立关联交易控制专门委员会	初级	正向	特有
13	2-8	是否单独或合并设立风险管理专门委员会	初级	正向	特有
14	2-9	是否单独或合并设立消费者权益保护专门委员会	初级	正向	特有
15	2-10	是否单独或合并自主设立其他董事会专门委员会	高级	正向	特有
16	2-11	董事学历状况	高级	正向	通用
17	2-12	有无财务会计审计背景董事	高级	正向	通用
18	2-13	有无金融背景董事	高级	正向	通用
19	2-14	有无保险精算背景董事	高级	正向	特有
20	2-15	董事专业和职业背景结构	高级	正向	通用
21	2-16	董事长是否存在非正常变更情况	高级	负向	通用
22	2-17	独立董事比例情况	初级	正向	通用
23	2-18	独立董事学历情况	高级	正向	通用
24	2-19	有无财务会计审计背景独立董事	初级	正向	通用
25	2-20	有无金融背景独立董事	初级	正向	通用
26	2-21	有无保险精算背景独立董事	初级	正向	特有
27	2-22	有无法律背景独立董事	初级	正向	通用
28	2-23	独立董事专业和职业背景结构	高级	正向	通用

续表

序号	指标编号	指标名称	指标层次	指标方向	指标特质
29	2-24	独立董事任职结构是否多元化	高级	正向	通用
30	3-1	监事会规模或监事人数	初级	正向	通用
31	3-2	职工监事比例情况	初级	正向	通用
32	3-3	外部监事比例情况	初级	正向	通用
33	3-4	监事学历情况	高级	正向	通用
34	3-5	有无财务会计审计背景监事	高级	正向	通用
35	3-6	有无金融背景监事	高级	正向	通用
36	3-7	有无保险精算背景监事	高级	正向	特有
37	3-8	监事专业和职业背景结构	高级	正向	通用
38	4-1	高管规模	高级	正向	通用
39	4-2	董事长和总经理两职是否分设	初级	正向	通用
40	4-3	是否设立总精算师	初级	正向	特有
41	4-4	是否设立合规负责人	初级	正向	特有
42	4-5	是否设立首席风险官	初级	正向	特有
43	4-6	是否设立审计负责人	初级	正向	特有
44	4-7	总经理是否存在非正常变更情况	高级	负向	通用
45	5-1	有无官网	初级	正向	通用
46	5-2	官网整体建设水平状况	高级	正向	通用
47	5-3	官网客服热线披露情况	初级	正向	通用
48	5-4	官网是否披露官微或公众号	高级	正向	通用
49	5-5	官网有无公开信息披露栏目	初级	正向	特有
50	5-6	官网公开信息披露栏目是否明显	初级	正向	特有
51	5-7	官网披露框架是否符合规定	初级	正向	特有
52	5-8	官网基本信息披露是否完善	初级	正向	特有
53	5-9	官网专项信息披露是否完善	初级	正向	特有
54	5-10	官网重大事项披露是否完善	初级	正向	特有
55	5-11	官网公司治理架构披露是否完善	初级	正向	特有
56	5-12	偿付能力报告披露是否及时	初级	正向	特有
57	5-13	偿付能力报告披露后是否有更正	高级	负向	特有
58	5-14	年度信息披露报告披露是否及时	初级	正向	特有
59	5-15	年度信息披露报告披露是否完善	初级	正向	特有
60	5-16	年度信息披露报告披露后是否有更正	高级	负向	特有

续表

序号	指标编号	指标名称	指标层次	指标方向	指标特质
61	5-17	年度财务会计报告审计意见类型	高级	正向	通用
62	6-1	亿元保费、万张保单投诉情况	高级	负向	特有
63	6-2	有无经营异常情况	初级	负向	通用
64	6-3	是否收到监管函	初级	负向	特有
65	6-4	是否受到行政处罚	初级	负向	特有
66	6-5	风险综合评级状况	初级	正向	特有
67	6-6	纳税信用评级状况	初级	正向	通用
68	6-7	评价年度有无失信情况	初级	负向	通用
69	6-8	社会责任承担状况	高级	正向	特有
70	6-9	负面新闻报道情况	高级	负向	通用

资料来源：南开大学中国保险机构治理评价课题组。

（二）中国财产险公司治理评价指标

中国财产险公司治理评价指标的设计需要划分三个评价年度区间，即2019及以前评价年度、2020－2021年评价年度和2022年及以后评价年度。前两个区间以《关于财产保险公司和再保险公司实施总精算师制度有关事项的通知》（保监财险〔2017〕271号）中规定的总精算师聘任到位最迟时间为标准划分，后两个区间以《银行保险机构公司治理准则》（银保监发〔2021〕14号）的制定和实施时间为标准划分。

1. 2019年及以前财产险公司治理评价指标

2019年及以前评价年度中国财产险公司治理评价具体指标共计60个，详见表4-4。对评价指标进行指标层次、指标方向和指标特质分类，分指标层次来看，初级指标30个、高级指标30个；分指标方向来看，正向指标48个、负向指标12个；分指标特质来看，通用指标36个、特有指标24个。

表4-4　中国财产险公司治理评价指标体系（2019年及以前）

序号	指标编号	指标名称	指标层次	指标方向	指标特质
1	1-1	股东（大）会召开情况	初级	正向	通用
2	1-2	股权结构状况	高级	正向	通用
3	1-3	是否存在机构投资者	高级	正向	通用
4	1-4	股权层级状况	高级	负向	通用
5	1-5	股权出质或质押情况	高级	负向	通用

续表

序号	指标编号	指标名称	指标层次	指标方向	指标特质
6	2-1	董事会规模	初级	正向	通用
7	2-11	董事学历状况	高级	正向	通用
8	2-12	有无财务会计审计背景董事	高级	正向	通用
9	2-13	有无金融背景董事	高级	正向	通用
10	2-14	有无保险精算背景董事	高级	正向	特有
11	2-15	董事专业和职业背景结构	高级	正向	通用
12	2-16	董事长是否存在非正常变更情况	高级	负向	通用
13	2-17	独立董事比例情况	初级	正向	通用
14	2-18	独立董事学历情况	高级	正向	通用
15	2-19	有无财务会计审计背景独立董事	初级	正向	通用
16	2-20	有无金融背景独立董事	初级	正向	通用
17	2-21	有无保险精算背景独立董事	初级	正向	特有
18	2-22	有无法律背景独立董事	初级	正向	通用
19	2-23	独立董事专业和职业背景结构	高级	正向	通用
20	2-24	独立董事任职结构是否多元化	高级	正向	通用
21	3-1	监事会规模或监事人数	初级	正向	通用
22	3-2	职工监事比例情况	初级	正向	通用
23	3-4	监事学历情况	高级	正向	通用
24	3-5	有无财务会计审计背景监事	高级	正向	通用
25	3-6	有无金融背景监事	高级	正向	通用
26	3-7	有无保险精算背景监事	高级	正向	特有
27	3-8	监事专业和职业背景结构	高级	正向	通用
28	4-1	高管规模	高级	正向	通用
29	4-2	董事长和总经理两职是否分设	高级	正向	通用
30	4-3	是否设立总精算师	高级	正向	特有
31	4-4	是否设立合规负责人	初级	正向	特有
32	4-5	是否设立首席风险官	初级	正向	特有
33	4-6	是否设立审计负责人	初级	正向	特有
34	4-7	总经理是否存在非正常变更情况	高级	负向	通用
35	5-1	有无官网	初级	正向	通用
36	5-2	官网整体建设水平状况	高级	正向	通用
37	5-3	官网客服热线披露情况	初级	正向	通用

续表

序号	指标编号	指标名称	指标层次	指标方向	指标特质
38	5-4	官网是否披露官微或公众号	高级	正向	通用
39	5-5	官网有无公开信息披露栏目	初级	正向	特有
40	5-6	官网公开信息披露栏目是否明显	初级	正向	特有
41	5-7	官网披露框架是否符合规定	初级	正向	特有
42	5-8	官网基本信息披露是否完善	初级	正向	特有
43	5-9	官网专项信息披露是否完善	初级	正向	特有
44	5-10	官网重大事项披露是否完善	初级	正向	特有
45	5-11	官网公司治理架构披露是否完善	初级	正向	特有
46	5-12	偿付能力报告披露是否及时	初级	正向	特有
47	5-13	偿付能力报告披露后是否有更正	高级	负向	特有
48	5-14	年度信息披露报告披露是否及时	初级	正向	特有
49	5-15	年度信息披露报告披露是否完善	初级	正向	特有
50	5-16	年度信息披露报告披露后是否有更正	高级	负向	特有
51	5-17	年度财务会计报告审计意见类型	高级	正向	通用
52	6-1	亿元保费、万张保单投诉情况	高级	负向	特有
53	6-2	有无经营异常情况	初级	负向	通用
54	6-3	是否收到监管函	初级	负向	特有
55	6-4	是否受到行政处罚	初级	负向	特有
56	6-5	风险综合评级状况	初级	正向	特有
57	6-6	纳税信用评级状况	初级	正向	通用
58	6-7	评价年度有无失信情况	初级	负向	通用
59	6-8	社会责任承担状况	高级	正向	特有
60	6-9	负面新闻报道情况	高级	负向	通用

资料来源：南开大学中国保险机构治理评价课题组。

2. 2020－2021 年财产险公司治理评价指标

2020－2021 年评价年度中国财产险公司治理评价具体指标共计 60 个，指标数量与 2019 年及以前评价年度相同，但指标 4-3：是否设立总精算师的指标层次由高级调整为初级，详见表 4-5。对评价指标进行指标层次、指标方向和指标特质分类，分指标层次来看，初级指标 31 个、高级指标 29 个；分指标方向来看，正向指标 48 个、负向指标 12 个；分指标特质来看，通用指标 36 个、特有指标 24个。

表 4-5　中国财产险公司治理评价指标体系（2020－2021 年）

序号	指标编号	指标名称	指标层次	指标方向	指标特质
1	1-1	股东（大）会召开情况	初级	正向	通用
2	1-2	股权结构状况	高级	正向	通用
3	1-3	是否存在机构投资者	高级	正向	通用
4	1-4	股权层级状况	高级	负向	通用
5	1-5	股权出质或质押情况	高级	负向	通用
6	2-1	董事会规模	初级	正向	通用
7	2-11	董事学历状况	高级	正向	通用
8	2-12	有无财务会计审计背景董事	高级	正向	通用
9	2-13	有无金融背景董事	高级	正向	通用
10	2-14	有无保险精算背景董事	高级	正向	特有
11	2-15	董事专业和职业背景结构	高级	正向	通用
12	2-16	董事长是否存在非正常变更情况	高级	负向	通用
13	2-17	独立董事比例情况	初级	正向	通用
14	2-18	独立董事学历情况	高级	正向	通用
15	2-19	有无财务会计审计背景独立董事	初级	正向	通用
16	2-20	有无金融背景独立董事	初级	正向	通用
17	2-21	有无保险精算背景独立董事	初级	正向	特有
18	2-22	有无法律背景独立董事	初级	正向	通用
19	2-23	独立董事专业和职业背景结构	高级	正向	通用
20	2-24	独立董事任职结构是否多元化	高级	正向	通用
21	3-1	监事会规模或监事人数	初级	正向	通用
22	3-2	职工监事比例情况	初级	正向	通用
23	3-4	监事学历情况	高级	正向	通用
24	3-5	有无财务会计审计背景监事	高级	正向	通用
25	3-6	有无金融背景监事	高级	正向	通用
26	3-7	有无保险精算背景监事	高级	正向	特有
27	3-8	监事专业和职业背景结构	高级	正向	通用
28	4-1	高管规模	高级	正向	通用
29	4-2	董事长和总经理两职是否分设	高级	正向	通用
30	4-3	是否设立总精算师	初级	正向	特有
31	4-4	是否设立合规负责人	初级	正向	特有
32	4-5	是否设立首席风险官	初级	正向	特有

续表

序号	指标编号	指标名称	指标层次	指标方向	指标特质
33	4-6	是否设立审计负责人	初级	正向	特有
34	4-7	总经理是否存在非正常变更情况	高级	负向	通用
35	5-1	有无官网	初级	正向	通用
36	5-2	官网整体建设水平状况	高级	正向	通用
37	5-3	官网客服热线披露情况	初级	正向	通用
38	5-4	官网是否披露官微或公众号	高级	正向	通用
39	5-5	官网有无公开信息披露栏目	初级	正向	特有
40	5-6	官网公开信息披露栏目是否明显	初级	正向	特有
41	5-7	官网披露框架是否符合规定	初级	正向	特有
42	5-8	官网基本信息披露是否完善	初级	正向	特有
43	5-9	官网专项信息披露是否完善	初级	正向	特有
44	5-10	官网重大事项披露是否完善	初级	正向	特有
45	5-11	官网公司治理架构披露是否完善	初级	正向	特有
46	5-12	偿付能力报告披露是否及时	初级	正向	特有
47	5-13	偿付能力报告披露后是否有更正	高级	负向	特有
48	5-14	年度信息披露报告披露是否及时	初级	正向	特有
49	5-15	年度信息披露报告披露是否完善	初级	正向	特有
50	5-16	年度信息披露报告披露后是否有更正	高级	负向	特有
51	5-17	年度财务会计报告审计意见类型	高级	正向	通用
52	6-1	亿元保费、万张保单投诉情况	高级	负向	特有
53	6-2	有无经营异常情况	初级	负向	通用
54	6-3	是否收到监管函	初级	负向	特有
55	6-4	是否受到行政处罚	初级	负向	特有
56	6-5	风险综合评级状况	初级	正向	特有
57	6-6	纳税信用评级状况	初级	正向	通用
58	6-7	评价年度有无失信情况	初级	负向	通用
59	6-8	社会责任承担状况	高级	正向	特有
60	6-9	负面新闻报道情况	高级	负向	通用

资料来源：南开大学中国保险机构治理评价课题组。

3. 2022 年及以后财产险公司治理评价指标

2022 年及以后评价年度中国财产险公司治理评价具体指标共计 70 个，与 2020－2022 年评价年度的指标体系相比主要变化体现在，新增董事会专门委员会和外部监事相关的10个指标，指标4-2的指标层次由高级调整为初级，详见表4-6。对评价指标进行指标层次、指标方向和指标特质分类，分指标层次来看，初级指标41个、高级指标29个；分指标方向来看，正向指标58个、负向指标12个；分指标特质来看，通用指标37个、特有指标33个。

表4-6　中国财产险公司治理评价指标体系（2022年及以后）

序号	指标编号	指标名称	指标层次	指标方向	指标特质
1	1-1	股东（大）会召开情况	初级	正向	通用
2	1-2	股权结构状况	高级	正向	通用
3	1-3	是否存在机构投资者	高级	正向	通用
4	1-4	股权层级状况	高级	负向	通用
5	1-5	股权出质或质押情况	高级	负向	通用
6	2-1	董事会规模	初级	正向	通用
7	2-2	是否单独或合并设立资产负债管理专门委员会	初级	正向	特有
8	2-3	是否单独或合并设立战略专门委员会	初级	正向	特有
9	2-4	是否单独或合并设立审计专门委员会	初级	正向	特有
10	2-5	是否单独或合并设立提名专门委员会	初级	正向	特有
11	2-6	是否单独或合并设立薪酬专门委员会	初级	正向	特有
12	2-7	是否单独或合并设立关联交易控制专门委员会	初级	正向	特有
13	2-8	是否单独或合并设立风险管理专门委员会	初级	正向	特有
14	2-9	是否单独或合并设立消费者权益保护专门委员会	初级	正向	特有
15	2-10	是否单独或合并自主设立其他董事会专门委员会	高级	正向	特有
16	2-11	董事学历状况	高级	正向	通用
17	2-12	有无财务会计审计背景董事	高级	正向	通用
18	2-13	有无金融背景董事	高级	正向	通用
19	2-14	有无保险精算背景董事	高级	正向	特有
20	2-15	董事专业和职业背景结构	高级	正向	通用
21	2-16	董事长是否存在非正常变更情况	高级	负向	通用
22	2-17	独立董事比例情况	初级	正向	通用

续表

序号	指标编号	指标名称	指标层次	指标方向	指标特质
23	2-18	独立董事学历情况	高级	正向	通用
24	2-19	有无财务会计审计背景独立董事	初级	正向	通用
25	2-20	有无金融背景独立董事	初级	正向	通用
26	2-21	有无保险精算背景独立董事	初级	正向	特有
27	2-22	有无法律背景独立董事	初级	正向	通用
28	2-23	独立董事专业和职业背景结构	高级	正向	通用
29	2-24	独立董事任职结构是否多元化	高级	正向	通用
30	3-1	监事会规模或监事人数	初级	正向	通用
31	3-2	职工监事比例情况	初级	正向	通用
32	3-3	外部监事比例情况	初级	正向	通用
33	3-4	监事学历情况	高级	正向	通用
34	3-5	有无财务会计审计背景监事	高级	正向	通用
35	3-6	有无金融背景监事	高级	正向	通用
36	3-7	有无保险精算背景监事	高级	正向	特有
37	3-8	监事专业和职业背景结构	高级	正向	通用
38	4-1	高管规模	高级	正向	通用
39	4-2	董事长和总经理两职是否分设	初级	正向	通用
40	4-3	是否设立总精算师	初级	正向	特有
41	4-4	是否设立合规负责人	初级	正向	特有
42	4-5	是否设立首席风险官	初级	正向	特有
43	4-6	是否设立审计负责人	初级	正向	特有
44	4-7	总经理是否存在非正常变更情况	高级	负向	通用
45	5-1	有无官网	初级	正向	通用
46	5-2	官网整体建设水平状况	高级	正向	通用
47	5-3	官网客服热线披露情况	初级	正向	通用
48	5-4	官网是否披露官微或公众号	高级	正向	通用
49	5-5	官网有无公开信息披露栏目	初级	正向	特有
50	5-6	官网公开信息披露栏目是否明显	初级	正向	特有
51	5-7	官网披露框架是否符合规定	初级	正向	特有
52	5-8	官网基本信息披露是否完善	初级	正向	特有
53	5-9	官网专项信息披露是否完善	初级	正向	特有
54	5-10	官网重大事项披露是否完善	初级	正向	特有

续表

序号	指标编号	指标名称	指标层次	指标方向	指标特质
55	5-11	官网公司治理架构披露是否完善	初级	正向	特有
56	5-12	偿付能力报告披露是否及时	初级	正向	特有
57	5-13	偿付能力报告披露后是否有更正	高级	负向	特有
58	5-14	年度信息披露报告披露是否及时	初级	正向	特有
59	5-15	年度信息披露报告披露是否完善	初级	正向	特有
60	5-16	年度信息披露报告披露后是否有更正	高级	负向	特有
61	5-17	年度财务会计报告审计意见类型	高级	正向	通用
62	6-1	亿元保费、万张保单投诉情况	高级	负向	特有
63	6-2	有无经营异常情况	初级	负向	通用
64	6-3	是否收到监管函	初级	负向	特有
65	6-4	是否受到行政处罚	初级	负向	特有
66	6-5	风险综合评级状况	初级	正向	特有
67	6-6	纳税信用评级状况	初级	正向	通用
68	6-7	评价年度有无失信情况	初级	负向	通用
69	6-8	社会责任承担状况	高级	正向	特有
70	6-9	负面新闻报道情况	高级	负向	通用

资料来源：南开大学中国保险机构治理评价课题组。

第三节　中国保险公司治理评价指标量化标准

本节主要论述了中国保险公司治理评价指标的量化标准，各指标均采用哑变量量化方法，对于什么情况下为 1 分、什么情况下为 0 分都给出了具体的规定，使治理评分最大程度摒除主观因素。

一、中国保险公司内部治理评价指标量化标准

（一）股东与股权结构维度评价指标量化标准

股东与股权结构维度共计 5 个指标，各指标均采用哑变量量化处理方法。指标 1-1：股东（大）会召开情况的量化方法为：股东（大）会召开情况未披露、未设立股东（大）会、未召开股东（大）会－0 分；股东（大）会召开次数 1 及以上－1 分。指标 1-2：股权结构状况的量化方法为：前十大股东持股比例平方之和小于 0.25－0 分；前十大股东持股比例平方之和

大于等于 0.25－1 分。指标 1-3：是否存在机构投资者的量化方法为：不存在机构投资者－0 分；存在机构投资者－1 分。指标 1-4：股权层级状况的量化方法为：股权层级为 3、4 和 5 层－0 分；股权层级为 1 和 2 层－1 分。指标 1-5：股权出质或质押情况的量化方法为：存在股权出质或质押情况－0 分；不存在股权出质或质押情况－1分。

（二）董事与董事会维度评价指标量化标准

董事与董事会维度共计 24 个指标，各指标均采用哑变量量化处理方法。指标 2-1：董事会规模的量化方法为：2021 年及以前的标准为，股份制保险公司董事会规模小于 5 人、未披露－0 分，股份制保险公司董事会规模大于等于 5 人－1 分，有限制保险公司董事会规模小于 3 人、未披露－0 分，有限制保险公司董事会规模大于等于 3 人－1 分；2022 年及以后的标准为，董事会规模小于 5 人、未披露－0 分，董事会规模大于等于 5 人－1 分，不再区分组织形式。指标 2-2：是否单独或合并设立资产负债管理专门委员会的量化方法为：未单独或合并设立资产负债管理专门委员会、未披露－0 分；单独或合并设立资产负债管理专门委员会－1 分。指标 2-3：是否单独或合并设立战略专门委员会的量化方法为：未单独或合并设立战略专门委员会、未披露－0 分；单独或合并设立战略专门委员会－1 分。指标 2-4：是否单独或合并设立审计专门委员会的量化方法为：未单独或合并设立审计专门委员会、未披露－0 分；单独或合并设立审计专门委员会－1 分。指标 2-5：是否单独或合并设立提名专门委员会的量化方法为：未单独或合并设立提名专门委员会、未披露－0 分；单独或合并设立提名专门委员会－1 分。指标 2-6：是否单独或合并设立薪酬专门委员会的量化方法为：未单独或合并设立薪酬专门委员会、未披露－0 分；单独或合并设立薪酬专门委员会－1分。

指标 2-7：是否单独或合并设立关联交易控制专门委员会的量化方法为：未单独或合并设立关联交易控制专门委员会、未披露－0 分；单独或合并设立关联交易控制专门委员会－1 分。指标 2-8：是否单独或合并设立风险管理专门委员会的量化方法为：未单独或合并设立风险管理专门委员会、未披露－0 分；单独或合并设立风险管理专门委员会－1 分。指标 2-9：是否单独或合并设立消费者权益保护专门委员会的量化方法为：未单独或合并设立消费者权益保护专门委员会、未披露－0 分；单独或合并设立消费者权益保护专门委员会－1 分。指标 2-10：是否单独或合并自主设立其他董事会专门委员会的量化方法为：未单独或合并设立其他董事会专门委员会、未披露－0 分；单独或合并设立其他董事会专门委员会－1 分。指标

2-11：董事学历情况的量化方法为：董事学历综合评分小于历史年度行业中位数、未披露－0 分；董事学历综合评分大于等于历史年度行业中位数－1 分。指标 2-12：有无财务会计审计背景董事的量化方法为：没有财务、会计或审计背景的董事、未披露－0 分；有财务、会计或审计背景的董事－1分。

指标 2-13：有无金融背景董事的量化方法为：没有金融背景的董事、未披露－0 分；有金融背景的董事－1 分。指标 2-14：有无保险精算背景董事的量化方法为：没有保险或精算背景的董事、未披露－0 分；有保险或精算背景的董事－1 分。指标 2-15：董事专业和职业背景结构的量化方法为：董事财务、会计或审计背景，金融背景，保险或精算背景以及其他背景四类背景中涵盖不足三个背景、未披露－0 分；四类背景中涵盖三个及以上背景－1 分。指标 2-16：董事长是否存在非正常变更情况的量化方法为：董事长非正常变更、空缺、未披露－0 分；董事长未变更、正常变更－1 分。指标 2-17：独立董事比例情况的量化方法为：2018 年及以前的标准为，股份制保险公司独立董事人数小于 2、未披露－0 分，股份制保险公司独立董事人数大于等于 2－1 分，有限制保险公司独立董事人数小于 1、未披露－0 分，有限制保险公司独立董事人数大于等于 1－1 分；2019 年及以后的标准为，独立董事人数小于 3 人或独立董事比例小于 1/3、未披露－0 分，独立董事人数大于等于 3 人且独立董事比例大于等于 1/3－1 分，不再区分组织形式。指标 2-18：独立董事学历情况的量化方法为：独立董事学历综合评分小于历史年度行业中位数、未披露－0 分；独立董事学历综合评分大于等于历史年度行业中位数－1分。

指标 2-19：有无财务会计审计背景独立董事的量化方法为：没有财务、会计或审计背景的独立董事、未披露－0 分；有财务、会计或审计背景的独立董事－1 分。指标 2-20：有无金融背景独立董事的量化方法为：没有金融背景的独立董事、未披露－0 分；有金融背景的独立董事－1 分。指标 2-21：有无保险精算背景独立董事的量化方法为：没有保险或精算背景的独立董事、未披露－0 分；有保险或精算背景的独立董事－1 分。指标 2-22：有无法律背景独立董事的量化方法为：没有法律背景的独立董事、未披露－0 分；有法律背景的独立董事－1 分。指标 2-23：独立董事专业和职业背景结构的量化方法为：独立董事财务、会计或审计背景，金融背景，保险或精算背景，法律背景以及其他背景五类背景中涵盖不足三个背景、未披露－0 分；五类背景中涵盖三个及以上背景－1 分。指标 2-24：独立董事任职结构是否多元化的量化方法为：没有高校任职背景独立董事或实务背景独立董事、未披露—0 分；既有高校任职背景独立董事也有实务背景独立董事—1分。

（三）监事与监事会维度评价指标量化标准

监事与监事会维度共计 8 个指标，各指标均采用哑变量量化处理方法。指标 3-1：监事会规模或监事人数的量化方法为：股份制保险公司的标准为，监事会规模小于 3 人、未设立监事会、监事会规模未披露、监事会设立情况未披露—0 分，设立监事会且监事会规模大于等于 3 人—1 分；有限制保险公司的标准为，设立监事会但监事会规模小于 3 人、未设立监事会且监事人数小于 1 人、监事会规模或监事人数未披露、监事会设立情况未披露—0 分，设立监事会且监事会规模大于等于 3、未设立监事会但监事人数大于等于 1—1 分。指标 3-2：职工监事比例情况的量化方法为：股份制保险公司的标准为，职工监事比例小于 1/3、未披露—0 分，职工监事比例大于等于 1/3—1 分；有限制保险公司的标准为，设立监事会但职工监事比例小于 1/3、未设立监事会且职工监事比例等于 0、未披露—0 分，设立监事会且职工监事比例大于等于 1/3、未设立监事会但职工监事比例大于 0—1 分。指标 3-3：外部监事比例情况的量化方法为：外部监事比例小于 1/3、未披露—0 分；外部监事比例大于等于 1/3—1分。

指标 3-4：监事学历情况的量化方法为：监事学历综合评分小于历史年度行业中位数、未披露—0 分；监事学历综合评分大于等于历史年度行业中位数—1 分。指标 3-5：有无财务会计审计背景监事的量化方法为：没有财务、会计或审计背景的监事、未披露—0 分；有财务、会计或审计背景的监事—1 分。指标 3-6：有无金融背景监事的量化方法为：没有金融背景的监事、未披露—0 分；有金融背景的监事—1 分。指标 3-7：有无保险精算背景监事的量化方法为：没有保险或精算背景的监事、未披露—0 分；有保险或精算背景的监事—1 分。指标 3-8：监事专业和职业背景结构的量化方法为：监事财务、会计或审计背景，金融背景，保险或精算背景以及其他背景四类背景中涵盖不足三个背景、未披露—0 分；四类背景中含三个及以上背景—1分。

（四）高级管理人员维度评价指标量化标准

高级管理人员维度共计 7 个指标，各指标均采用哑变量量化处理方法。指标 4-1：高管规模的量化方法为：高级管理人员规模小于 5、未披露—0 分，高级管理人员规模大于等于 5—1 分。指标 4-2：董事长和总经理两职是否分设的量化方法为：董事长与总经理两职合一、未披露—0 分；董事长与总经理两职分设—1 分。指标 4-3：是否设立总精算师的量化方法为：

未设立总精算师、未披露－0分；设立总精算师－1分。指标4-4：是否设立合规负责人的量化方法为：未设立合规负责人、未披露－0分；设立合规负责人－1分。指标4-5：是否设立首席风险官的量化方法为：未设立首席风险官、未披露－0分；设立首席风险官－1分。指标4-6：是否设立审计负责人的量化方法为：未设立审计负责人、未披露－0分；设立审计负责人－1分。指标4-7：总经理是否存在非正常变更情况的量化方法为：总经理非正常变更、空缺、未披露－0分；总经理未变更、正常变更－1分。

二、中国保险公司外部治理评价指标量化标准

（一）信息披露维度评价指标量化标准

信息披露维度共计17个指标，各指标均采用哑变量量化处理方法。指标5-1：有无官网的量化方法为：无官网－0分；有官网－1分。指标5-2：官网整体建设水平状况的量化方法为：官网整体建设水平较差、无官网－0分；官网整体建设水平专业或一般－1分。指标5-3：官网客服热线披露情况的量化方法为：无客服热线、无官网－0分；客服热线披露且位置显著或一般－1分。指标5-4：官网是否披露官微或公众号的量化方法为：未披露官方微信或公众号、无官网－0分；披露了官方微信或公众号－1分。指标5-5：官网有无公开信息披露栏目的量化方法为：官网无公开信息披露栏目、无官网－0分；官网有公开信息披露栏目－1分。指标5-6：官网公开信息披露栏目是否明显的量化方法为：官网公开信息披露栏目不明显、无官网－0分；官网公开信息披露栏目明显－1分。指标5-7：官网披露框架是否符合规定的量化方法为：官网披露框架不符合规定、无官网－0分；官网披露框架符合规定－1分。指标5-8：官网基本信息披露是否完善的量化方法为：官网基本信息披露不完善、无官网－0分；官网基本信息披露完善－1分。指标5-9：官网专项信息披露是否完善的量化方法为：官网专项信息披露不完善、无官网－0分；官网专项信息披露完善－1分。

指标5-10：官网重大事项披露是否完善的量化方法为：官网重大事项信息披露不完善、无官网－0分；官网重大事项信息披露完善－1分。指标5-11：官网公司治理架构披露是否完善的量化方法为：官网公司治理架构披露不完善、无官网－0分；官网公司治理架构披露完善－1分。指标5-12：偿付能力报告披露是否及时的量化方法为：偿付能力报告披露不及时、未披露报告－0分；偿付能力报告披露及时－1分。指标5-13：偿付能力报告披露后是否有更正的量化方法为：偿付能力报告披露后未更改、未披露报告－0分；偿付能力报告披露后有更改－1分。指标5-14：年度信息披

露报告披露是否及时的量化方法为：年度信息披露报告披露不及时、未披露报告－0 分；年度信息披露报告披露及时－1 分。指标 5-15：年度信息披露报告披露是否完善的量化方法为：年度信息披露报告未披露－0 分；年度信息披露报告已披露－1 分。指标 5-16：年度信息披露报告披露后是否有更正的量化方法为：年度信息披露报告披露后未更改、未披露报告－0 分；年度信息披露报告披露后有更改－1 分。指标 5-17：年度财务会计报告审计意见类型的量化方法为：保留意见、无法表示意见、无审计意见、带强调事项段的标准无保留意见、暂缓披露、未披露报告－0 分；审计意见类型为标准无保留意见－1分。

（二）利益相关者维度评价指标量化标准

利益相关者维度共计 9 个指标，各指标均采用哑变量量化处理方法。指标 6-1：亿元保费、万张保单投诉情况的量化方法为：亿元保费和万张保单投诉数据均大于等于历史年度行业中位数－0 分；其余情形－1 分。指标 6-2：有无经营异常情况的量化方法为：有经营异常情况－0 分；无经营异常情况－1 分。指标 6-3：是否收到监管函的量化方法为：收到监管函－0 分；未收到监管函－1 分。指标 6-4：是否受到行政处罚的量化方法为：受到行政处罚－0 分；未受到行政处罚－1 分。指标 6-5：风险综合评级状况的量化方法为：风险综合评级为 C、D、未披露－0 分；风险综合评级为 AAA、AA、A、BBB、BB、B－1 分。指标 6-6：纳税信用评级状况的量化方法为：纳税信用评级为非 A－0 分；纳税信用评级为 A－1 分。指标 6-7：评价年度有无失信情况的量化方法为：有失信情况－0 分；无失信情况－1 分。指标 6-8：社会责任承担状况的量化方法为：未披露承担社会责任－0 分；披露承担社会责任－1 分。指标 6-9：负面新闻报道情况的量化方法为：负面新闻报道数量大于 5 条－0 分；负面新闻报道数量小于等于 5 条－1分。

第四节 中国保险公司治理评价指数模型

本节的主要内容是中国保险公司治理评价指数模型的构建。首先利用哑变量求和百分化的方法生成六大治理内容维度分指数和两个治理层次分指数；进而采用群决策层次分析法（AHP），为六个维度分指数分配一定权重；最后加权求和生成中国保险公司治理指数。

一、中国保险公司治理维度分指数模型

中国保险公司治理分指数的生成方法为哑变量求和百分化，即对各维度评价指标的哑变量量化结果进行等权重求和，可以得到每一个维度的治理原始评分，因为各维度的指标数量不一致，因此为确保各维度评价结果具有可比性，对每个维度的原始评分进行标准化处理，采用百分化后的结果。

（一）股东与股权结构分指数模型

股东与股权结构维度共计 5 个评价指标，分指数计算过程如式 4-1 所示。

$$CICGI_{SHARE} = (\sum_{1-i}^{n} Score_{1-i} \div n) \times 100 \quad \text{（式 4-1）}$$

其中，$Score_{1-i}$ 表示股东与股权结构维度各评价指标的哑变量评分，1-i 代表指标编号；n 表示适用指标数量。此处，i = 1，…，5。

（二）董事与董事会分指数模型

董事与董事会维度共计 24 个评价指标，其中 2021 年及以前评价年度适用 15 个指标，2022 年及以后评价年度适用 24 个指标，分指数计算过程如式 4-2 所示。

$$CICGI_{BOD} = (\sum_{2-i}^{n} Score_{2-i} \div n) \times 100 \quad \text{（式 4-2）}$$

其中，$Score_{2-i}$ 表示董事与董事会维度各评价指标的哑变量评分，2-i 代表指标编号；n 表示适用指标数量。2021 年及以前评价年度，i = 1，11，12，…，24。2022 年及以后评价年度，i = 1，…，24。

（三）监事与监事会分指数模型

监事与监事会维度共计 8 个评价指标，其中 2021 年及以前评价年度适用 7 个指标，2022 年及以后评价年度适用 8 个指标，分指数计算过程如式 4-3 所示。

$$CICGI_{SUPER} = (\sum_{3-i}^{n} Score_{3-i} \div n) \times 100 \quad \text{（式 4-3）}$$

其中，$Score_{3-i}$ 表示监事与监事会维度各评价指标的哑变量评分，3-i 代表指标编号；n 表示适用指标数量。2021 年及以前评价年度，i = 1，2，4，5，…，8。2022 年及以后评价年度，i = 1，…，8。

（四）高级管理人员分指数模型

高级管理人员维度共计 7 个评价指标，分指数计算过程如式 4-4 所示。

$$CICGI_{TOP} = (\sum_{4-i}^{n} Score_{4-i} \div n) \times 100 \quad \text{（式 4-4）}$$

其中，$Score_{4-i}$ 表示高级管理人员维度各评价指标的哑变量评分，4-i 代表指标编号；n 表示适用指标数量。此处，i = 1，…，7。

（五）信息披露分指数模型

信息披露维度共计 17 个评价指标，其中仅经营受托型业务的养老保险公司适用 15 个指标，其他保险公司适用全部指标，分指数计算过程如式 4-5 所示。

$$CICGI_{DISCL} = (\sum_{5-i}^{n} Score_{5-i} \div n) \times 100 \quad \text{（式 4-5）}$$

其中，$Score_{5-i}$ 表示股东与股权结构维度各评价指标的哑变量评分，5-i 代表指标编号；n 表示适用指标数量。对于仅经营受托型业务的养老保险公司，i = 1，…，11，14，…，17；对于其他保险公司，i = 1，…，17。

（六）利益相关者分指数模型

利益相关者维度共计 9 个评价指标，分指数计算过程如式 4-6 所示。

$$CICGI_{STAKE} = (\sum_{6-i}^{n} Score_{6-i} \div n) \times 100 \quad \text{（式 4-6）}$$

其中，$Score_{6-i}$ 表示股东与股权结构维度各评价指标的哑变量评分，6-i 代表指标编号；n 表示适用指标数量。此处，i = 1，…，9。

二、中国保险公司治理层次分指数模型

中国保险公司治理评价指标体系对各治理内容维度指标依照治理层次进一步划分为初级指标和高级指标，本研究根据初级指标和高级指标分别生成强制性治理指数和自主性治理指数。对于财产保险公司，2019 年及以前评价年度初级指标 39 个、高级指标 31 个，2020 年和 2021 年评价年度初级指标 40 个、高级指标 30 个，2022 年及以后评价年度初级指标 41 个、高级指标 29 个；对于其他保险公司，2021 年及以前评价年度初级指标 40 个、高级指标 30 个，2022 年及以后评价年度初级指标 41 个、高级指标 29 个。针对不同类型、不同年份公司对应的初高级指标，首先生成各治理内容维度强制性治理分指数和自主性治理分指数，进而根据前述六大治理内容维度的权重，加权求和生成强制性治理指数和自主性治理指数。

（一）强制性治理指数模型

根据中国保险公司治理评价指标体系中的初级指标，生成中国保险公司强制性治理指数，计算过程如式 4-7 所示。

$$CIIGI_{MANDA} = 0.1833 \times CIIGI_{SHARE-MANDA} + 0.2069 \times CIIGI_{BOD-MANDA} + 0.0998 \times CIIGI_{SUPER-MANDA} + 0.1507 \times CIIGI_{TOP-MANDA} + 0.1925 \times CIIGI_{DISCL-MANDA} + 0.1668 \times CIIGI_{STAKE-MANDA} \quad \text{（式 4-7）}$$

其中，$CIIGI_{SHARE-MANDA}$、$CIIGI_{BOD-MANDA}$、$CIIGI_{SUPER-MANDA}$、$CIIGI_{TOP-MANDA}$、$CIIGI_{DISCL-MANDA}$ 和 $CIIGI_{STAKE-MANDA}$ 分别代表各治理内容维度的强制性治理分指数。

（二）自主性治理指数模型

根据中国保险公司治理评价指标体系中的高级指标，生成中国保险公司自主性治理指数，计算过程如式 4-8 所示。

$$CIIGI_{VOLUN}=0.1833\times CIIGI_{SHARE\text{-}VOLUN}+0.2069\times CIIGI_{BOD\text{-}VOLUN}+0.0998\times CIIGI_{SUPER\text{-}VOLUN}+0.1507\times CIIGI_{TOP\text{-}VOLUN}+0.1925\times CIIGI_{DISCL\text{-}VOLUN}+0.1668\times CIIGI_{STAKE\text{-}VOLUN}$$ （式 4-8）

其中，$CIIGI_{SHARE\text{-}VOLUN}$、$CIIGI_{BOD\text{-}VOLUN}$、$CIIGI_{SUPER\text{-}VOLUN}$、$CIIGI_{TOP\text{-}VOLUN}$、$CIIGI_{DISCL\text{-}VOLUN}$ 和 $CIIGI_{STAKE\text{-}VOLUN}$ 分别代表各治理内容维度的自主性治理分指数。

三、中国保险公司治理总指数模型

中国保险公司治理指数（China Insurance Company Governance Index，缩写为 CICGI），是由六大保险公司治理分指数按照一定权重合成。围绕各分指数的权重，南开大学中国保险机构治理评价课题组先后发放 118 份调查问卷，其中 68 份通过了数据一致性检验（Consistency Test），即 CR 值（Consistency Ratio）小于 0.1。进而使用软件 yaahp12.4 中的群决策层次分析法（AHP）计算后确定各分指数的权重为：股东与股权结构分指数权重 0.1833、董事与董事会分指数权重 0.2069、监事与监事会分指数权重 0.0998、高级管理人员分指数权重 0.1507、信息披露分指数权重 0.1925 以及利益相关者分指数权重 0.1668。按照前述权重对六大分指数加权求和进而生成中国保险公司治理指数，指数模型见式 4-9。

$$CICGI=0.1833\times CICGI_{SHARE}+0.2069\times CICGI_{BOD}+0.0998\times CICGI_{SUPER}+0.1507\times CICGI_{TOP}+0.1925\times CICGI_{DISCL}+0.1668\times CICGI_{STAKE}$$ （式 4-9）

其中，$CICGI_{SHARE}$、$CICGI_{BOD}$、$CICGI_{SUPER}$、$CICGI_{TOP}$、$CICGI_{DISCL}$ 和 $CICGI_{STAKE}$ 分别基于式 4-1、式 4-2、式 4-3、式 4-4、式 4-5 和式 4-6 计算而来。

第五节　中国保险公司治理等级与治理评级说明

一、治理等级说明

如表 4-7 所示，中国保险公司治理等级按照治理指数大小划分为 I、II、

III、IV、V、VI 和 VII 七个等级。其中，等级 I 对应的指数区间为[90，100]，等级 II 对应的指数区间为[80，90)，等级 III 对应的指数区间为[70，80)，等级 IV 对应的指数区间为[60，70)，等级 V 对应的指数区间为[50，60)，等级 VI 对应的指数区间为[40，50)，等级 VII 对应的指数区间为[0，40)。治理等级是对保险公司治理指数的简单分组，没有考虑样本整体的分布情况，无特殊的经济含义，主要作用在于可以清晰地观察到中国保险公司治理质量的整体变化趋势。

表 4-7　中国保险公司治理等级说明

序号	治理等级	指数区间
1	I	[90，100]
2	II	[80，90)
3	III	[70，80)
4	IV	[60，70)
5	V	[50，60)
6	VI	[40，50)
7	VII	[0，40)

资料来源：南开大学中国保险机构治理评价课题组。

二、治理评级说明

治理等级划分相对简单明了且比较好操作，但是也存在如下明显的不足：第一，治理等级根据指数等额区间强制划分，没有考虑样本整体的分布情况，且缺少经济含义；第二，公众针对治理等级没有形成一种规范的认知，在没有明确说明的情况下，有人会认为Ⅵ等级是治理水平较高的等级，也有人会认为Ⅵ等级是治理水平较低的等级；第三，现实中罗马数字使用频率较英文字母低，同时罗马数字不方便公众理解和记忆，有些人可能会分不清 IV 和 VI。治理评级能够弥补治理等级表现出的不足，评级结果的分布更加符合正态分布规律，经济含义更加符合实际，评级结果也便于理解和接受。

参照国内外专业机构信用评级、ESG 评级主流做法，本研究在中国保险公司治理等级的基础上，充分考虑了样本的治理指数整体分布情况，根据保险公司治理指数大小每年为每家保险公司确定一个治理评级。治理评级结果包括 A、B 和 C 三个大类评级，以及 AAA、AA、A、BBB、BB、B、CCC、CC 和 C 九个细分评级，不同评级具有不同的经济含义，具体如

表 6-2 所示。各细分治理评级的划分标准为：AAA 对应指数区间[90，100]，AA 对应指数区间[85，90)，A 对应指数区间[80，85)，BBB 对应指数区间[70，80)，BB 对应指数区间[65，70)，B 对应指数区间[60，65)，CCC 对应指数区间[50，60)，CC 对应指数区间[40，50)，C 对应指数区间[0，40)。

其中，A 大类评级（包括 AAA、AA 和 A）表示公司治理水平优秀，治理结构健全，治理机制高效。B 大类评级（包括 BBB、BB 和 B）表示公司治理水平良好，仅在个别方面表现欠佳，总体上治理比较稳健，治理风险较小。C 大类评级（包括 CCC、CC 和 C）表示公司治理水平较差，在多个方面表现欠佳，总体上治理稳健，治理风险明显。在 C 大类评级中，CCC 和 CC 表示公司治理水平一般，在部分维度或多个方面存在明显短板，有一定的治理风险；C 表示公司治理水平较差，结构安排不合理，机制不健全，治理合规性较低，暴露或隐含较大的治理风险。

表 4-8　中国保险公司治理评级说明

序号	治理大类评级	治理细分评级	指数区间	经济含义
1	A 类 治理优秀	AAA	[90，100]	治理非常优秀
2		AA	[85，90)	距离优秀有一点距离
3		A	[80，85)	治理总体不错，但有效性待提高
4	B 类 治理良好	BBB	[70，80)	治理较为良好，无明显短板
5		BB	[65，70)	治理总体良好，但个别方面表现欠佳
6		B	[60，65)	治理总体良好，隐含一定治理风险
7	C 类 治理较差	CCC	[50，60)	治理较差，存在明显短板
8		CC	[40，50)	治理很差，有一定治理风险
9		C	[0，40)	治理极差，治理风险很大

资料来源：南开大学中国保险机构治理评价课题组。

第五章　保险公司治理评价样本与数据来源

本章介绍了 2016－2022 年保险公司治理评价样本的数量，并从规模类型、资本性质、组织形式、险种类型、成立年限、注册地区和所在城市七个方面对样本构成情况进行了详细分析。除此之外，对评价所用到的治理数据与非治理数据来源进行了说明。同时，在本书最后的附表 1 和附表 2 分别列示了我国人身保险公司和财产保险公司，展示了各公司的成立日期、组织形式、规模类型、资本性质以及注册城市。

第一节　评价样本情况

一、评价样本选择

如表 5-1 和图 5-1 所示，中国保险公司治理指数历年评价样本总量为 1190 家，2016－2022 年的评价样本数量依次为 156、165、173、173、173、174 和 176 家，总体呈现增加的趋势，2022 年评价样本数量达最大值，为 176 家，较 2016 年评价样本数量增加 20家。

表 5-1　2016－2022 历年评价样本数量统计

年份	样本数	占比（%）
2016	156	13.11
2017	165	13.87
2018	173	14.54
2019	173	14.54
2020	173	14.54
2021	174	14.62
2022	176	14.79
总计	1190	100.00

资料来源：南开大学中国保险机构治理指数数据库。

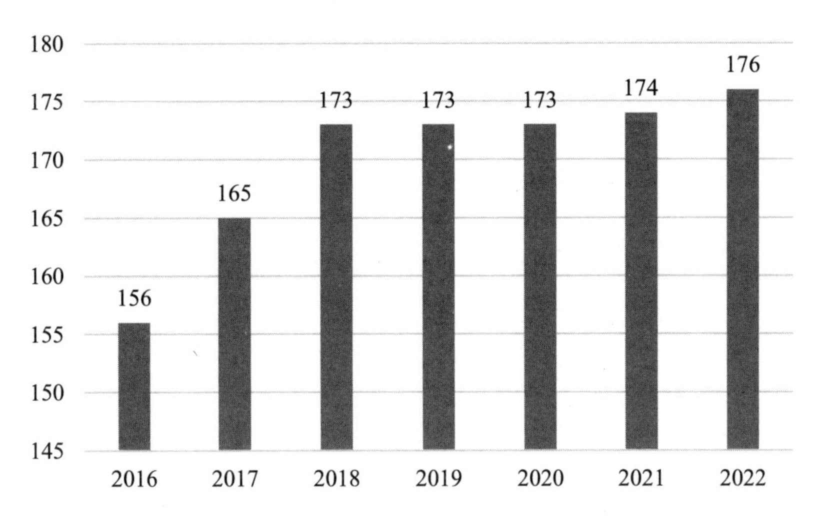

图 5-1　2016—2022 年中国保险公司样本数

资料来源：南开大学中国保险机构治理指数数据库。

二、评价样本的构成

（一）样本规模类型

1. 样本规模类型划分设计

当前，对于保险公司规模类型主要以保费收入的市场占比进行划分。祝向军、刘霄辉和唐瑜（2008）指出保险公司的“大小”实质上指的就是“业务规模”，即市场份额，并且提出 8%的市场份额应成为界定我国保险公司“大小”的量化标准，市场份额在 8%以上的保险公司基本可以确定为“大型保险公司”，而市场份额不足 8%的保险公司则属于“中小保险公司”。与祝向军、刘霄辉和唐瑜（2008）的思路相似，徐景峰和廖朴（2010）提出，市场份额高于 10%的定为大型保险公司，市场份额在 5%到 10%之间的定为中型保险公司，市场份额低于 5%的视为小型保险公司。彭雪梅和黄鑫（2016）将市场份额在 8%以上的划分为大型保险公司，市场份额在 1%到 8%之间的为中型保险公司，市场份额 1%以下的为小型保险公司。

本书研究对象为保险公司，参考中国人民银行等五部门制定的《金融业企业划型标准规定》（银发〔2015〕309 号），对于保险业金融机构，资产总额 5000 亿元及以上的为大型企业，资产总额 5000 亿元以下、400 亿元及以上的为中型企业，资产总额 400 亿元以下、20 亿元及以上的为小型企业，资产总额 20 亿元以下的为微型企业。本研究根据《金融业企业划型标准规定》（银发〔2015〕309 号）对保险公司进行规模类型划分，分为四类，即大型保险公司、中型保险公司、小型保险公司和微型保险公司，详见表 5-2。

表 5-2 中国保险公司规模类型划分标准

序号	规模类型	划分标准
1	大型保险公司	资产总额 5000 亿元及以上
2	中型保险公司	资产总额 5000 亿元以下、400 亿元及以上
3	小型保险公司	资产总额 400 亿元以下、20 亿元及以上
4	微型保险公司	资产总额 20 亿元以下

资料来源：南开大学中国保险机构治理评价课题组。

2. 样本规模类型统计

如表 5-3 所示，中国保险公司治理指数评价样本按照规模类型不同划分为大型保险公司、中型保险公司、小型保险公司和微型保险公司四种，为方便统计和分析，上述机构规模类型分别用 B、M、S 和 T 表示，这些字母实际上对应 Big、Medium、Small 和 Micro 单词的首字母。如图 5-2、图 5-3、图 5-4 和图 5-5 所示，2016—2019 年评价样本规模类型统计中，除大型和微型保险公司之外，中型和小型保险公司样本数量呈现逐年上升的趋势，且始终保持小型保险公司样本数占比最高、微型保险公司样本数次之、中型保险公司样本数再次之和大型保险公司样本数占比最少的评价样本数量结构，且大型保险公司样本数量远低于其他三类保险公司，2019 年中型保险公司样本数量几乎追平微型保险公司样本数量。

表 5-3 评价样本规模类型统计（2016—2019 年）

规模类型	2016 年		2017 年		2018 年		2019 年	
	样本数	占比(%)	样本数	占比(%)	样本数	占比(%)	样本数	占比(%)
B	6	3.85	6	3.64	7	4.05	7	4.05
M	27	17.31	32	19.39	33	19.08	35	20.23
S	82	52.56	83	50.30	93	53.76	95	54.91
T	41	26.28	44	26.67	40	23.12	36	20.81
合计	156	100.00	165	100.00	173	100.00	173	100.00

资料来源：南开大学中国保险机构治理指数数据库。

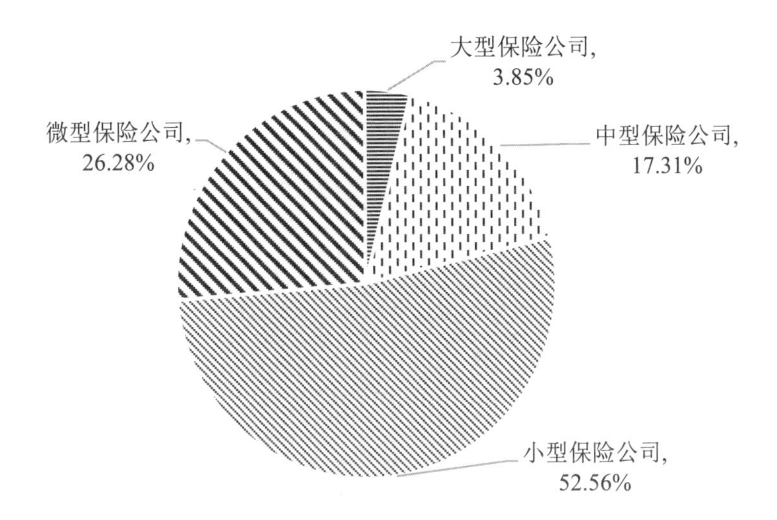

图 5-2　2016 年中国保险公司评价样本规模类型占比统计

资料来源：南开大学中国保险机构治理指数数据库。

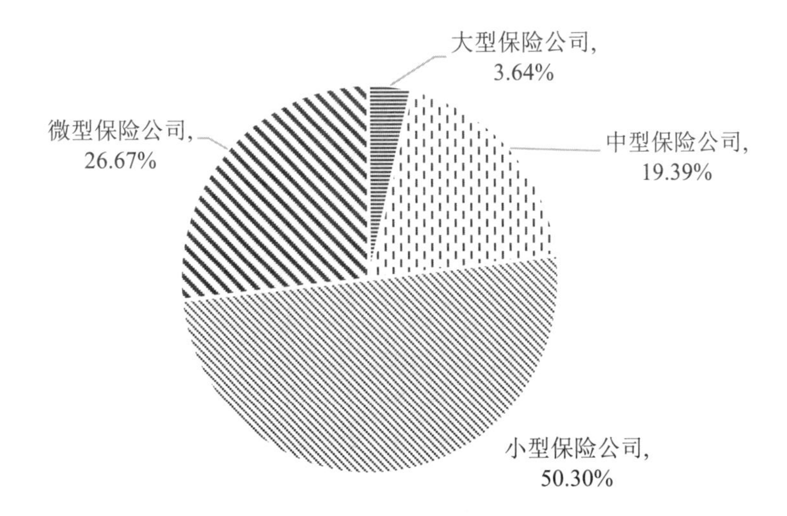

图 5-3　2017 年中国保险公司评价样本规模类型占比统计

资料来源：南开大学中国保险机构治理指数数据库。

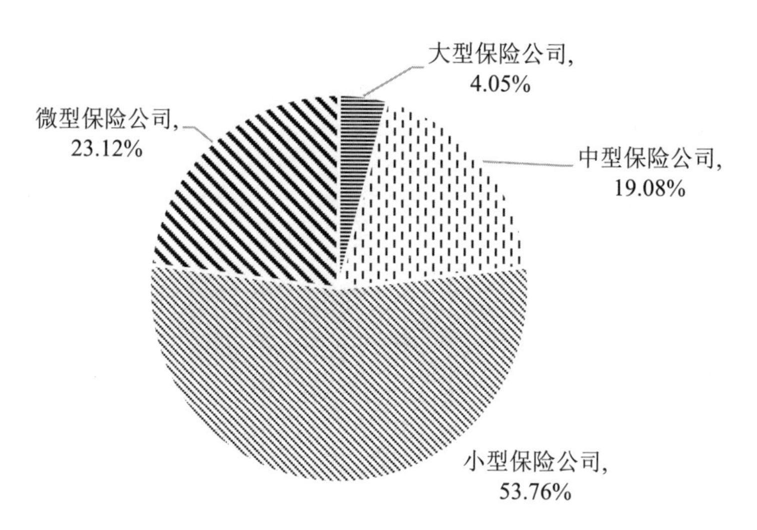

图 5-4　2018 年中国保险公司评价样本规模类型占比统计

资料来源：南开大学中国保险机构治理指数数据库。

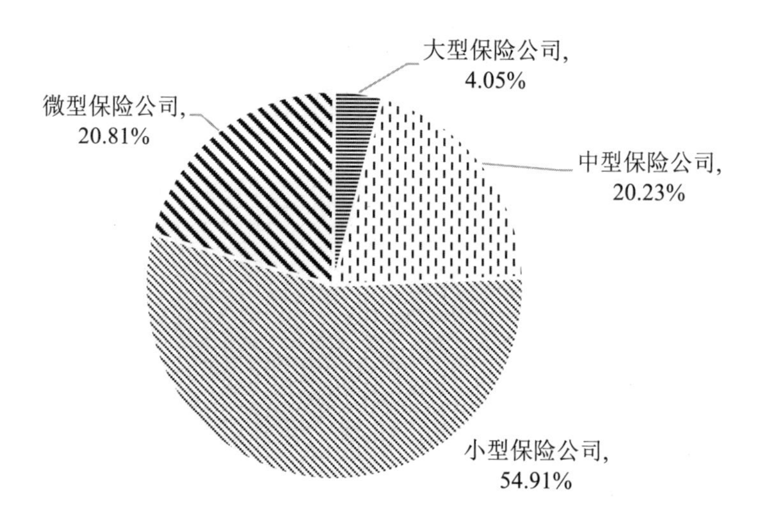

图 5-5　2019 年中国保险公司评价样本规模类型占比统计

资料来源：南开大学中国保险机构治理指数数据库。

如表 5-4 所示，大、中型保险公司评价样本数量总体呈现上升趋势，小、微型保险公司评价样本数量总体呈现下降趋势。如图 5-6、图 5-7 和

图 5-8 所示，2020—2022 年各类评价样本中，小型保险公司评价样本数量占比最大，中型保险公司次之，微型保险公司再次之，大型保险公司评价样本数量占比最小，2022 年大、中、小和微型保险公司评价样本数依次为 11、48、99 和 18 家，相较于表 5-3，中型保险公司评价样本数超过微型保险公司，2022 年的大、微型保险公司评价样本数量远低于中、小型保险公司评价样本数量。

表 5-4　评价样本规模类型统计（2020—2022 年）

规模类型	2020 年		2021 年		2022 年	
	样本数	占比（%）	样本数	占比（%）	样本数	占比（%）
B	9	5.20	9	5.17	11	6.25
M	38	21.97	45	25.86	48	27.27
S	101	58.38	100	57.47	99	56.25
T	25	14.45	20	11.49	18	10.23
合计	173	100.00	174	100.00	176	100.00

资料来源：南开大学中国保险机构治理指数数据库。

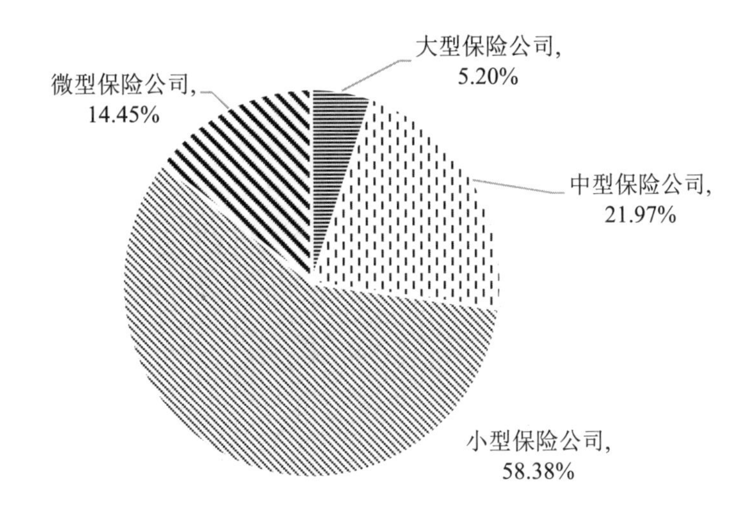

图 5-6　2020 年中国保险公司评价样本规模类型占比统计

资料来源：南开大学中国保险机构治理指数数据库。

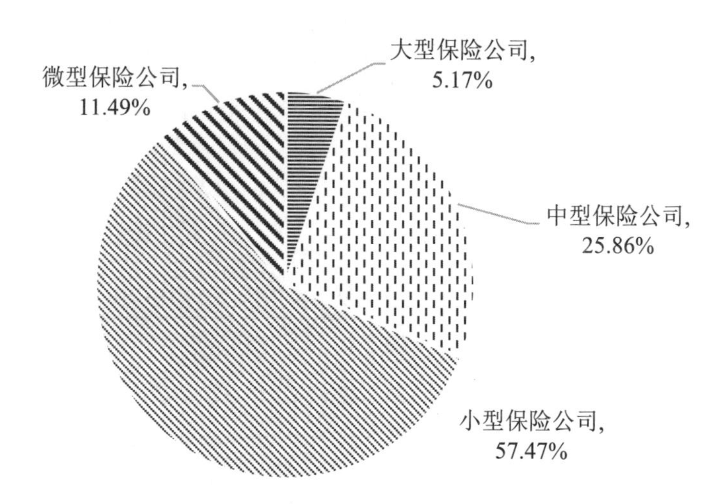

图 5-7　2021 年中国保险公司评价样本规模类型占比统计

资料来源：南开大学中国保险机构治理指数数据库。

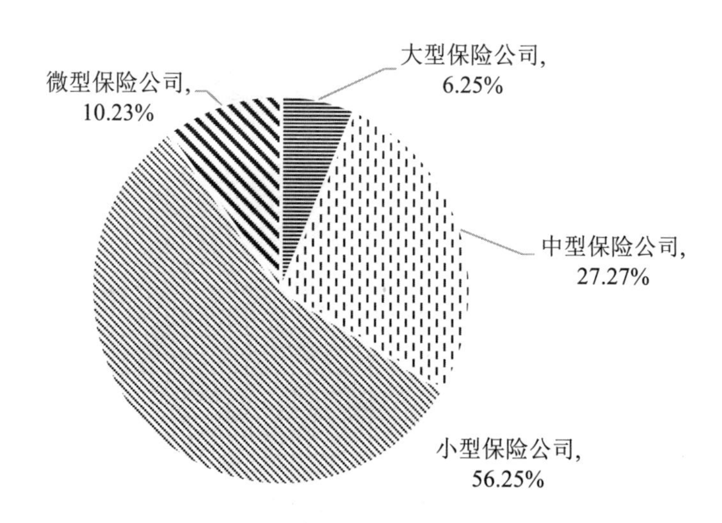

图 5-8　2022 年中国保险公司评价样本规模类型占比统计

资料来源：南开大学中国保险机构治理指数数据库。

（二）样本资本性质

1. 样本资本性质确定思路

控股股东性质是上市公司研究当中的重要变量，但各个数据库对上市公司控股股东性质的划分略有不同，例如CSMAR数据库将上市公司控股股东性质划分为国有、民营、外资和其他四类，CCER数据库将其划分为国有控股、民营控股、外资控股、集体控股、社会团体控股和职工持股会控股六类。需要说明的是，金融行业的相关研究和监管实践中多关注金融机构的中外资性质，即将金融机构划分为中资金融机构和外资金融机构。我国保险公司多数为非上市公司，因此各个数据库无法提供全部保险公司的控股股东性质。本研究遵循惯例，按照资本性质不同将保险公司分为中资保险公司和外资保险公司。本研究确定样本资本性质的早期数据来源于监管机构官网披露的相关信息，原中国保监会官网披露了2005－2018年我国所有保险公司的资本性质，即中资和外资，因此2016－2018年评价年度对保险公司资本性质的划分直接沿用监管机构的划分标准；2019年及以后评价年度，本研究在2018年保险公司资本性质划分的基础上，结合所有保险公司公开披露的股权信息变动情况，对各保险公司的资本性质进行了逐年确认和调整。

2. 样本资本性质统计

如表5-5所示，中国保险公司治理指数评价样本按照资本性质不同可以分为中资保险公司和外资保险公司，为方便统计和分析，上述机构资本性质分别用C和F表示，这两个字母实际上对应Chinese和Foreign单词的首字母。如图5-9至图5-15所示，2016－2022年的中国保险公司治理指数评价样本数量总体呈现上升趋势，各年评价样本中中资保险公司样本数始终大于外资保险公司样本数的两倍，且中资保险公司样本数占总体样本数比例总体呈现上升的趋势，外资保险公司样本数始终保持在50家上下，2022年的评价样本中中资保险公司样本数为127家，外资保险公司样本数为49家。

表5-5　评价样本资本性质统计

年份	资本性质	样本数	占比（%）
2016	C	107	68.59
	F	49	31.41
	总计	156	100.00

续表

年份	资本性质	样本数	占比（%）
2017	C	116	70.30
	F	49	29.70
	总计	165	100.00
2018	C	124	71.68
	F	49	28.32
	总计	173	100.00
2019	C	123	71.10
	F	50	28.90
	总计	173	100.00
2020	C	124	71.68
	F	49	28.32
	总计	173	100.00
2021	C	124	71.26
	F	50	28.74
	总计	174	100.00
2022	C	127	72.16
	F	49	27.84
	总计	176	100.00

资料来源：南开大学中国保险机构治理指数数据库。

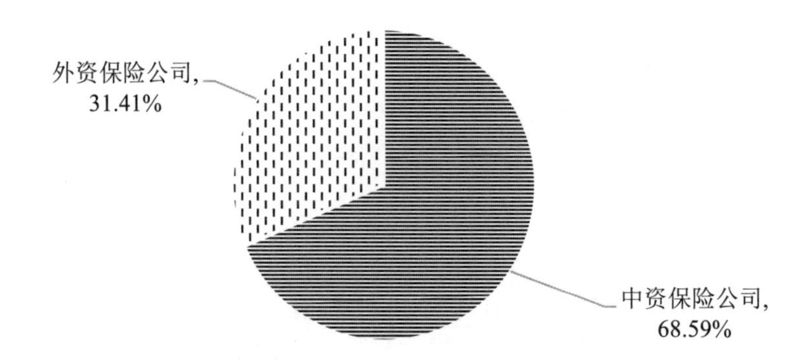

图 5-9　2016 年中国保险公司评价样本资本性质占比统计

资料来源：南开大学中国保险机构治理指数数据库。

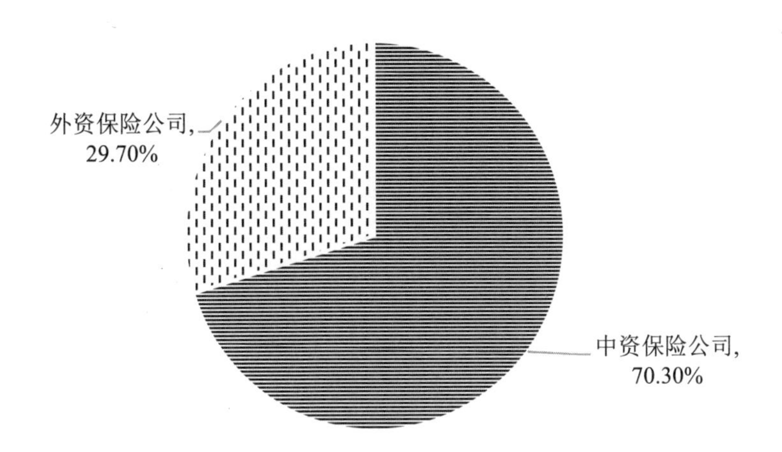

图 5-10　2017 年中国保险公司评价样本资本性质占比统计

资料来源：南开大学中国保险机构治理指数数据库。

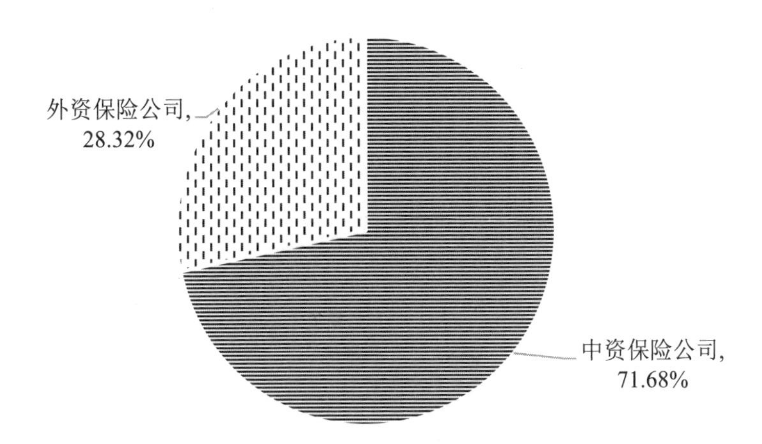

图 5-11　2018 年中国保险公司评价样本资本性质占比统计

资料来源：南开大学中国保险机构治理指数数据库。

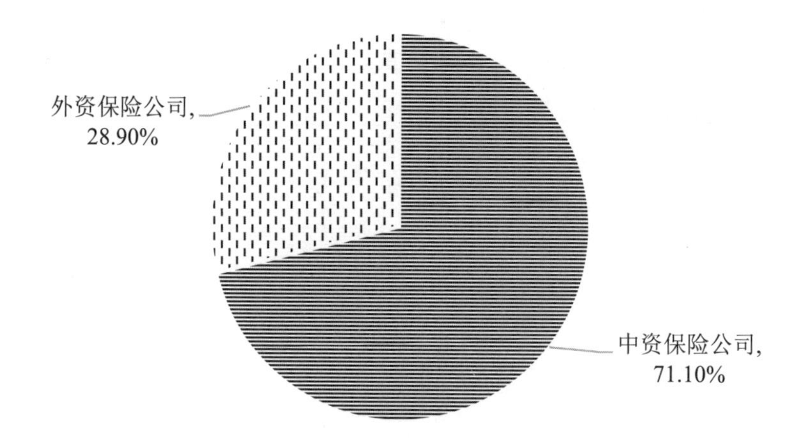

图 5-12　2019 年中国保险公司评价样本资本性质占比统计

资料来源：南开大学中国保险机构治理指数数据库。

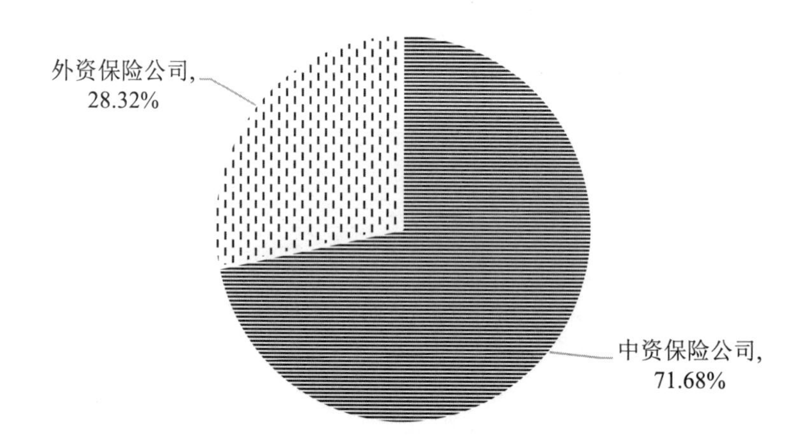

图 5-13　2020 年中国保险公司评价样本资本性质占比统计

资料来源：南开大学中国保险机构治理指数数据库。

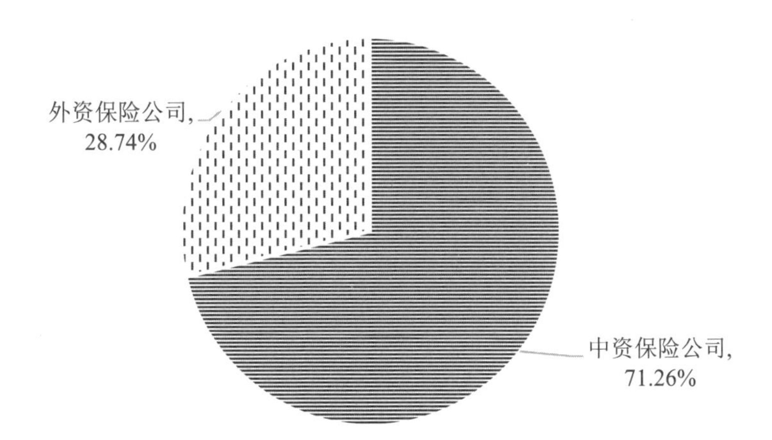

图 5-14　2021 年中国保险公司评价样本资本性质占比统计

资料来源：南开大学中国保险机构治理指数数据库。

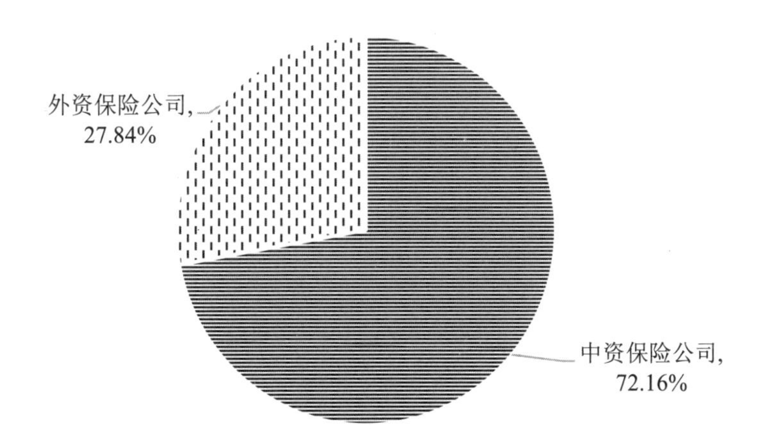

图 5-15　2022 年中国保险公司评价样本资本性质占比统计

资料来源：南开大学中国保险机构治理指数数据库。

（三）样本组织形式

如表 5-6 所示，中国保险公司治理指数评价样本按照组织形式不同可以分为有限制保险公司和股份制保险公司，为方便统计和分析，这些机构组织形式分别用 L 和 S 表示，这些字母实际上对应 Limited 和 Stock 单词的首字母。如图 5-16 至图 5-22 所示，2016－2022 年，我国有限制保险公司和股份制保险公司的样本数总体呈现上升的趋势，股份制保险公司样本数始终大于有限制保险公司样本数，且二者评价样本数占总体的比例保持相对稳定。2022 年的评价样本中有限制保险公司样本数为 65 家，股份制保险公司样本数为 111家。

表 5-6　评价样本组织形式统计

年份	组织形式	样本数	占比（%）
2016	L	58	37.18
	S	98	62.82
	总计	156	100.00
2017	L	61	36.97
	S	104	63.03
	总计	165	100.00
2018	L	61	35.26
	S	112	64.74
	总计	173	100.00
2019	L	63	36.42
	S	110	63.58
	总计	173	100.00
2020	L	63	36.42
	S	110	63.58
	总计	173	100.00
2021	L	64	36.78
	S	110	63.22
	总计	174	100.00
2022	L	65	36.93
	S	111	63.07
	总计	176	100.00

资料来源：南开大学中国保险机构治理指数数据库。

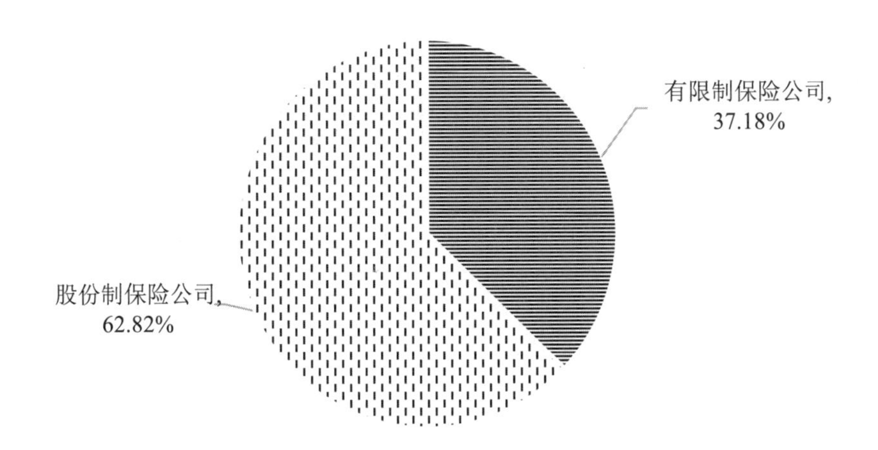

图 5-16　2016 年中国保险公司评价样本组织形式占比统计

资料来源：南开大学中国保险机构治理指数数据库。

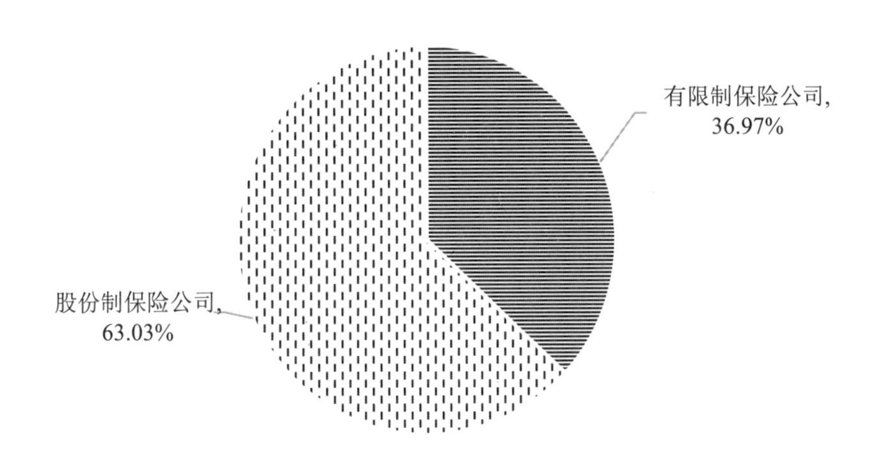

图 5-17　2017 年中国保险公司评价样本组织形式占比统计

资料来源：南开大学中国保险机构治理指数数据库。

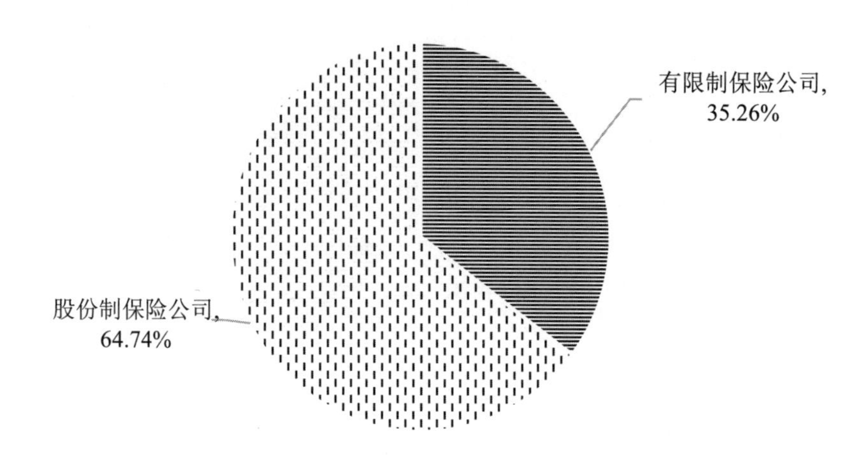

图 5-18　2018 年中国保险公司评价样本组织形式占比统计

资料来源：南开大学中国保险机构治理指数数据库。

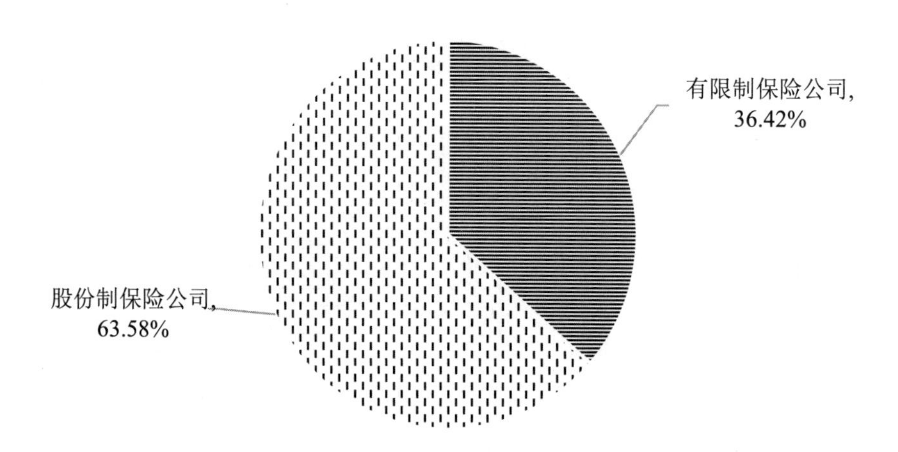

图 5-19　2019 年中国保险公司评价样本组织形式占比统计

资料来源：南开大学中国保险机构治理指数数据库。

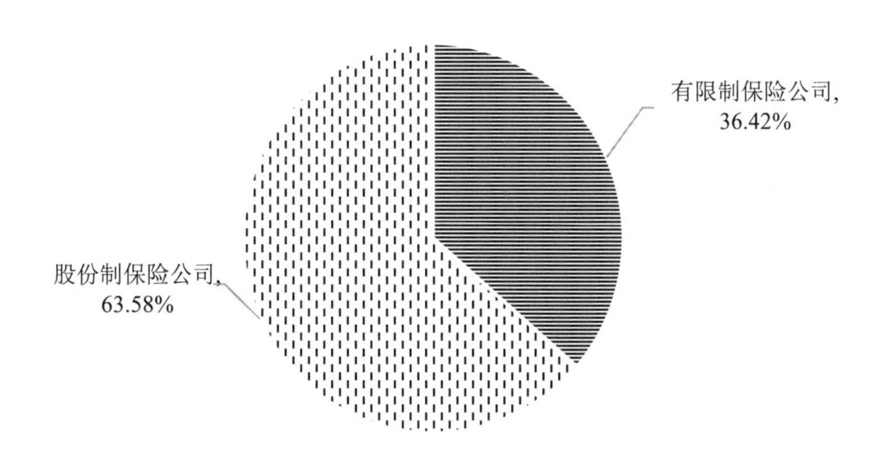

图 5-20　2020 年中国保险公司评价样本组织形式占比统计

资料来源：南开大学中国保险机构治理指数数据库。

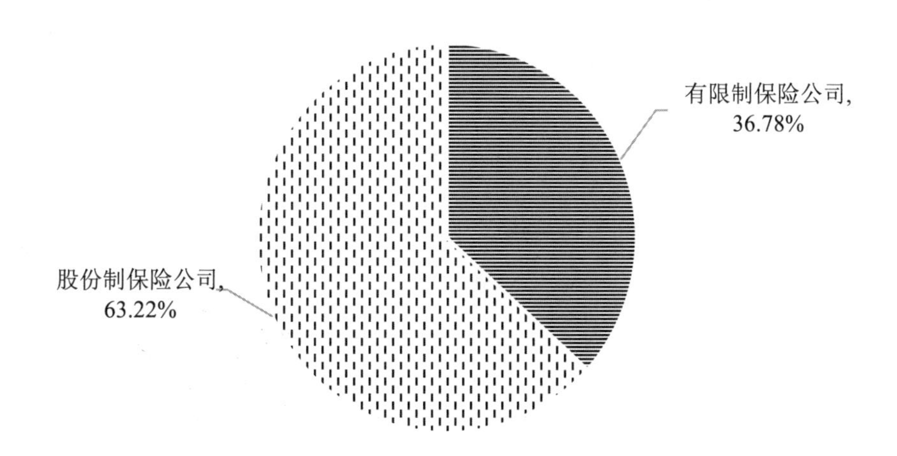

图 5-21　2021 年中国保险公司评价样本组织形式占比统计

资料来源：南开大学中国保险机构治理指数数据库。

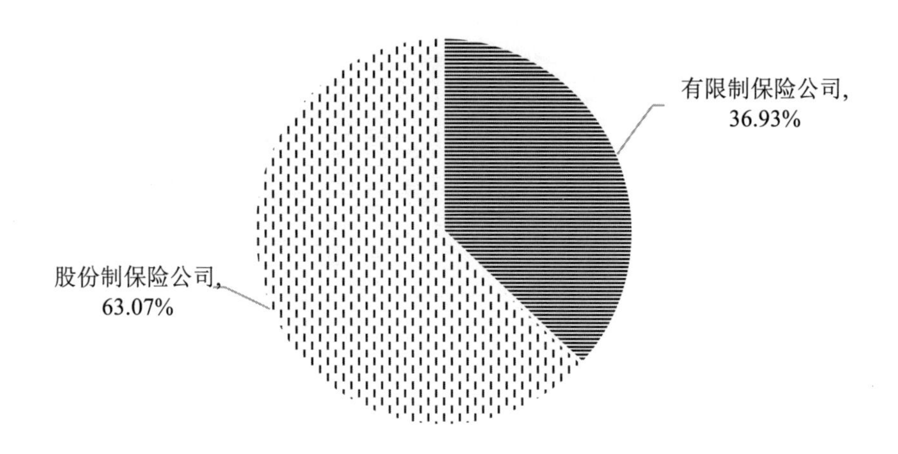

图 5-22　2022 年中国保险公司评价样本组织形式占比统计

资料来源：南开大学中国保险机构治理指数数据库。

（四）样本险种类型

如表 5-7 所示，中国保险公司治理指数评价样本按照险种类型不同划分为人身险公司和财产险公司，为方便统计和分析，上述机构业务类型分别用 N 和 P 表示，这些字母实际上对应 Non-property 和 Property 单词的首字母。如图 5-23 至图 5-29 所示，2016－2022 年，我国人身险公司和财产险公司的评价样本数量总体呈现上升的趋势，人身险公司评价样本数总体多于财产险公司评价样本数，但占比接近 1:1 且各年比例保持相对稳定。2022 年的评价样本中人身险公司样本数为 91 家，财产险公司样本数为 85家。

表 5-7　评价样本险种类型统计

年份	险种类型	样本数	占比（%）
2016	N	76	48.72
	P	80	51.28
	总计	156	100.00
2017	N	83	50.30
	P	82	49.70
	总计	165	100.00

续表

年份	险种类型	样本数	占比（%）
2018	N	88	50.87
	P	85	49.13
	总计	173	100.00
2019	N	88	50.87
	P	85	49.13
	总计	173	100.00
2020	N	89	51.45
	P	84	48.55
	总计	173	100.00
2021	N	90	51.72
	P	84	48.28
	总计	174	100.00
2022	N	91	51.70
	P	85	48.30
	总计	176	100.00

资料来源：南开大学中国保险机构治理指数数据库。

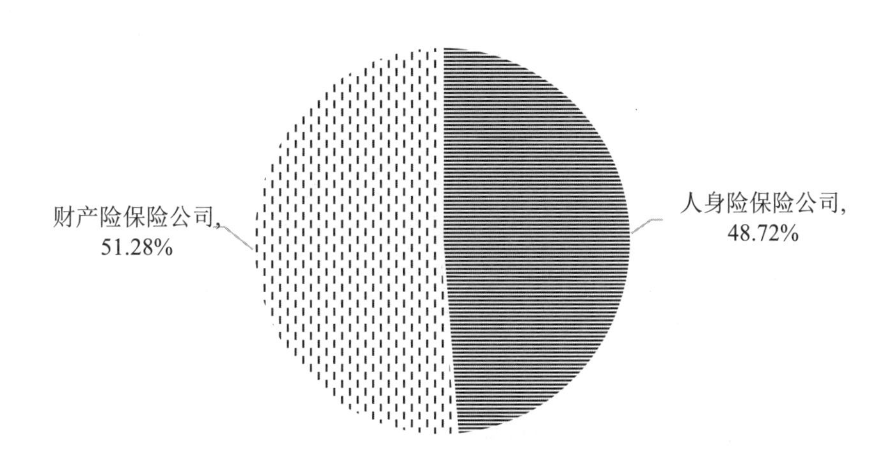

图 5-23　2016 年中国保险公司评价样本险种类型占比统计

资料来源：南开大学中国保险机构治理指数数据库。

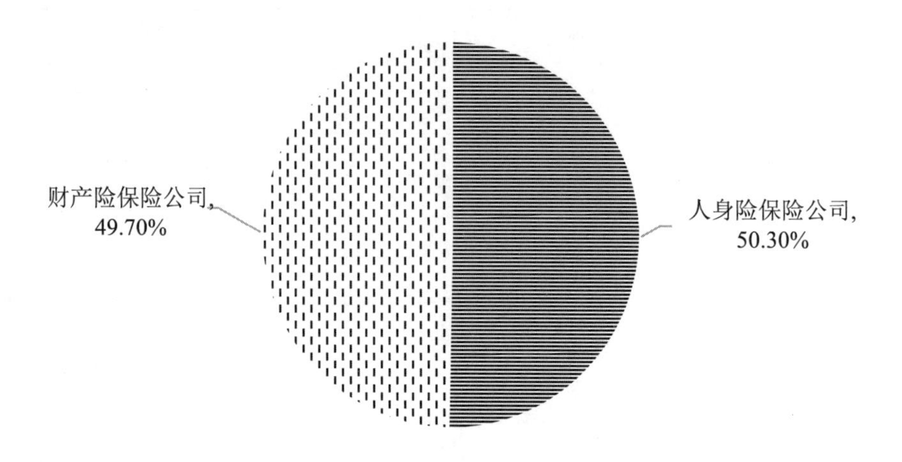

图 5-24 2017 年中国保险公司评价样本险种类型占比统计

资料来源：南开大学中国保险机构治理指数数据库。

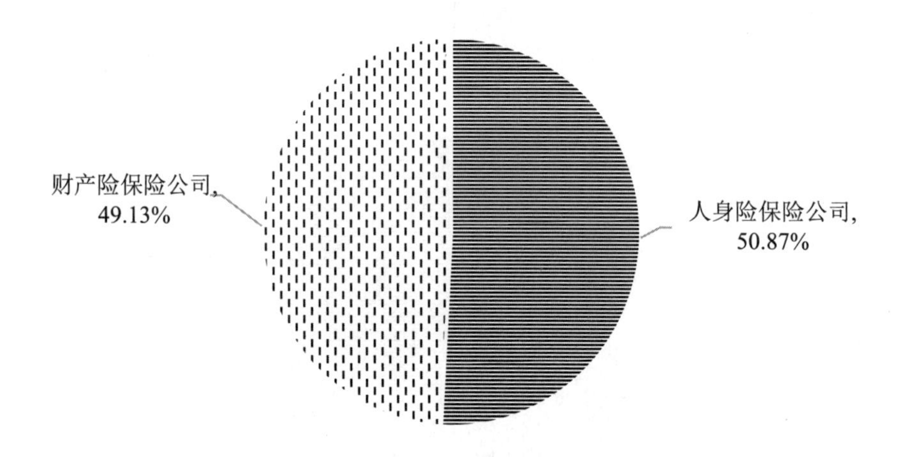

图 5-25 2018 年中国保险公司评价样本险种类型占比统计

资料来源：南开大学中国保险机构治理指数数据库。

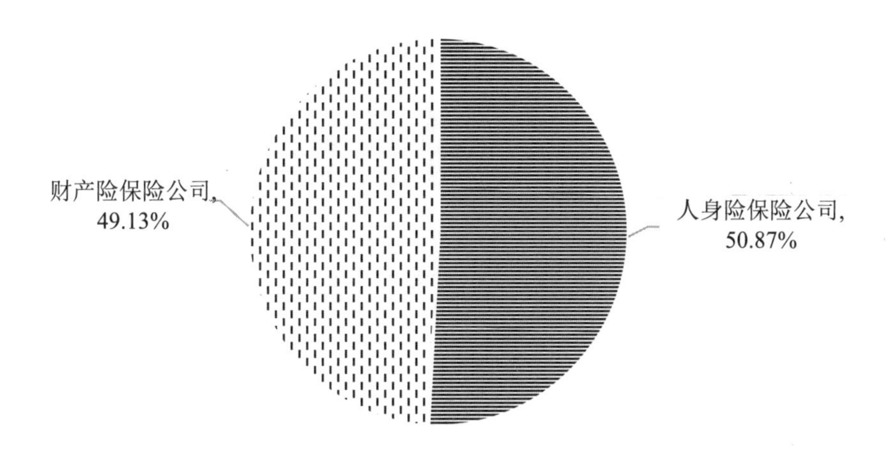

图 5-26　2019 年中国保险公司评价样本险种类型占比统计

资料来源：南开大学中国保险机构治理指数数据库。

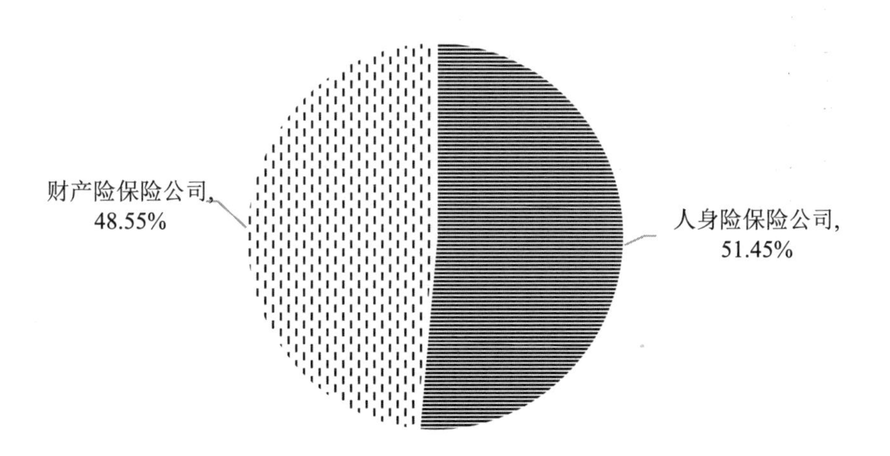

图 5-27　2020 年中国保险公司评价样本险种类型占比统计

资料来源：南开大学中国保险机构治理指数数据库。

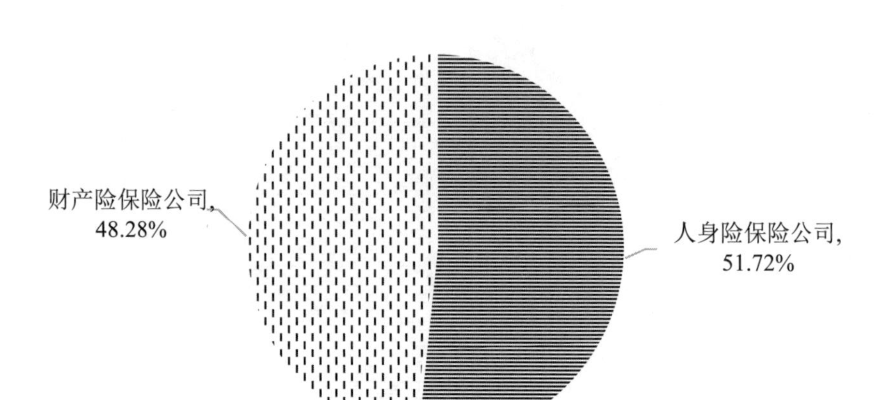

图 5-28 2021 年中国保险公司评价样本险种类型占比统计

资料来源：南开大学中国保险机构治理指数数据库。

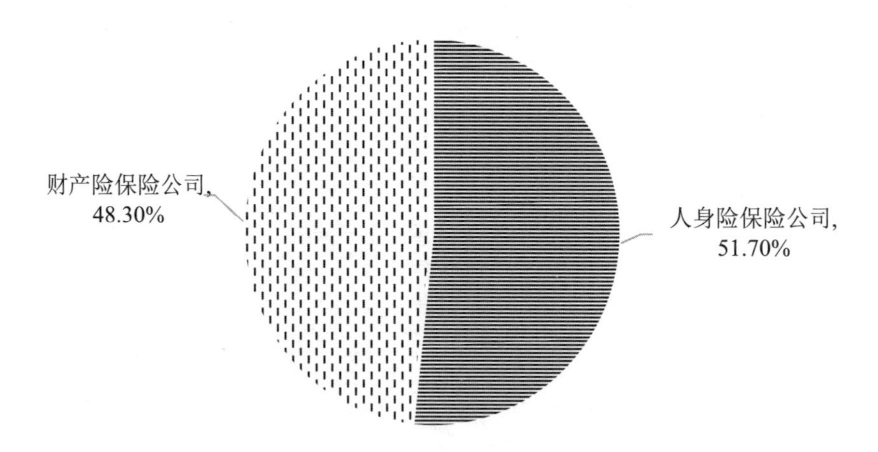

图 5-29 2022 年中国保险公司评价样本险种类型占比统计

资料来源：南开大学中国保险机构治理指数数据库。

（五）样本成立年限

1. 2016－2019 年样本成立年限统计

如表 5-8 所示，评价样本数各年占比较多的成立年限在 2016－2019 年分别为 11 年、12 年、13 年和 14 年，成立年限大于 15 年的评价样本数占比较小，评价样本的成立年限主要集中在 0－15 年，2019 年成立年限不足 1 年的评价样本数量较前三年明显下降。

表 5-8　评价样本成立年限统计（2016－2019 年）

成立年限	2016 年		2017 年		2018 年		2019 年	
	样本数	占比（%）	样本数	占比（%）	样本数	占比（%）	样本数	占比（%）
0	10	6.41	9	5.45	8	4.62	1	0.58
1	10	6.41	10	6.06	9	5.20	8	4.62
2	5	3.21	10	6.06	10	5.78	9	5.20
3	6	3.85	5	3.03	10	5.78	10	5.78
4	9	5.77	6	3.64	5	2.89	10	5.78
5	10	6.41	9	5.45	6	3.47	5	2.89
6	5	3.21	10	6.06	9	5.20	6	3.47
7	10	6.41	5	3.03	10	5.78	9	5.20
8	9	5.77	10	6.06	5	2.89	9	5.20
9	15	9.62	9	5.45	10	5.78	5	2.89
10	9	5.77	15	9.09	9	5.20	10	5.78
11	18	11.54	9	5.45	15	8.67	9	5.20
12	7	4.49	18	10.91	9	5.20	15	8.67
13	7	4.49	7	4.24	18	10.40	9	5.20
14	9	5.77	7	4.24	7	4.05	18	10.40
15	5	3.21	9	5.45	7	4.05	7	4.05
16	3	1.92	5	3.03	9	5.2	7	4.05
17	1	0.64	3	1.82	5	2.89	9	5.20
18	2	1.28	1	0.61	3	1.73	5	2.89
20	4	2.56	2	1.21	1	0.58	3	1.73
21	2	1.28	4	2.42	2	1.16	1	0.58
22	—	—	2	1.21	4	2.31	2	1.16
23	—	—	—	—	2	1.16	4	2.31
24	—	—	—	—	—	—	2	1.16
总计	156	100.00	165	100.00	173	100.00	173	100.00

资料来源：南开大学中国保险机构治理指数数据库。

2. 2020－2022 年样本成立年限统计

如表 5-9 所示，2020－2022 年的中国保险公司治理指数评价样本数呈现逐年上升的趋势，评价样本数各年占比较多的成立年限分别为 15 年、16 年和 17 年，成立年限大于 20 年的评价样本数占比较小，评价样本的成立年限主要集中在 2－20 年，相较于表 5-8 显示的 2016－2019 年的情况，2020－2022 年成立年限不足 1 年的评价样本数明显下降。

表 5-9 评价样本成立年限统计（2020－2022 年）

成立年限	2020 年		2021 年		2022 年	
	样本数	占比（%）	样本数	占比（%）	样本数	占比（%）
0	1	0.58	1	0.57	2	1.14
1	1	0.58	1	0.57	1	0.57
2	8	4.62	1	0.57	1	0.57
3	9	5.20	8	4.60	1	0.57
4	10	5.78	9	5.17	8	4.55
5	10	5.78	10	5.75	9	5.11
6	5	2.89	10	5.75	10	5.68
7	6	3.47	5	2.87	10	5.68
8	9	5.20	6	3.45	5	2.84
9	8	4.62	9	5.17	6	3.41
10	5	2.89	8	4.6	9	5.11
11	10	5.78	5	2.87	8	4.55
12	9	5.20	10	5.75	5	2.84
13	15	8.67	9	5.17	10	5.68
14	9	5.20	15	8.62	9	5.11
15	18	10.40	9	5.17	15	8.52
16	7	4.05	18	10.34	9	5.11
17	7	4.05	7	4.02	18	10.23
18	9	5.20	7	4.02	7	3.98
19	5	2.89	9	5.17	7	3.98
20	3	1.73	5	2.87	9	5.11
21	1	0.58	3	1.72	5	2.84
22	2	1.16	1	0.57	3	1.70
24	4	2.31	2	1.15	1	0.57
25	2	1.16	4	2.30	2	1.14

续表

成立年限	2020年		2021年		2022年	
	样本数	占比（%）	样本数	占比（%）	样本数	占比（%）
26	-	-	2	1.15	4	2.27
27	-	-	-	-	2	1.14
总计	173	100.00	174	100.00	176	100.00

资料来源：南开大学中国保险机构治理指数数据库。

3. 2016—2019年样本成立年限分组统计

如表5-10所示，2016—2019年的中国保险公司治理指数评价样本数总体呈现上升的趋势，评价样本成立年限集中于0—14年，评价样本成立年限为10—14年、15—19年以及20—24年的三组样本数呈现逐年增加的趋势，成立5—9年的样本数呈现逐年减少的趋势，成立0—4年的样本数各年基本保持在40家上下。如图5-30、图5-31、图5-32和图5-33所示，2016—2017年情况相同，评价样本数占比最大至最小依次为成立10—14年、5—9年、0—4年、15—19年和20—24年，2018—2019年情况相同，评价样本数占比最大至最小依次为成立10—14年、0—4年、5—9年、15—19年和20—24年。

表5-10　评价样本成立年限分组统计（2016—2019年）

年份	成立年限分组	样本数	占比（%）
2016	0—4年	40	25.64
	5—9年	49	31.41
	10—14年	50	32.05
	15—19年	11	7.05
	20—24年	6	3.85
	总计	156	100.00
2017	0—4年	40	24.24
	5—9年	43	26.06
	10—14年	56	33.94
	15—19年	20	12.12
	20—24年	6	3.64
	总计	165	100.00

续表

年份	成立年限分组	样本数	占比（%）
2018	0—4 年	42	24.28
	5—9 年	40	23.12
	10—14 年	58	33.53
	15—19 年	25	14.45
	20—24 年	8	4.62
	总计	173	100.00
2019	0—4 年	38	21.97
	5—9 年	34	19.65
	10—14 年	61	35.26
	15—19 年	31	17.92
	20—24 年	9	5.20
	总计	173	100.00

资料来源：南开大学中国保险机构治理指数数据库。

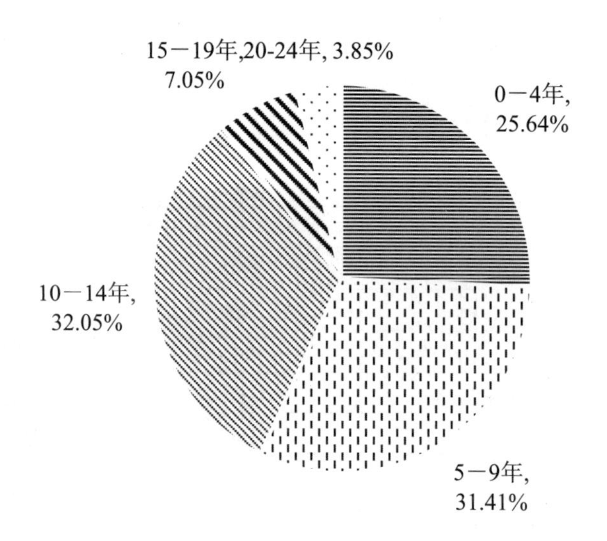

图 5-30 2016 年中国保险公司评价样本成立年限占比统计

资料来源：南开大学中国保险机构治理指数数据库。

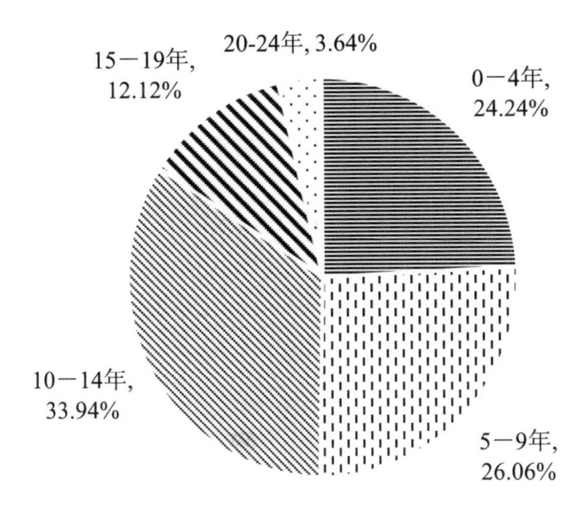

图 5-31　2017 年中国保险公司评价样本成立年限占比统计

资料来源：南开大学中国保险机构治理指数数据库。

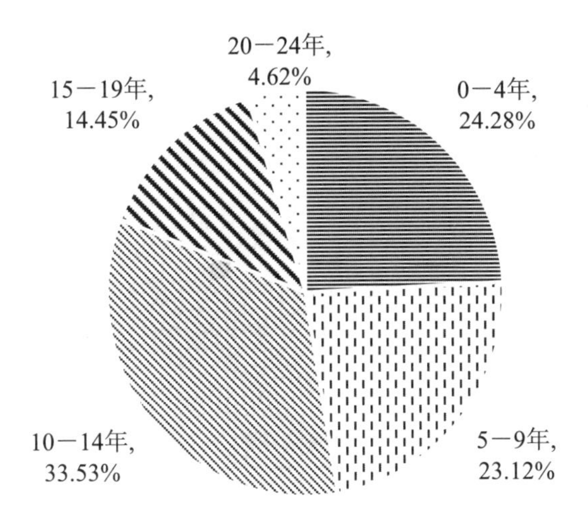

图 5-32　2018 年中国保险公司评价样本成立年限占比统计

资料来源：南开大学中国保险机构治理指数数据库。

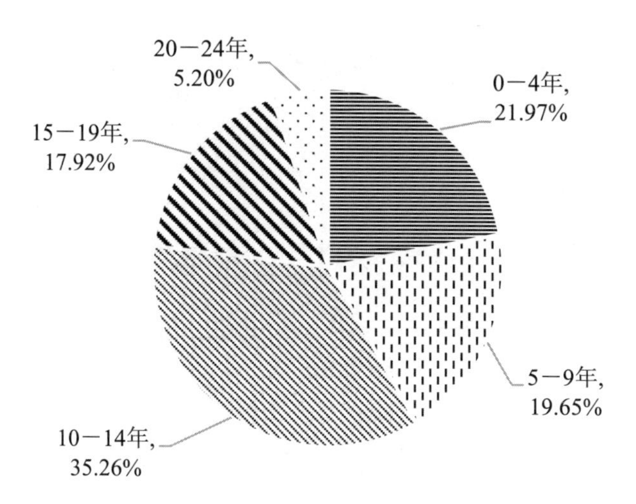

图 5-33　2019 年中国保险公司评价样本成立年限占比统计

资料来源：南开大学中国保险机构治理指数数据库。

4. 2020－2022 年样本成立年限分组统计

如表 5-11 所示，2020－2022 年的中国保险公司治理指数评价样本数呈现逐年上升的趋势，评价样本成立年限主要集中于 5－19 年，评价样本成立年限为 5－9 年、15－19 年、20－24 年和 25 年及以上的四组样本数总体呈现增加的趋势，成立 0－4 年和 10－14 年的两组样本数呈现逐年减少的趋势。如图 5-34、图 5-35 和图 5-36 所示，2020 年的评价样本数分组占比从大到小依次为成立 10－14 年、15－19 年、5－9 年、0－4 年、20－24 年和 25 年及以上，2021 年成立年限为 15－19 年的样本数占比超过 10－14 年成为占比最大的成立年限分组并保持至 2022 年，2022 年成立年限为 20－24 年的样本数占比超过 0－4年。

表 5-11　评价样本成立年限分组统计（2020－2022 年）

年份	成立年限分组	样本数	占比（%）
2020	0－4 年	29	16.76
	5－9 年	38	21.97
	10－14 年	48	27.75
	15－19 年	46	26.59
	20－24 年	10	5.78
	25 年及以上	2	1.16
	总计	173	100.00

续表

年份	成立年限分组	样本数	占比（%）
2021	0—4 年	20	11.49
	5—9 年	40	22.99
	10—14 年	47	27.01
	15—19 年	50	28.74
	20—24 年	11	6.32
	25 年及以上	6	3.45
	总计	174	100.00
2022	0—4 年	13	7.39
	5—9 年	40	22.73
	10—14 年	41	23.30
	15—19 年	56	31.82
	20—24 年	20	11.36
	25 年及以上	6	3.41
	总计	176	100.00

资料来源：南开大学中国保险机构治理指数数据库。

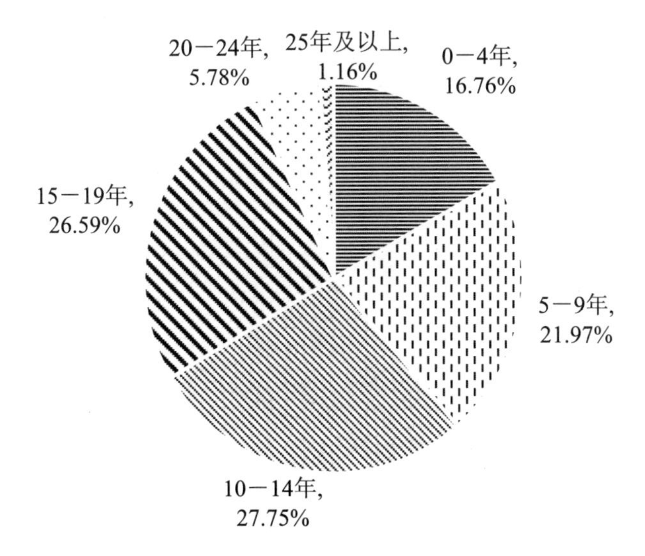

图 5-34　2020 年中国保险公司评价样本成立年限占比统计

资料来源：南开大学中国保险机构治理指数数据库。

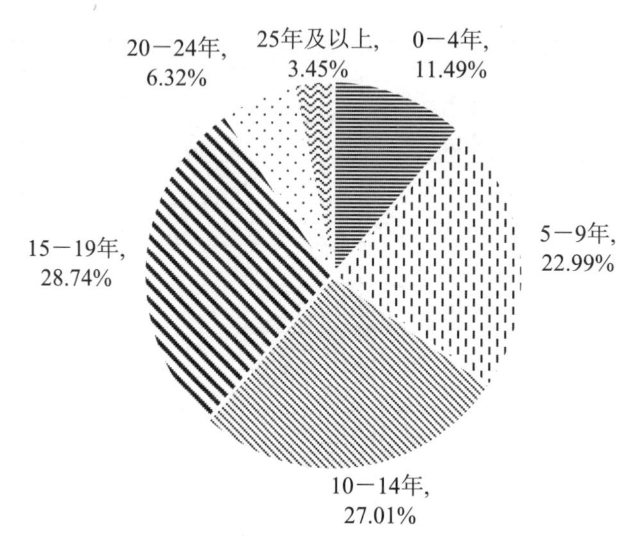

图 5-35　2021 年中国保险公司评价样本成立年限占比统计

资料来源：南开大学中国保险机构治理指数数据库。

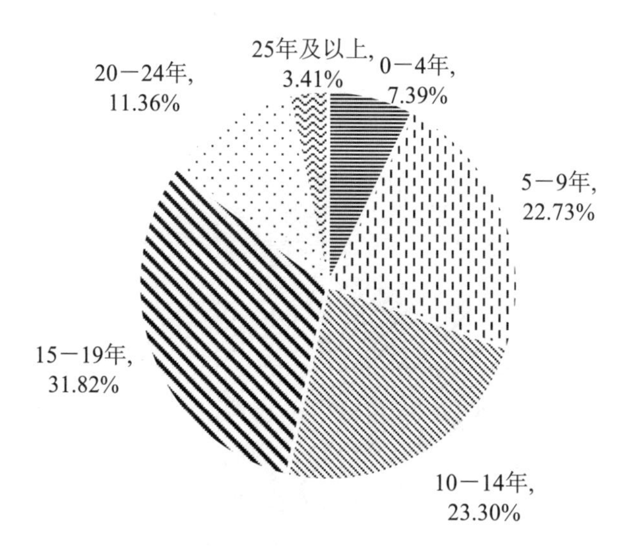

图 5-36　2022 年中国保险公司评价样本成立年限占比统计

资料来源：南开大学中国保险机构治理指数数据库。

（六）样本注册地区

1. 2016－2019 年样本注册地区统计

如表 5-12 所示，2016－2019 年的中国保险公司治理指数评价样本数总体呈现上升的趋势，评价样本注册地分散于我国 28 个省级行政区。大部分样本的注册地来源于北京市、广东省和上海市，其中北京市样本数占比最大，在 25%－29%范围内；广东省占比最小，在 12%－14%范围内；上海市和北京市接近。而安徽省、甘肃省、贵州省、河南省、湖南省、江西省、宁夏、山西省、西藏和云南省样本数占比较小，在 0.58%－0.64%范围内。各注册地区各年评价样本数总体保持稳定。

表 5-12　评价样本注册地区统计（2016－2019 年）

编号	注册地区	2016 年		2017 年		2018 年		2019 年	
		样本数	占比（%）	样本数	占比（%）	样本数	占比（%）	样本数	占比（%）
1	安徽省	1	0.64	1	0.61	1	0.58	1	0.58
2	北京市	44	28.21	45	27.27	45	26.01	44	25.43
3	福建省	3	1.92	3	1.82	3	1.73	3	1.73
4	甘肃省	–	–	–	–	1	0.58	1	0.58
5	广东省	19	12.18	21	12.73	23	13.29	24	13.87
6	广西	1	0.64	1	0.61	2	1.16	2	1.16
7	贵州省	–	–	1	0.61	1	0.58	1	0.58
8	海南省	1	0.64	1	0.61	2	1.16	2	1.16
9	河北省	1	0.64	2	1.21	2	1.16	2	1.16
10	河南省	1	0.64	1	0.61	1	0.58	1	0.58
11	湖北省	3	1.92	3	1.82	4	2.31	4	2.31
12	湖南省	1	0.64	1	0.61	1	0.58	1	0.58
13	吉林省	3	1.92	3	1.82	3	1.73	3	1.73
14	江苏省	5	3.21	5	3.03	5	2.89	5	2.89
15	江西省	1	0.64	1	0.61	1	0.58	1	0.58
16	辽宁省	3	1.92	4	2.42	5	2.89	5	2.89
17	宁夏	1	0.64	1	0.61	1	0.58	1	0.58
18	山东省	4	2.56	5	3.03	5	2.89	5	2.89
19	山西省	1	0.64	1	0.61	1	0.58	1	0.58
20	陕西省	1	0.64	1	0.61	2	1.16	2	1.16
21	上海市	41	26.28	42	25.45	40	23.12	40	23.12

续表

编号	注册地区	2016年		2017年		2018年		2019年	
		样本数	占比（%）	样本数	占比（%）	样本数	占比（%）	样本数	占比（%）
22	四川省	3	1.92	3	1.82	4	2.31	4	2.31
23	天津市	6	3.85	6	3.64	6	3.47	6	3.47
24	西藏	1	0.64	1	0.61	1	0.58	1	0.58
25	新疆	2	1.28	2	1.21	2	1.16	2	1.16
26	云南省	1	0.64	1	0.61	1	0.58	1	0.58
27	浙江省	4	2.56	4	2.42	5	2.89	5	2.89
28	重庆市	4	2.56	5	3.03	5	2.89	5	2.89
总计		156	100.00	165	100.00	173	100.00	173	100.00

资料来源：南开大学中国保险机构治理指数数据库。

2. 2020—2022年样本注册地区统计

如表5-13所示，2020—2022年评价样本数呈现逐年上升的趋势，评价样本注册地区由28个省级行政区构成。注册地区在北京市、广东省和上海市的公司样本数量较多，其中北京市样本数占比最大，2020—2022年期间均为24%上下。注册地区在甘肃省、贵州省、河南省、湖南省、江西省、宁夏、山西省、西藏和云南省的公司样本数量较少，2020—2022年期间均在0.57%—0.58%范围内。各注册地区各年评价样本数量基本保持不变。

表5-13　评价样本注册地区统计（2020—2022年）

编号	注册地区	2020年		2021年		2022年	
		样本数	占比(%)	样本数	占比(%)	样本数	占比(%)
1	安徽省	2	1.16	2	1.15	2	1.14
2	北京市	43	24.86	42	24.14	43	24.43
3	福建省	3	1.73	3	1.72	3	1.70
4	甘肃省	1	0.58	1	0.57	1	0.57
5	广东省	24	13.87	25	14.37	25	14.20
6	广西	2	1.16	2	1.15	2	1.14
7	贵州省	1	0.58	1	0.57	1	0.57
8	海南省	2	1.16	2	1.15	2	1.14
9	河北省	2	1.16	2	1.15	2	1.14
10	河南省	1	0.58	1	0.57	1	0.57

续表

编号	注册地区	2020 年		2021 年		2022 年	
		样本数	占比（%）	样本数	占比（%）	样本数	占比（%）
11	湖北省	4	2.31	4	2.30	4	2.27
12	湖南省	1	0.58	1	0.57	1	0.57
13	吉林省	3	1.73	3	1.72	3	1.70
14	江苏省	5	2.89	5	2.87	5	2.84
15	江西省	1	0.58	1	0.57	1	0.57
16	辽宁省	5	2.89	5	2.87	5	2.84
17	宁夏	1	0.58	1	0.57	1	0.57
18	山东省	5	2.89	5	2.87	5	2.84
19	山西省	1	0.58	1	0.57	1	0.57
20	陕西省	2	1.16	2	1.15	1	0.57
21	上海市	40	23.12	40	22.99	42	23.86
22	四川省	4	2.31	4	2.30	4	2.27
23	天津市	6	3.47	7	4.02	7	3.98
24	西藏	1	0.58	1	0.57	1	0.57
25	新疆	2	1.16	2	1.15	2	1.14
26	云南省	1	0.58	1	0.57	1	0.57
27	浙江省	5	2.89	5	2.87	5	2.84
28	重庆市	5	2.89	5	2.87	5	2.84
总计		173	100.00	174	100.00	176	100.00

资料来源：南开大学中国保险机构治理指数数据库。

（七）样本所在城市

1. 2016－2019 年样本所在城市统计

如表 5-14 所示，2016－2019 年评价样本所在城市分别由 37、39、42 和 42 个城市构成，2016－2019 年样本数分别为 156、165、173 和 173 家，所在城市数量与样本数总体呈现上升趋势。所在城市为北京市、上海市和深圳市的评价样本数量较多，北京市四年样本数分别为 44、45、45 和 44 家，各年占比分别为 28.21%、27.27%、26.01%和 25.43%，上海市四年样本数分别为 41、42、40 和 40 家，各年占比分别为 26.28%、25.45%、23.12%和 23.12%，深圳市四年样本数分别为 13、14、16 和 17 家，各年占比分别为 8.33%、8.48%、9.25%和 9.83%，所在城市为保定市、福州市、贵阳市、海口市等地的公司样本数量较少，各注册地区各年评价样本数基本保持不变。

表 5-14 评价样本所在城市统计（2016—2019 年）

编号	所在城市	2016 年		2017 年		2018 年		2019 年	
		样本数	占比（%）	样本数	占比（%）	样本数	占比（%）	样本数	占比（%）
1	保定市	–	–	1	0.61	1	0.58	1	0.58
2	北京市	44	28.21	45	27.27	45	26.01	44	25.43
3	沈阳市	1	0.64	1	0.61	2	1.16	2	1.16
4	成都市	3	1.92	3	1.82	4	2.31	4	2.31
5	大连市	3	1.92	3	1.82	3	1.73	3	1.73
6	福州市	1	0.64	1	0.61	1	0.58	1	0.58
7	广州市	3	1.92	5	3.03	5	2.89	5	2.89
8	贵阳市	–	–	1	0.61	1	0.58	1	0.58
9	海口市	–	–	–	–	1	0.58	1	0.58
10	杭州市	3	1.92	3	1.82	3	1.73	3	1.73
11	合肥市	1	0.64	1	0.61	1	0.58	1	0.58
12	吉林市	1	0.64	1	0.61	1	0.58	1	0.58
13	济南市	2	1.28	3	1.82	3	1.73	3	1.73
14	嘉兴市	–	–	–	–	1	0.58	1	0.58
15	克拉玛依市	1	0.64	1	0.61	1	0.58	1	0.58
16	昆明市	1	0.64	1	0.61	1	0.58	1	0.58
17	拉萨市	1	0.64	1	0.61	1	0.58	1	0.58
18	兰州市	–	–	–	–	1	0.58	1	0.58
19	南昌市	1	0.64	1	0.61	1	0.58	1	0.58
20	南京市	3	1.92	3	1.82	3	1.73	3	1.73
21	南宁市	1	0.64	1	0.61	2	1.16	2	1.16
22	宁波市	1	0.64	1	0.61	1	0.58	1	0.58
23	青岛市	1	0.64	1	0.61	1	0.58	1	0.58
24	三亚市	1	0.64	1	0.61	1	0.58	1	0.58
25	厦门市	2	1.28	2	1.21	2	1.16	2	1.16
26	上海市	41	26.28	42	25.45	40	23.12	40	23.12
27	深圳市	13	8.33	14	8.48	16	9.25	17	9.83
28	苏州市	1	0.64	1	0.61	1	0.58	1	0.58
29	太原市	1	0.64	1	0.61	1	0.58	1	0.58
30	唐山市	1	0.64	1	0.61	1	0.58	1	0.58
31	天津市	6	3.85	6	3.64	6	3.47	6	3.47

续表

编号	所在城市	2016年		2017年		2018年		2019年	
		样本数	占比（%）	样本数	占比（%）	样本数	占比（%）	样本数	占比（%）
32	乌鲁木齐市	1	0.64	1	0.61	1	0.58	1	0.58
33	无锡市	1	0.64	1	0.61	1	0.58	1	0.58
34	武汉市	3	1.92	3	1.82	4	2.31	4	2.31
35	西安市	1	0.64	1	0.61	2	1.16	2	1.16
36	烟台市	1	0.64	1	0.61	1	0.58	1	0.58
37	银川市	1	0.64	1	0.61	1	0.58	1	0.58
38	长春市	2	1.28	2	1.21	2	1.16	2	1.16
39	长沙市	1	0.64	1	0.61	1	0.58	1	0.58
40	郑州市	1	0.64	1	0.61	1	0.58	1	0.58
41	重庆市	4	2.56	5	3.03	5	2.89	5	2.89
42	珠海市	2	1.28	2	1.21	2	1.16	2	1.16
总计		156	100.00	165	100.00	173	100.00	173	100.00

资料来源：南开大学中国保险机构治理指数数据库。

2. 2020—2022年样本所在城市统计

如表5-15所示，2020—2022年评价样本所在城市分别由43、43和44个城市构成，2020—2022年样本数分别为173、174和176家，所在城市数量与样本数总体呈现上升趋势。所在城市为北京市、上海市和深圳市的评价样本数量较多，北京市三年样本数分别为43、42和43家，各年占比分别为24.86%、24.14%和24.43%，上海市三年样本数分别为40、40和42家，各年占比分别为23.12%、22.99%和23.86%，深圳市三年样本数均为17家，各年占比分别为9.83%、9.77%和9.66%，所在城市在蚌埠市、保定市、佛山市、福州市、贵阳市等地的公司样本数量较少，各注册地区各年评价样本数基本保持不变。

表5-15　评价样本所在城市统计（2020—2022年）

编号	所在城市	2020年		2021年		2022年	
		样本数	占比（%）	样本数	占比（%）	样本数	占比（%）
1	蚌埠市	1	0.58	1	0.57	1	0.57
2	保定市	1	0.58	1	0.57	1	0.57
3	北京市	43	24.86	42	24.14	43	24.43

续表

编号	所在城市	2020年		2021年		2022年	
		样本数	占比（%）	样本数	占比（%）	样本数	占比（%）
4	沈阳市	2	1.16	2	1.15	2	1.14
5	成都市	4	2.31	4	2.30	4	2.27
6	大连市	3	1.73	3	1.72	3	1.70
7	佛山市	–	–	–	–	1	0.57
8	福州市	1	0.58	1	0.57	1	0.57
9	广州市	5	2.89	6	3.45	5	2.84
10	贵阳市	1	0.58	1	0.57	1	0.57
11	海口市	1	0.58	1	0.57	1	0.57
12	杭州市	3	1.73	3	1.72	3	1.70
13	合肥市	1	0.58	1	0.57	1	0.57
14	吉林市	1	0.58	1	0.57	1	0.57
15	济南市	3	1.73	3	1.72	3	1.70
16	嘉兴市	1	0.58	1	0.57	1	0.57
17	克拉玛依市	1	0.58	1	0.57	1	0.57
18	昆明市	1	0.58	1	0.57	1	0.57
19	拉萨市	1	0.58	1	0.57	1	0.57
20	兰州市	1	0.58	1	0.57	1	0.57
21	南昌市	1	0.58	1	0.57	1	0.57
22	南京市	3	1.73	3	1.72	3	1.70
23	南宁市	2	1.16	2	1.15	2	1.14
24	宁波市	1	0.58	1	0.57	1	0.57
25	青岛市	1	0.58	1	0.57	1	0.57
26	三亚市	1	0.58	1	0.57	1	0.57
27	厦门市	2	1.16	2	1.15	2	1.14
28	上海市	40	23.12	40	22.99	42	23.86
29	深圳市	17	9.83	17	9.77	17	9.66
30	石家庄市	1	0.58	1	0.57	1	0.57
31	苏州市	1	0.58	1	0.57	1	0.57
32	太原市	1	0.58	1	0.57	1	0.57
33	天津市	6	3.47	7	4.02	7	3.98
34	乌鲁木齐市	1	0.58	1	0.57	1	0.57

续表

编号	所在城市	2020年		2021年		2022年	
		样本数	占比（%）	样本数	占比（%）	样本数	占比（%）
35	无锡市	1	0.58	1	0.57	1	0.57
36	武汉市	4	2.31	4	2.30	4	2.27
37	西安市	2	1.16	2	1.15	1	0.57
38	烟台市	1	0.58	1	0.57	1	0.57
39	银川市	1	0.58	1	0.57	1	0.57
40	长春市	2	1.16	2	1.15	2	1.14
41	长沙市	1	0.58	1	0.57	1	0.57
42	郑州市	1	0.58	1	0.57	1	0.57
43	重庆市	5	2.89	5	2.87	5	2.84
44	珠海市	2	1.16	2	1.15	2	1.14
总计		173	100.00	174	100.00	176	100.00

资料来源：南开大学中国保险机构治理指数数据库。

三、评价样本情况说明

截至2022年底，各类型保险公司名录如附表1和附表2所示，但该名录并不是最新的中国保险公司名录。截至2023年底，我国保险公司样本总数与2022年的176家相比，增加3家（人身险公司3家），减少3家（人身险公司3家），净增加0家，总计为176家。

根据2023年6月1日《国家金融监督管理总局关于海港人寿保险股份有限公司及其分支机构开业的批复》（金复〔2023〕17号），海港人寿保险股份有限公司获批开业。根据2023年9月13日《国家金融监督管理总局深圳监管局关于海港人寿保险股份有限公司受让恒大人寿保险有限公司保险业务的批复》（深金复〔2023〕94号），海港人寿保险股份有限公司整体受让恒大人寿保险有限公司保险业务及相应的资产、负债。

根据2023年6月20日《国家金融监督管理总局关于中汇人寿保险股份有限公司及其分支机构开业的批复》（金复〔2023〕80号），中汇人寿保险股份有限公司开业。根据2023年9月28日《国家金融监督管理总局北京监管局关于中汇人寿保险股份有限公司受让天安人寿保险股份有限公司保险业务的批复》京金复（〔2023〕166号），中汇人寿保险股份有限公司整体受让天安人寿保险股份有限公司保险业务及相应的资产、负债。

根据2023年6月28日《国家金融监督管理总局关于瑞众人寿保险有限责任公司及其分支机构开业的批复》（金复〔2023〕88号），瑞众人寿保险有限责任公司开业。根据2023年11月8日《国家金融监督管理总局北京监管局关于瑞众人寿保险有限责任公司受让华夏人寿保险股份有限公司保险业务的批复京金复》（〔2023〕245号），瑞众人寿保险有限责任公司整体受让华夏人寿保险股份有限公司保险业务及相应的资产、负债。

因此，截至2023年底，我国保险公司新增海港人寿保险股份有限公司、中汇人寿保险股份有限公司和瑞众人寿保险有限责任公司3家人身险公司，同时恒大人寿保险有限公司、天安人寿保险股份有限公司、华夏人寿保险股份有限公司将不会出现在2023年评价样本中，即减少3家人身险公司。

除了上述保险公司数量的增加或者减少之外，还有1家保险公司更名。根据2023年5月12日《中国银保监会关于易安财产保险股份有限公司重整后续事项的批复》（银保监复〔2023〕285号），“易安财产保险股份有限公司”更名为“深圳比亚迪财产保险有限公司”。

此外，还有1家保险公司获批筹建。根据2023年9月14日《国家金融监督管理总局关于筹建申能财产保险股份有限公司的批复》（金复〔2023〕261号），申能财产保险股份有限公司获批筹建。申能财产保险股份有限公司获批开业后将整体受让天安财产保险股份有限公司保险业务及相应的资产、负债。

第二节　评价数据来源

本节主要内容是中国保险公司治理评价指标的原始数据来源，主要为公开信息渠道。具体来源包括保险公司官网披露信息、国家金融监督管理总局官网公布信息、中国保险行业协会发布信息、企查查和天眼查检索信息、搜索引擎搜索信息等。

一、内部治理指标原始数据来源

中国保险公司内部治理指标原始数据来源见表5-16至表5-19，主要来源为“保险公司官网－公开信息披露－基本信息－公司治理概要”“保险公司官网－公开信息披露－专项信息－偿付能力”“保险公司官网－关于我们－组织架构”“保险公司官网－公开信息披露－重大事项”“国家金融监督管理总局官网—政务信息—行政许可”“企查查—基本信息—查查图谱”“企查查—经营风险”等。其中，偿付能力报告也可以在“中国保险行业协会-信息披露—偿付能力信息披露”途径查找，因该途径与保险公司官网披露信息一致，因此未在表 5-16 至表 5-19 中列示。此外，诸如指标 1-1：股东（大）会召开情况、指标 2-16：董事长是否存在非正常变更情况等的原始数据需要配合搜索引擎搜索信息进行确认。

表 5-16 保险公司股东与股权结构维度治理指标原始数据来源

序号	指标编号	指标名称	数据来源
1	1-1	股东（大）会召开情况	保险公司官网—公开信息披露—基本信息—公司治理概要—近三年股东（大）会主要决议
2	1-2	股权结构状况	（1）企查查—基本信息—查查图谱—股权穿透图 （2）保险公司官网—公开信息披露—基本信息—公司治理概要—持股比例在 5%以上的股东及其持股情况
3	1-3	是否存在机构投资者	（1）企查查—基本信息—查查图谱—股权穿透图 （2）保险公司官网—公开信息披露—基本信息—公司治理概要—持股比例在 5%以上的股东及其持股情况
4	1-4	股权层级状况	（1）企查查—基本信息—查查图谱—股权穿透图 （2）企查查—基本信息—查查图谱—企业受益股东
5	1-5	股权出质或质押情况	（1）企查查—经营风险—股权出质 （2）企查查—经营风险—股权质押 （3）企查查—历史信息—历史股权出质

资料来源：南开大学中国保险机构治理评价课题组。

表 5-17 保险公司董事与董事会维度治理指标原始数据来源

序号	指标编号	指标名称	数据来源
1	2-1	董事会规模	（1）保险公司官网—公开信息披露—专项信息—偿付能力—偿付能力报告—基本信息—董事、监事和高级管理人员的基本情况 （2）企查查—变更记录—查看距离统计年份年底最近的一次董事变更后的情况
2	2-2	是否单独或合并设立资产负债管理专门委员会	（1）保险公司官网—公开信息披露—基本信息—公司治理概要—公司部门设置情况 （2）保险公司官网—关于我们—组织架构

续表

序号	指标编号	指标名称	数据来源
3	2-3	是否单独或合并设立战略专门委员会	（1）保险公司官网－公开信息披露－基本信息－公司治理概要－公司部门设置情况 （2）保险公司官网－关于我们－组织架构
4	2-4	是否单独或合并设立审计专门委员会	（1）保险公司官网－公开信息披露－基本信息－公司治理概要－公司部门设置情况 （2）保险公司官网－关于我们－组织架构
5	2-5	是否单独或合并设立提名专门委员会	（1）保险公司官网－公开信息披露－基本信息－公司治理概要－公司部门设置情况 （2）保险公司官网－关于我们－组织架构
6	2-6	是否单独或合并设立薪酬专门委员会	（1）保险公司官网－公开信息披露－基本信息－公司治理概要－公司部门设置情况 （2）保险公司官网－关于我们－组织架构
7	2-7	是否单独或合并设立关联交易控制专门委员会	（1）保险公司官网－公开信息披露－基本信息－公司治理概要－公司部门设置情况 （2）保险公司官网－关于我们－组织架构
8	2-8	是否单独或合并设立风险管理专门委员会	（1）保险公司官网－公开信息披露－基本信息－公司治理概要－公司部门设置情况 （2）保险公司官网－关于我们－组织架构
9	2-9	是否单独或合并设立消费者权益保护专门委员会	（1）保险公司官网－公开信息披露－基本信息－公司治理概要－公司部门设置情况 （2）保险公司官网－关于我们－组织架构
10	2-10	是否单独或合并自主设立其他董事会专门委员会	（1）保险公司官网－公开信息披露－基本信息－公司治理概要－公司部门设置情况 （2）保险公司官网－关于我们－组织架构
11	2-11	董事学历状况	（1）保险公司官网－公开信息披露－专项信息－偿付能力－偿付能力报告－基本信息－董事、监事和高级管理人员的基本情况 （2）企查查－变更记录－查看距离统计年份年底最近的一次董事变更后的情况
12	2-12	有无财务会计审计背景董事	（1）保险公司官网－公开信息披露－专项信息－偿付能力－偿付能力报告－基本信息－董事、监事和高级管理人员的基本情况 （2）企查查－变更记录－查看距离统计年份年底最近的一次董事变更后的情况

续表

序号	指标编号	指标名称	数据来源
13	2-13	有无金融背景董事	（1）保险公司官网－公开信息披露－专项信息－偿付能力－偿付能力报告－基本信息－董事、监事和高级管理人员的基本情况 （2）企查查－变更记录－查看距离统计年份年底最近的一次董事变更后的情况
14	2-14	有无保险精算背景董事	（1）保险公司官网－公开信息披露－专项信息－偿付能力－偿付能力报告－基本信息－董事、监事和高级管理人员的基本情况 （2）企查查－变更记录－查看距离统计年份年底最近的一次董事变更后的情况
15	2-15	董事专业和职业背景结构	（1）保险公司官网－公开信息披露－专项信息－偿付能力－偿付能力报告－基本信息－董事、监事和高级管理人员的基本情况 （2）企查查－变更记录－查看距离统计年份年底最近的一次董事变更后的情况
16	2-16	董事长是否存在非正常变更情况	（1）国家金融监督管理总局官网－政务信息－行政许可 （2）保险公司官网－公开信息披露－重大事项
17	2-17	独立董事比例情况	（1）保险公司官网－公开信息披露－专项信息－偿付能力－偿付能力报告－基本信息－董事、监事和高级管理人员的基本情况 （2）企查查－变更记录－查看距离统计年份年底最近的一次董事变更后的情况
18	2-18	独立董事学历情况	（1）保险公司官网－公开信息披露－专项信息－偿付能力－偿付能力报告－基本信息－董事、监事和高级管理人员的基本情况 （2）企查查－变更记录－查看距离统计年份年底最近的一次董事变更后的情况
19	2-19	有无财务会计审计背景独立董事	（1）保险公司官网－公开信息披露－专项信息－偿付能力－偿付能力报告－基本信息－董事、监事和高级管理人员的基本情况 （2）企查查－变更记录－查看距离统计年份年底最近的一次董事变更后的情况

续表

序号	指标编号	指标名称	数据来源
20	2-20	有无金融背景独立董事	(1) 保险公司官网－公开信息披露－专项信息－偿付能力－偿付能力报告－基本信息－董事、监事和高级管理人员的基本情况 (2) 企查查－变更记录－查看距离统计年份年底最近的一次董事变更后的情况
21	2-21	有无保险精算背景独立董事	(1) 保险公司官网－公开信息披露－专项信息－偿付能力－偿付能力报告－基本信息－董事、监事和高级管理人员的基本情况 (2) 企查查－变更记录－查看距离统计年份年底最近的一次董事变更后的情况
22	2-22	有无法律背景独立董事	(1) 保险公司官网－公开信息披露－专项信息－偿付能力－偿付能力报告－基本信息－董事、监事和高级管理人员的基本情况 (2) 企查查－变更记录－查看距离统计年份年底最近的一次董事变更后的情况
23	2-23	独立董事专业和职业背景结构	(1) 保险公司官网－公开信息披露－专项信息－偿付能力－偿付能力报告－基本信息－董事、监事和高级管理人员的基本情况 (2) 企查查－变更记录－查看距离统计年份年底最近的一次董事变更后的情况
24	2-24	独立董事任职结构是否多元化	(1) 保险公司官网－公开信息披露－专项信息－偿付能力－偿付能力报告－基本信息－董事、监事和高级管理人员的基本情况 (2) 企查查－变更记录－查看距离统计年份年底最近的一次董事变更后的情况

资料来源：南开大学中国保险机构治理评价课题组。

表 5-18　保险公司监事与监事会维度治理指标原始数据来源

序号	指标编号	指标名称	数据来源
1	3-1	监事会规模或监事人数	(1)保险公司官网－公开信息披露－专项信息－偿付能力－偿付能力报告－基本信息－董事、监事和高级管理人员的基本情况 (2)企查查－变更记录－查看距离统计年份年底最近的一次监事变更后的情况

续表

序号	指标编号	指标名称	数据来源
2	3-2	职工监事比例情况	(1)保险公司官网－公开信息披露－专项信息－偿付能力－偿付能力报告－基本信息－董事、监事和高级管理人员的基本情况 (2)企查查－变更记录－查看距离统计年份年底最近的一次监事变更后的情况
3	3-3	外部监事比例情况	(1)保险公司官网－公开信息披露－专项信息－偿付能力－偿付能力报告－基本信息－董事、监事和高级管理人员的基本情况 (2)企查查－变更记录－查看距离统计年份年底最近的一次监事变更后的情况
4	3-4	监事学历情况	(1)保险公司官网－公开信息披露－专项信息－偿付能力－偿付能力报告－基本信息－董事、监事和高级管理人员的基本情况 (2)企查查－变更记录－查看距离统计年份年底最近的一次监事变更后的情况
5	3-5	有无财务会计审计背景监事	(1)保险公司官网－公开信息披露－专项信息－偿付能力－偿付能力报告－基本信息－董事、监事和高级管理人员的基本情况 (2)企查查－变更记录－查看距离统计年份年底最近的一次监事变更后的情况
6	3-6	有无金融背景监事	(1)保险公司官网－公开信息披露－专项信息－偿付能力－偿付能力报告－基本信息－董事、监事和高级管理人员的基本情况 (2)企查查－变更记录－查看距离统计年份年底最近的一次监事变更后的情况
7	3-7	有无保险精算背景监事	(1)保险公司官网－公开信息披露－专项信息－偿付能力－偿付能力报告－基本信息－董事、监事和高级管理人员的基本情况 (2)企查查－变更记录－查看距离统计年份年底最近的一次监事变更后的情况
8	3-8	监事专业和职业背景结构	(1)保险公司官网－公开信息披露－专项信息－偿付能力－偿付能力报告－基本信息－董事、监事和高级管理人员的基本情况 (2)企查查－变更记录－查看距离统计年份年底最近的一次监事变更后的情况

资料来源：南开大学中国保险机构治理评价课题组。

表 5-19　保险公司高级管理人员维度治理指标原始数据来源

序号	指标编号	指标名称	数据来源
1	4-1	高管规模	(1)保险公司官网—公开信息披露—专项信息—偿付能力—偿付能力报告—基本信息—董事、监事和高级管理人员的基本情况 (2)企查查—变更记录—查看距离统计年份年底最近的一次高管变更后的情况
2	4-2	董事长和总经理两职是否分设	(1)保险公司官网—公开信息披露—专项信息—偿付能力—偿付能力报告—基本信息—董事、监事和高级管理人员的基本情况 (2)企查查—变更记录—查看距离统计年份年底最近的一次高管变更后的情况
3	4-3	是否设立总精算师	(1)保险公司官网—公开信息披露—专项信息—偿付能力—偿付能力报告—基本信息—董事、监事和高级管理人员的基本情况 (2)保险公司官网—公开信息披露—基本信息—公司治理概要—高级管理人员简历
4	4-4	是否设立合规负责人	(1)保险公司官网—公开信息披露—专项信息—偿付能力—偿付能力报告—基本信息—董事、监事和高级管理人员的基本情况 (2)保险公司官网—公开信息披露—基本信息—公司治理概要—高级管理人员简历
5	4-5	是否设立首席风险官	(1)保险公司官网—公开信息披露—专项信息—偿付能力—偿付能力报告—基本信息—董事、监事和高级管理人员的基本情况 (2)保险公司官网—公开信息披露—基本信息—公司治理概要—高级管理人员简历
6	4-6	是否设立审计负责人	(1)保险公司官网—公开信息披露—专项信息—偿付能力—偿付能力报告—基本信息—董事、监事和高级管理人员的基本情况 (2)保险公司官网—公开信息披露—基本信息—公司治理概要—高级管理人员简历
7	4-7	总经理是否存在非正常变更情况	(1)国家金融监督管理总局官网—政务信息—行政许可 (2)保险公司官网—公开信息披露—重大事项

资料来源：南开大学中国保险机构治理评价课题组。

二、外部治理指标原始数据来源

中国保险公司外部治理指标原始数据来源见表 5-20 和表 5-21，主要来源为“企查查－保险公司官网”“企查查－官网－保险公司官网－公开信息披露”“国家金融监督管理总局官网－政务信息－公告通知”“国家税务总局官网－纳税服务－纳税信用 A 级纳税人名单公布栏”“天眼查－司法风险－历史失信信息”等。其中，偿付能力报告也可以在“中国保险行业协会－信息披露－偿付能力信息披露”途径查找，年度信息披露报告也可以在“中国保险行业协会－信息披露－保险公司年度信息披露”途径查找，因前述中国保险行业协会官网途径与保险公司官网披露信息一致，因此未在表 5-20 和表 5-21 中列示。此外，诸如指标 6-8：社会责任承担状况、指标 6-9：负面新闻报道情况等的原始数据需要配合搜索引擎搜索信息进行确认。

表 5-20 保险公司信息披露维度治理指标原始数据来源

序号	指标编号	指标名称	数据来源
1	5-1	有无官网	企查查－官网
2	5-2	官网整体建设水平状况	企查查－官网－保险公司官网
3	5-3	官网客服热线披露情况	企查查－官网－保险公司官网
4	5-4	官网是否披露官微或公众号	企查查－官网－保险公司官网
5	5-5	官网有无公开信息披露栏目	企查查－官网－保险公司官网
6	5-6	官网公开信息披露栏目是否明显	企查查－官网－保险公司官网
7	5-7	官网披露框架是否符合规定	企查查－官网－保险公司官网
8	5-8	官网基本信息披露是否完善	企查查－官网－保险公司官网－公开信息披露
9	5-9	官网专项信息披露是否完善	企查查－官网－保险公司官网－公开信息披露
10	5-10	官网重大事项披露是否完善	企查查－官网－保险公司官网－公开信息披露
11	5-11	官网公司治理架构披露是否完善	企查查－官网－保险公司官网－公开信息披露－基本信息

续表

序号	指标编号	指标名称	数据来源
12	5-12	偿付能力报告披露是否及时	保险公司官网－公开信息披露－专项信息－偿付能力
13	5-13	偿付能力报告披露后是否有更正	保险公司官网－公开信息披露－专项信息－偿付能力
14	5-14	年度信息披露报告披露是否及时	保险公司官网－公开信息披露－年度信息
15	5-15	年度信息披露报告披露是否完善	保险公司官网－公开信息披露－年度信息
16	5-16	年度信息披露报告披露后是否有更正	保险公司官网－公开信息披露－年度信息
17	5-17	年度财务会计报告审计意见类型	保险公司官网－公开信息披露－年度信息

资料来源：南开大学中国保险机构治理评价课题组。

表 5-21 保险公司利益相关者维度治理指标原始数据来源

序号	指标编号	指标名称	数据来源
1	6-1	亿元保费、万张保单投诉情况	国家金融监督管理总局官网－政务信息－公告通知
2	6-2	有无经营异常情况	企查查－经营风险－经营异常
3	6-3	是否收到监管函	保险公司官网－公开信息披露－重大事项
4	6-4	是否受到行政处罚	保险公司官网－公开信息披露－重大事项
5	6-5	风险综合评级状况	保险公司官网－公开信息披露－专项信息－偿付能力－偿付能力报告－风险综合评级
6	6-6	纳税信用评级状况	（1）国家税务总局官网－纳税服务－纳税信用 A 级纳税人名单公布栏 （2）天眼查－经营状况－税务评级途径
7	6-7	评价年度有无失信情况	天眼查－司法风险－历史失信信息
8	6-8	社会责任承担状况	（1）保险公司官网－社会责任/社会公益 （2）保险公司官网－关于我们－社会责任/社会公益 （3）保险公司官网－公开信息披露－社会责任/社会公益
9	6-9	负面新闻报道情况	企查查－企业发展－新闻舆情－情感选择（消极）

资料来源：南开大学中国保险机构治理评价课题组。

第六章　中国保险公司治理指数总体分析

本章利用 2016－2022 年中国保险公司治理指数，对我国保险公司治理状况进行了描述性统计分析和分布分析，同时还尝试从评价样本的治理等级和治理评级角度解读我国保险公司治理的状况。

第一节　中国保险公司治理指数描述性统计分析

一、中国保险公司治理总指数描述性统计分析

如表 6-1 所示，2016－2022 年中国保险公司治理指数的样本数总体呈现上升的趋势。如图 6-1 所示，从平均值来看，各年中国保险公司治理指数平均值依次为 67.67、67.92、69.03、71.07、72.53、74.01 和 74.28，呈现逐年上升的趋势，2022 年中国保险公司治理指数平均值比 2016 年上升了 6.61，但 2021－2022 年上升幅度趋缓。从中位数来看，2016－2021 年中国保险公司治理指数也呈现逐年上升的趋势，但 2022 年中位数有所下降，各年中位数高于平均值，说明大部分保险公司治理指数较高。从标准差来看，2016－2022 年呈现先上升后下降的趋势，2019 年达到峰值。从极差来看，2016－2022 年主要在 50－60 间浮动。从最小值来看，2016－2022 年中国保险公司治理指数主要在 33－40 间浮动。从最大值来看，2017－2022 年中国保险公司治理指数均超过 90。

表 6-1　中国保险公司治理指数统计分析

年份	样本数	平均值	中位数	标准差	极差	最小值	最大值
2016	156	67.67	68.22	8.75	51.47	34.03	85.50
2017	165	67.92	68.59	9.53	60.17	33.04	93.21
2018	173	69.03	69.63	9.74	57.37	33.04	90.41

续表

年份	样本数	平均值	中位数	标准差	极差	最小值	最大值
2019	173	71.07	71.84	9.88	58.52	33.31	91.83
2020	173	72.53	72.66	9.51	57.33	34.21	91.54
2021	174	74.01	75.71	9.04	50.84	40.27	91.11
2022	176	74.28	74.89	8.31	55.33	38.35	93.67

资料来源：南开大学中国保险机构治理指数数据库。

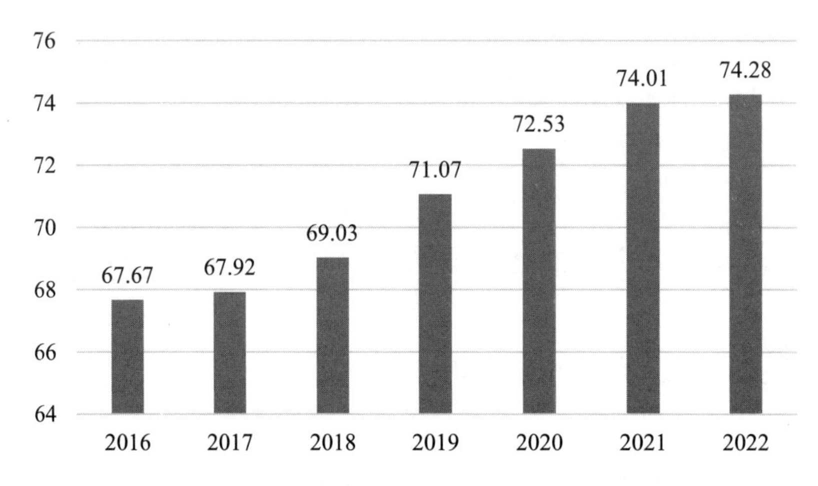

图 6-1　2016—2022 年中国保险公司治理指数

资料来源：南开大学中国保险机构治理指数数据库。

二、中国保险公司治理分指数描述性统计分析

如表 6-2 和图 6-2 所示，中国保险公司治理分指数的平均值总体上均呈现上升的趋势，但不同分指数变化规律存在一定的差异。股东与股权结构指数在过去七年中整体呈“V”形结构，自 2016 年持续下滑后在 2020 年迎来了治理水平的转折，2020 年较之前年份上升明显，2022 年达到历史最高值 65.68。董事与董事会分指数在过去七年中始终保持上升趋势，表明保险公司这方面的治理水平整体处于不断改善的状况。高级管理人员指数和信息披露指数在过去整体呈现上升趋势，但在 2022 年出现了明显回调。值得关注的是保险公司监事与监事会分指数，在评价年份中平均值总体偏低且波动性较强，这反映出公司对相关方面的治理重视程度不够。此外，保险公司利益相关者指数的整体水平较高，仅次于信息披露指数。

表 6-2　中国保险公司治理分指数平均值统计分析

年份	样本数	股东与股权结构	董事与董事会	监事与监事会	高级管理人员	信息披露	利益相关者
2016	156	63.46	50.21	39.84	68.41	91.84	82.05
2017	165	62.42	50.79	42.08	72.55	90.91	79.93
2018	173	61.97	52.02	50.12	73.08	91.57	79.51
2019	173	61.50	52.60	50.45	78.86	91.57	86.13
2020	173	64.97	54.84	49.38	81.09	93.71	84.46
2021	174	64.83	58.28	51.56	89.16	93.72	80.62
2022	176	65.68	61.44	49.93	83.85	91.85	85.29

资料来源：南开大学中国保险机构治理指数数据库。

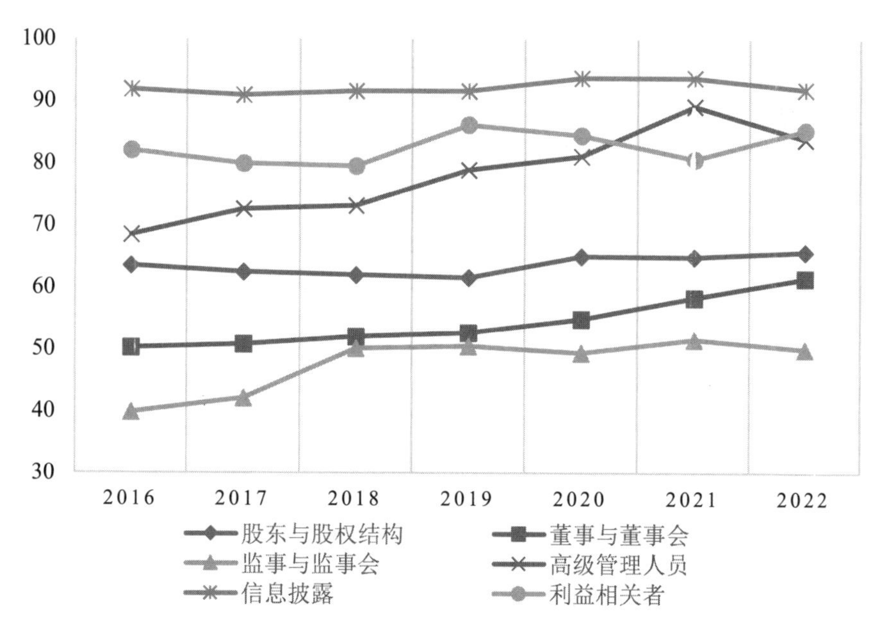

图 6-2　2016－2022 年中国保险公司治理分指数

资料来源：南开大学中国保险机构治理指数数据库。

如表 6-3 所示，保险公司股东与股权结构指数的中位数低于平均值，说明股东与股权结构指数是右偏。保险公司信息披露指数的中位数高于平均值，说明信息披露指数是左偏。董事与董事会指数、监事与监事会指数、高级管理人员指数、利益相关者指数的中位数与平均值关系规律不显著。

表 6-3　中国保险公司治理分指数中位数统计分析

年份	样本数	股东与股权结构	董事与董事会	监事与监事会	高级管理人员	信息披露	利益相关者
2016	156	60.00	46.67	42.86	71.43	94.12	77.78
2017	165	60.00	46.67	42.86	71.43	94.12	77.78
2018	173	60.00	46.67	42.86	71.43	94.12	77.78
2019	173	60.00	53.33	42.86	85.71	94.12	88.89
2020	173	60.00	53.33	57.14	85.71	94.12	88.89
2021	174	60.00	60.00	57.14	100.00	94.12	77.78
2022	176	60.00	62.50	50.00	85.71	94.12	88.89

资料来源：南开大学中国保险机构治理指数数据库。

第二节　中国保险公司治理指数分布分析

一、中国保险公司治理指数分布参数

如表 6-4 所示，从偏度来看，2016－2022 年中国保险公司治理指数分布均为左偏，且从 2019 年开始，中国保险公司治理指数分布均为高度偏态分布。从偏度标准误差来看，2016－2022 年总体呈现减小的趋势。从峰度来看，峰度均小于 3，分布较平坦。从峰度标准误差来看，2016－2022 年总体呈现减小的趋势。从下四分位数来看，2016－2022 年中国保险公司治理指数呈现整体上升趋势。从中位数来看，2016－2022 年中国保险公司治理指数呈现整体上升趋势，但 2022 年有所下降。从上四分位数来看，2016－2022 年中国保险公司治理指数整体呈现逐年上升趋势。

表 6-4　中国保险公司治理指数分布分析

年份	偏度	偏度标准误差	峰度	峰度标准误差	下四分位数	中位数	上四分位数
2016	−0.621	0.194	1.014	0.386	62.512	68.222	73.163
2017	−0.705	0.189	1.201	0.376	62.186	68.593	74.547
2018	−0.923	0.185	1.976	0.367	64.135	69.634	76.407
2019	−1.200	0.185	2.709	0.367	66.940	71.836	77.607
2020	−1.003	0.185	2.622	0.367	67.470	72.656	79.113
2021	−1.090	0.184	1.761	0.366	68.262	75.714	79.929
2022	−1.069	0.183	2.585	0.364	70.111	74.887	79.995

资料来源：南开大学中国保险机构治理指数数据库。

二、中国保险公司治理指数分布图

2016－2022 年中国保险公司治理指数分布图如图 6-3 至图 6-9 所示，各年公司治理指数分布总体上符合左偏分布，与表 6-4 中的偏度为负相吻合。

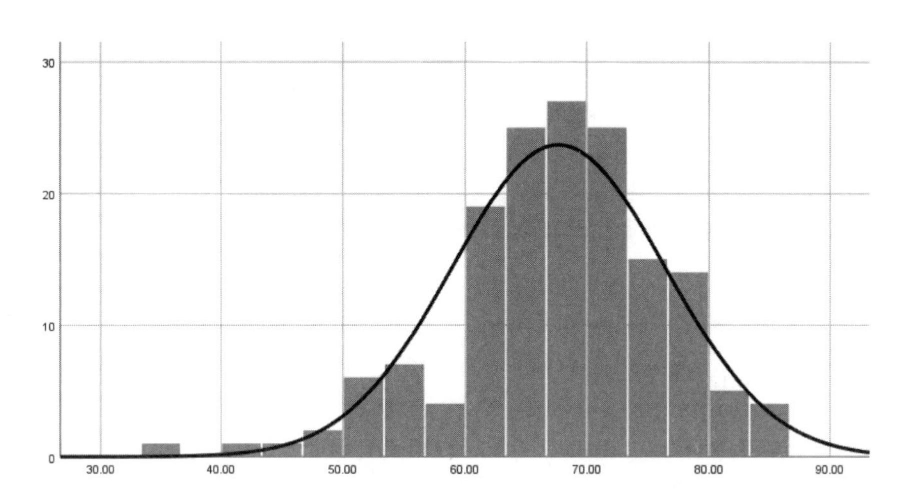

图 6-3　2016 年中国保险公司治理指数分布图

资料来源：作者整理。

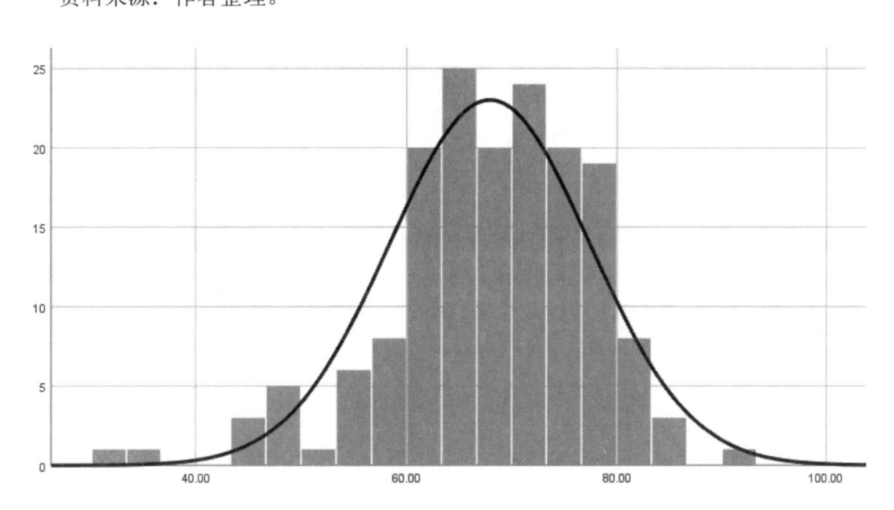

图 6-4　2017 年中国保险公司治理指数分布图

资料来源：作者整理。

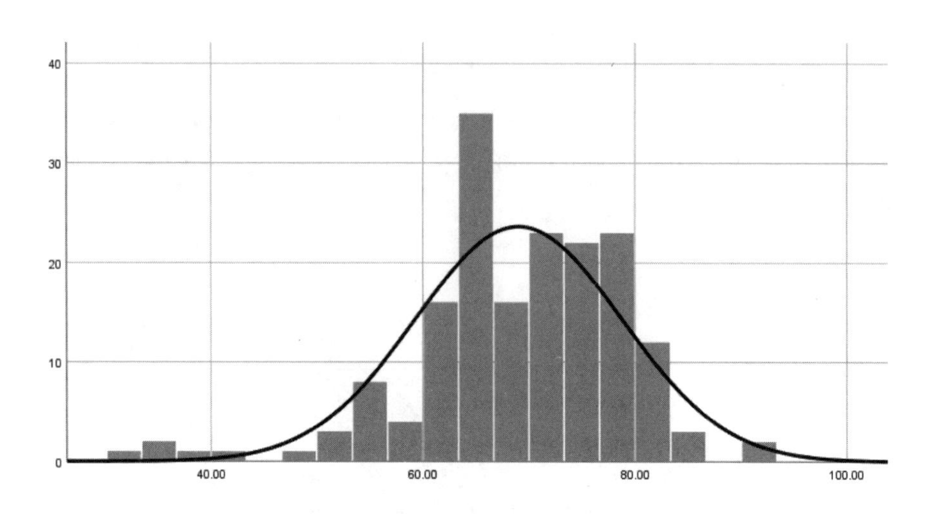

图 6-5　2018 年中国保险公司治理指数分布图

资料来源：作者整理。

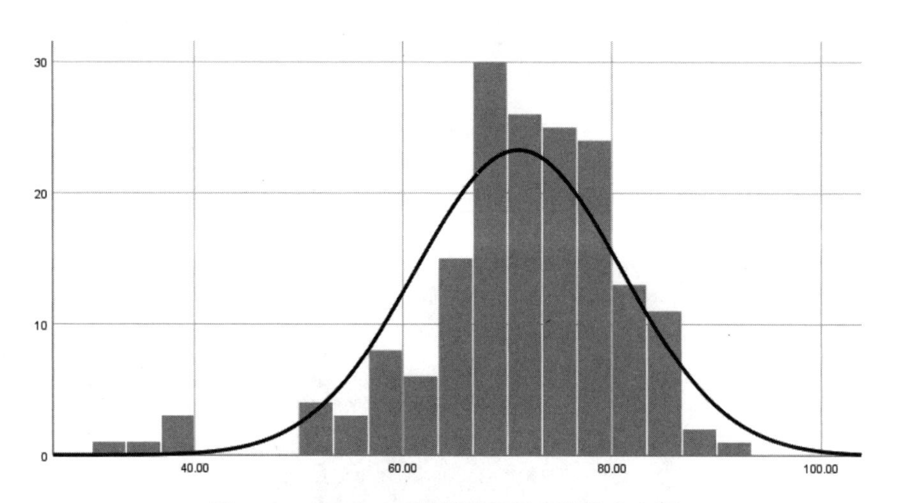

图 6-6　2019 年中国保险公司治理指数分布图

资料来源：作者整理。

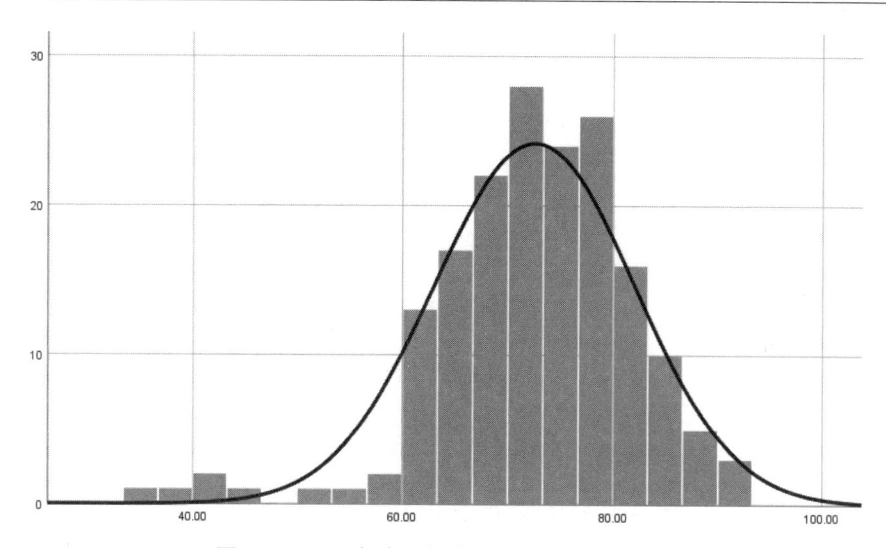

图 6-7　2020 年中国保险公司治理指数分布图

资料来源：作者整理。

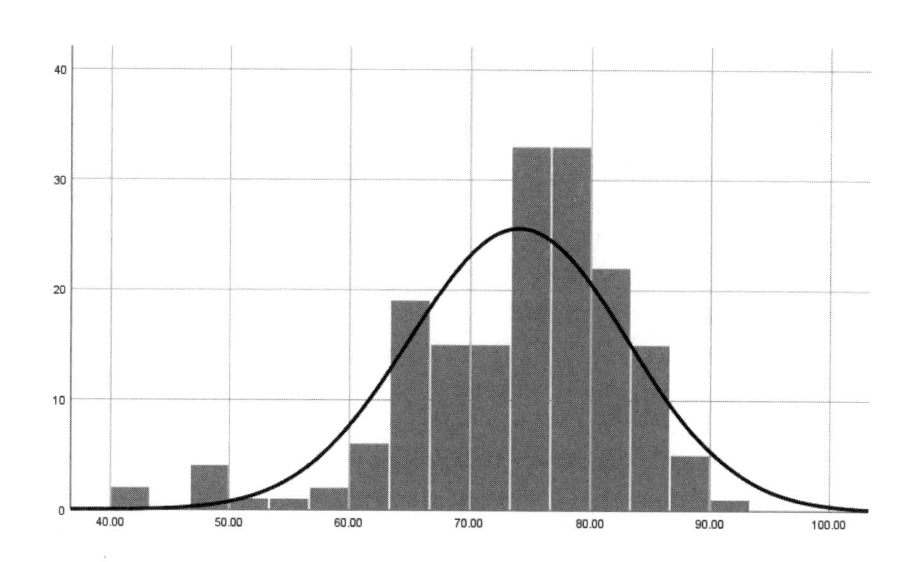

图 6-8　2021 年中国保险公司治理指数分布图

资料来源：作者整理。

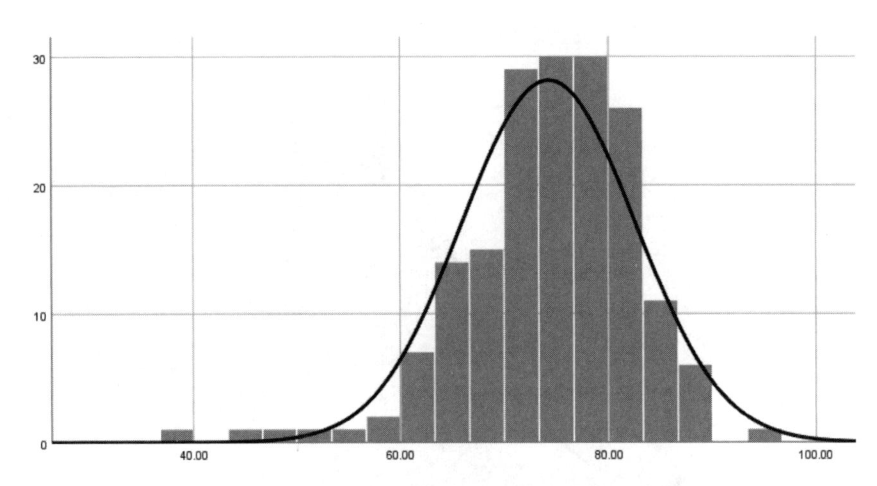

图 6-9　2022 年中国保险公司治理指数分布图

资料来源：作者整理。

第三节　中国保险公司治理等级与评级分析

一、中国保险公司治理等级分析

如表 6-5 所示，2016－2019 年中国保险公司治理等级整体向好发展。2016－2019 年的中国保险公司治理等级样本数总体呈现上升的趋势，治理等级集中在 II、III、IV 和 V；2016 年和 2017 年 IV 等级的样本数占比最大，分别为 45.51%和 39.39%，各年样本数分别为 71 和 65 家；2018 年和 2019 年 III 等级的样本数占比最大，分别为 39.31%和 43.35%，各年样本数分别为 68 和 75 家；治理等级为 I、VI 和 VII 的样本数占比较小，治理等级为 II 和 III 的样本数增幅较大。

表 6-5　中国保险公司治理等级统计分析（2016－2019 年）

治理等级	2016 年		2017 年		2018 年		2019 年	
	样本数	占比（%）	样本数	占比（%）	样本数	占比（%）	样本数	占比（%）
I	-	-	1	0.61	2	1.16	1	0.58
II	9	5.77	11	6.67	15	8.67	26	15.03
III	54	34.62	63	38.18	68	39.31	75	43.35
IV	71	45.51	65	39.39	67	38.73	51	29.48

续表

治理等级	2016年		2017年		2018年		2019年	
	样本数	占比（%）	样本数	占比（%）	样本数	占比（%）	样本数	占比（%）
V	17	10.90	15	9.09	15	8.67	15	8.67
VI	4	2.56	8	4.85	2	1.16	-	-
VII	1	0.64	2	1.21	4	2.31	5	2.89
总计	156	100.00	165	100.00	173	100.00	173	100.00

资料来源：南开大学中国保险机构治理指数数据库。

如表6-6所示，2020－2022年中国保险公司治理等级整体向好发展。2020－2022年的中国保险公司治理等级样本数呈现逐年上升的趋势，治理等级集中在II、III和IV，样本数占比最大的治理等级均为III等级，分别为45.09%、46.55%和50.57%，各年样本数分别为78、81和89家；治理等级为I、V、VI和VII的样本数占比较小，治理等级为II和III的样本数增幅较大。

表6-6　中国保险公司治理等级统计分析（2020－2022年）

治理等级	2020年		2021年		2022年	
	样本数	占比（%）	样本数	占比（%）	样本数	占比（%）
I	3	1.73	1	0.57	1	0.57
II	31	17.92	42	24.14	43	24.43
III	78	45.09	81	46.55	89	50.57
IV	52	30.06	40	22.99	36	20.45
V	4	2.31	4	2.30	4	2.27
VI	3	1.73	6	3.45	2	1.14
VII	2	1.16	-	-	1	0.57
总计	173	100.00	174	100.00	176	100.00

资料来源：南开大学中国保险机构治理指数数据库。

二、中国保险公司治理评级分析

如表6-7所示，2016－2019年中国保险公司治理评级整体向好发展。2016－2019年的中国保险公司治理评级样本数总体呈现上升的趋势，样本数占比最大的治理评级均为BBB，各年分别为34.62%、38.18%、39.31%和43.35%，各年样本数分别为54、63、68和75家，治理评级为AAA、AA、CC和C的样本数占比较小；2016－2018年治理评级集中在BBB、BB和B，2019年治理评级集中在A、BBB和BB。

表 6-7 中国保险公司治理评级统计分析（2016－2019 年）

治理评级	2016 年		2017 年		2018 年		2019 年	
	样本数	占比（%）	样本数	占比（%）	样本数	占比（%）	样本数	占比（%）
AAA	-	-	1	0.61	2	1.16	1	0.58
AA	2	1.28	1	0.61	3	1.73	5	2.89
A	7	4.49	10	6.06	12	6.94	21	12.14
BBB	54	34.62	63	38.18	68	39.31	75	43.35
BB	40	25.64	32	19.39	35	20.23	39	22.54
B	31	19.87	33	20.00	32	18.50	12	6.94
CCC	17	10.90	15	9.09	15	8.67	15	8.67
CC	4	2.56	8	4.85	2	1.16	-	-
C	1	0.64	2	1.21	4	2.31	5	2.89
总计	156	100.00	165	100.00	173	100.00	173	100.00

资料来源：南开大学中国保险机构治理指数数据库。

如表 6-8 所示，2020－2022 年中国保险公司治理评级整体向好发展。2020－2022 年的中国保险公司治理评级样本数呈现逐年上升的趋势，样本数占比最大的治理评级均为 BBB，各年分别为 45.09%、46.55%和 50.57%，各年样本数分别为 78、81 和 89 家，治理评级为 AAA、CCC、CC 和 C 的样本数占比较小，治理评级集中在 A、BBB 和 BB。

表 6-8 中国保险公司治理评级统计分析（2020－2022 年）

治理评级	2020 年		2021 年		2022 年	
	样本数	占比（%）	样本数	占比（%）	样本数	占比（%）
AAA	3	1.73	1	0.57	1	0.57
AA	9	5.20	11	6.32	10	5.68
A	22	12.72	31	17.82	33	18.75
BBB	78	45.09	81	46.55	89	50.57
BB	31	17.92	27	15.52	22	12.50
B	21	12.14	13	7.47	14	7.95
CCC	4	2.31	4	2.30	4	2.27
CC	3	1.73	6	3.45	2	1.14
C	2	1.16	-	-	1	0.57
总计	173	100.00	174	100.00	176	100.00

资料来源：南开大学中国保险机构治理指数数据库。

第七章　中国保险公司治理指数分维度分析

中国保险公司治理指数由股东与股权结构、董事与董事会、监事与监事会、高级管理人员、信息披露和利益相关者六个分指数构成。本章在第五章对中国保险公司治理总指数分析的基础上，进一步从公司治理的六个维度的原始评分和分指数展开分析，以更深入地揭示中国保险公司治理的状况。

第一节　股东与股权结构维度分析

一、股东与股权结构原始评分分析

（一）2016－2019 年股东与股权结构原始评分分析

如表 7-1 所示，2016－2019 年的股东与股权结构维度原始评分为 1 分的数量分别为 4、4、6 和 5 家，其中前两年占比分别为 2.56%和 2.42%，在 2018 年出现占比最大值为 3.47%，2019 年又回落至 2.89%，整体变化幅度较小。2016－2019 年的股东与股权结构维度原始评分为 2 分的公司样本数量持续增加，2019 年比 2016 年增加了 12 家；样本占比呈较缓的持续增长趋势，总体增长了 5.05%。而原始评分为 3 分的样本在数量上变化较小，基本维持在 75－79 家，在整体占比上则呈现持续缓慢下降的趋势，2019 年比 2016 年下降了 3.57%。2016－2018 年股东与股权结构维度原始评分为 4 分的公司样本占比持续降低，但 2019 年反弹至最高点 19.08%。原始评分为 5 分的公司样本占比则总体呈现下降的趋势，从 2016 年的 11.54% 降至 2019 年的 9.25%。从 2016－2019 年，股东与股权结构维度原始评分占比从高到低都保持着原始评分依次为 3 分、2 分、4 分、5 分和 1 分的顺序。

表 7-1　股东与股权结构维度原始评分统计分析（2016－2019 年）

原始评分	2016 年		2017 年		2018 年		2019 年	
	样本数	占比(%)	样本数	占比(%)	样本数	占比(%)	样本数	占比(%)
1	4	2.56	4	2.42	6	3.47	5	2.89
2	30	19.23	36	21.82	39	22.54	42	24.28
3	75	48.08	78	47.27	79	45.66	77	44.51
4	29	18.59	30	18.18	30	17.34	33	19.08
5	18	11.54	17	10.30	19	10.98	16	9.25
总计	156	100.00	165	100.00	173	100.00	173	100.00

资料来源：南开大学中国保险机构治理指数数据库。

（二）2020－2022 年股东与股权结构原始评分分析

如表 7-2 所示，2020－2022 年，股东与股权结构维度原始评分为 1 分的样本数在 2021 年达到 5 家，占比最高，为 2.87%，在 2022 年样本数最低，仅有 1 家，占总体样本的 0.57%。股东与股权结构维度原始评分为 2 分的公司样本数量和占比同样在 2021 年达到近三年中最大，数量为 32 家，占比为 18.39%，2022 年出现轻微降幅，降至 16.48%，数量为 29 家，数量和占比均低于 2021 年的样本。原始评分为 3 分的公司样本整体表现为先降后升的趋势，在 2021 年的占比为近三年最低 42.53%，2022 年上升至 47.73%，数量达到了 84 家。股东与股权结构维度原始评分为 4 分的公司样本数量分别为 48 家、42 家和 43 家，占比由 2020 年 27.75%降低至 2021 年 24.14%，到 2022 年有轻微涨幅增至 24.43%。股东与股权结构维度原始评分为 5 分的公司样本占比则呈现先升后降的变化趋势，2021 年数量最高为 21 家，但总体数量呈现上升趋势。2020－2022 年，股东与股权结构维度原始评分占比从高到低的顺序依次为原始评分 3 分、4 分、2 分、5 分和 1分。

表 7-2　股东与股权结构维度原始评分统计分析（2020－2022 年）

原始评分	2020 年		2021 年		2022 年	
	样本数	占比（%）	样本数	占比（%）	样本数	占比（%）
1	2	1.16	5	2.87	1	0.57
2	31	17.92	32	18.39	29	16.48
3	77	44.51	74	42.53	84	47.73
4	48	27.75	42	24.14	43	24.43
5	15	8.67	21	12.07	19	10.80
总计	173	100.00	174	100.00	176	100.00

资料来源：南开大学中国保险机构治理指数数据库。

二、股东与股权结构分指数分析

如表 7-3 和图 7-1 所示，2016－2022 年的中国保险公司股东与股权结构分指数平均值依次为 63.46、62.42、61.97、61.50、64.97、64.83 和 65.68，呈现先减后增的趋势，在 2019 年达到最低值 61.50 后开始上升，2022 年股东与股权结构分指数平均值比 2016 年上升了 2.22。从中位数来看，股东与股权结构分指数中位数恒定保持为 60.00，且各年中位数均低于平均值，该分指数分布呈现右偏。2016－2022 年股东与股权结构分指数标准差总体呈现波动下降的变化趋势，在 2021 年出现较大波动后，于 2022 年降至最小值 17.75。股东与股权结构分指数的极差、最小值和最大值分别恒定保持为 80、20 和 100。

表 7-3　股东与股权结构分指数统计分析（2016－2022 年）

年份	样本数	平均值	中位数	标准差	极差	最小值	最大值
2016	156	63.46	60.00	19.17	80.00	20.00	100.00
2017	165	62.42	60.00	18.97	80.00	20.00	100.00
2018	173	61.97	60.00	19.73	80.00	20.00	100.00
2019	173	61.50	60.00	19.17	80.00	20.00	100.00
2020	173	64.97	60.00	17.81	80.00	20.00	100.00
2021	174	64.83	60.00	19.70	80.00	20.00	100.00
2022	176	65.68	60.00	17.75	80.00	20.00	100.00

资料来源：南开大学中国保险机构治理指数数据库。

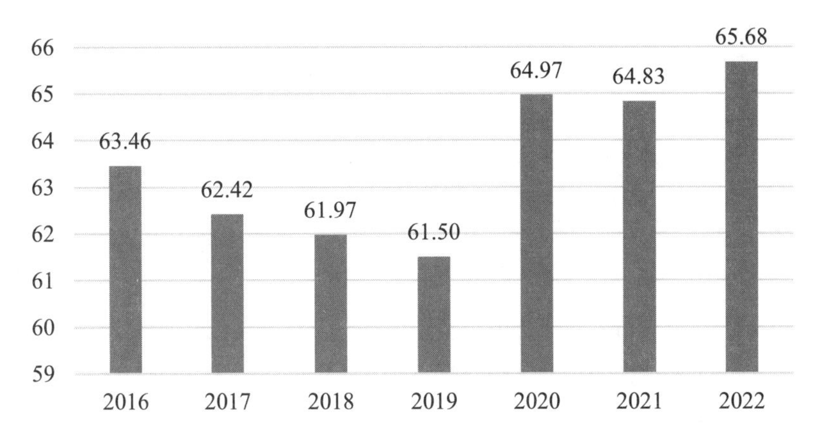

图 7-1　2016－2022 年中国保险公司股东与股权结构分指数

资料来源：南开大学中国保险机构治理指数数据库。

第二节　董事与董事会维度分析

一、董事与董事会原始评分分析

（一）2016－2019 年董事与董事会原始评分分析

如表 7-4 所示，2016－2019 年董事与董事会维度原始评分为 1－5 分的公司样本占比分别为 28.20%、25.45%、27.16%和 26.59%；2016－2019 年评分为 6－10 分的公司样本占比均最大，依次分别为 53.84%、55.77%、45.08%和 47.41%；2016－2019 年评分为 11－15 分的分别为 17.95%、18.18%、27.17%和 26.01%。2018－2019 年两年评分为 7－10 的公司样本占比相近，评分为 11－14 分的公司样本占比出现一定幅度下降。从横向分别观察，可以看到 2016－2019 年董事与董事会维度原始评分为 6 分和 12 分的公司占比呈现逐年上升的变化趋势；评分分别为 7 分和 10 分的占比呈现逐年下降的趋势；评分为 1 分和 14 分的公司占比变化幅度较小，比较稳定；2016－2019 年评分为 5 分、8 分、9 分和 11 的公司占比变化则存在着较大的波动。2016－2018 年均没有评分达到 15 分的公司，仅 2019 年出现一家。评分为 0 分的公司也只有极少数，仅仅 2017 年和 2018 年各自有 1家。

表 7-4　董事与董事会维度原始评分统计分析（2016－2019 年）

原始评分	2016 年		2017 年		2018 年		2019 年	
	样本数	占比(%)	样本数	占比(%)	样本数	占比(%)	样本数	占比(%)
0	-	-	1	0.61	1	0.58	-	-
1	4	2.56	4	2.42	2	1.16	4	2.31
2	2	1.28	-	-	9	5.20	6	3.47
3	13	8.33	12	7.27	8	4.62	10	5.78
4	8	5.13	11	6.67	15	8.67	7	4.05
5	17	10.90	15	9.09	13	7.51	19	10.98
6	17	10.90	21	12.73	23	13.29	27	15.61
7	22	14.10	19	11.52	16	9.25	12	6.94
8	11	7.05	16	9.70	8	4.62	12	6.94
9	13	8.33	19	11.52	14	8.09	17	9.83
10	21	13.46	17	10.30	17	9.83	14	8.09
11	11	7.05	9	5.45	17	9.83	9	5.20
12	8	5.13	10	6.06	13	7.51	14	8.09

续表

原始评分	2016年		2017年		2018年		2019年	
	样本数	占比(%)	样本数	占比(%)	样本数	占比(%)	样本数	占比(%)
13	3	1.92	3	1.82	10	5.78	15	8.67
14	6	3.85	8	4.85	7	4.05	6	3.47
15	–	–	–	–	–	–	1	0.58
总计	156	100.00	165	100.00	173	100.00	173	100.00

资料来源：南开大学中国保险机构治理指数数据库。

（二）2020－2022年董事与董事会原始评分分析

如表7-5所示，2020年占比最高的是董事与董事会维度原始评分为6分的公司样本，2021－2022年占比最高的是原始评分为12分的公司样本。分别观察各维度可以看出：董事与董事会维度原始评分为2分和3分的公司在前两年占比较低且公司样本数量整体减少，原始评分为4分和5分的公司数量和整体占比也在不断下降，到2022年评分为5分及其以下的公司样本仅有2家评分为4分的公司。原始评分为6分的公司2020－2022年的占比较前两年基本保持稳定且有轻微上浮，至2022年出现大幅度下降，由2020年和2021年的11.56%、13.22%锐减至2.27%；数量上也从前两年的20家和23家锐减至仅有4家。原始评分为13分的公司在2020－2022年的占比变化与之相似，由前两年的14家降至2022年的9家。原始评分为9分和11分的公司数量和占比在三年均先增后减，整体呈现下降趋势。评分为7分、8分和10分的公司样本则表现逐年递减的变化趋势，其中原始评分为7分和8分的公司样本整体降幅较大，截至2022年，评分为7分和8分的公司样本分别仅剩7家和2家，比2020年分别下降了7家和9家，而原始评分为10分的公司样本下降幅度较小。原始评分为12分和14分的公司样本整体占比呈现总体上升趋势，变化趋势存在一定的波动。原始评分为15分的公司占比从2020年的3家增至2022年的12家，增长幅度较大。整体来看，2022年以前董事与董事会维度原始评分最高分为15分，2022年出现了评分为16－23分的公司样本。

表7-5　董事与董事会维度原始评分统计分析（2020－2022年）

原始评分	2020年		2021年		2022年	
	样本数	占比（%）	样本数	占比（%）	样本数	占比（%）
2	3	1.73	3	1.72	–	–
3	15	8.67	8	4.60	–	–

4	10	5.78	8	4.60	2	1.14
5	19	10.98	15	8.62	–	–
6	20	11.56	23	13.22	4	2.27
7	14	8.09	11	6.32	7	3.98
8	11	6.36	8	4.60	2	1.14
9	13	7.51	19	10.92	7	3.98
10	16	9.25	14	8.05	13	7.39
11	13	7.51	16	9.20	10	5.68
12	12	6.94	27	15.52	20	11.36
13	14	8.09	14	8.05	9	5.11
14	10	5.78	8	4.60	11	6.25
15	3	1.73	–	–	12	6.82
16	–	–	–	–	11	6.25
17	–	–	–	–	12	6.82
18	–	–	–	–	8	4.55
19	–	–	–	–	15	8.52
20	–	–	–	–	14	7.95
21	–	–	–	–	9	5.11
22	–	–	–	–	6	3.41
23	–	–	–	–	4	2.27
总计	173	100.00	165	100.00	176	100.00

资料来源：南开大学中国保险机构治理指数数据库。

二、董事与董事会分指数分析

如表 7-6 和图 7-2 所示，2016－2022 年的中国保险公司董事与董事会分指数平均值依次为 50.21、50.79、52.02、52.60、54.84、58.28 和 61.44，呈现逐年上升的趋势，2022 年中国保险公司董事与董事会指数平均值比 2016 年上升了 11.23，且 2019－2022 年上升幅度较大。从中位数来看，董事与董事会分指数也呈现整体上升的趋势，2016－2018 年均为 46.67，2019－2020 年均为 53.33，2021－2022 年中位数大于等于 60。此外 2016－2022 年董事与董事会分指数的标准差和极差总体均呈现先增后减的趋势。标准差在 2020 年达到峰值 23.53，在 2022 年降低至最小值 19.05。极差在 2017－2019 年达到峰值 93.33，在 2022 年降低至最小值 79.17。

表 7-6　董事与董事会分指数统计分析（2016－2022 年）

年份	样本数	平均值	中位数	标准差	极差	最小值	最大值
2016	156	50.21	46.67	21.05	86.67	6.67	93.33
2017	165	50.79	46.67	21.09	93.33	0.00	93.33
2018	173	52.02	46.67	23.24	93.33	0.00	93.33
2019	173	52.60	53.33	23.19	93.33	6.67	100.00
2020	173	54.84	53.33	23.53	86.67	13.33	100.00
2021	174	58.28	60.00	21.90	80.00	13.33	93.33
2022	176	61.44	62.50	19.05	79.17	16.67	95.83

资料来源：南开大学中国保险机构治理指数数据库。

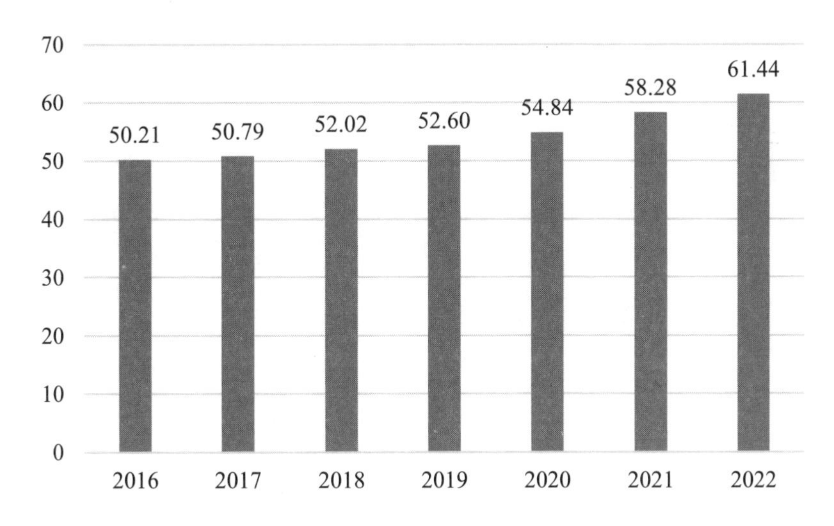

图 7-2　2016－2022 年中国保险公司董事与董事会分指数

资料来源：南开大学中国保险机构治理指数数据库。

第三节　监事与监事会维度分析

一、监事与监事会原始评分分析

（一）2016－2019 年监事与监事会原始评分分析

如表 7-7 所示，2016－2019 年监事与监事会原始评分为 0－2 分的公司样本呈现整体下降的趋势，其中原始评分为 0 分的公司样本数呈现持续下降趋势。原始评分为 3 分的公司样本占比和数量呈现持续增长趋势，在 2019 年数量最高为 44 家，占比 25.43%。原始评分为 4 分的公司样本数量呈现波动上升趋势，由 2016 年的 25 家增至 2017 年和 2018 年的 32 家和 34 家，于 2019 年小幅下降至 29 家。原始评分为 5 分和 6 分的公司样本数量和占比均呈现逐年增长的变化趋势，且整体上升幅度较大，2019 年公司样本数量比 2016 年分别增长了 16 和 11 家，比例上升了 8.68%和 5.41%。原始评分为 7 分的公司样本由 2016 年仅 1 家增至 2018 年最大数量 8 家，2019 年又减少到 5 家，呈现先增后减但整体呈现上升的趋势。

表 7-7　监事与监事会维度原始评分统计分析（2016－2019 年）

原始评分	2016 年		2017 年		2018 年		2019 年	
	样本数	占比（%）	样本数	占比（%）	样本数	占比（%）	样本数	占比（%）
0	20	12.82	19	11.52	19	10.98	17	9.83
1	17	10.90	11	6.67	5	2.89	7	4.05
2	31	19.87	34	20.61	20	11.56	20	11.56
3	38	24.36	41	24.85	43	24.86	44	25.43
4	25	16.03	32	19.39	34	19.65	29	16.76
5	9	5.77	12	7.27	23	13.29	25	14.45
6	15	9.62	16	9.70	21	12.14	26	15.03
7	1	0.64	-	-	8	4.62	5	2.89
总计	156	100.00	165	100.00	173	100.00	173	100.00

资料来源：南开大学中国保险机构治理指数数据库。

（二）2020－2022 年监事与监事会原始评分分析

如表 7-8 所示，2020－2022 年监事与监事会维度原始评分为 0 分、2 分和 6 分的公司样本数量和占比均呈现逐年下降的趋势，且下降幅度较大，2022 年比 2020 年数量上分别下降了 10 家、13 家和 11 家，占比上分别下降了 5.87%、7.64%和 6.47%。原始评分为 1 分的公司整体呈现先降后升趋势，由 2020 年的 3.47%降至 2021 年的 1.72%，又在 2022 年增至 2.84%。原始评分为 3－5 分的公司占整体的大多数，各年占比分别为 54.91%、65.51%和 69.32%，呈现出逐年递增的变化趋势。原始评分为 7 分的公司样本在前两年保持比较稳定的水平，2022 年数量从 2020 年的 5 家陡增至 13 家，2022 年公司样本占比较 2020 年增加了 4.5%。2022 年有 3 家公司原始评分达到 8 分，填补了 2022 年以前没有监事与监事会维度原始评分达到 8 分的空白。

表 7-8　监事与监事会维度原始评分统计分析（2020—2022 年）

原始评分	2020 年		2021 年		2022 年	
	样本数	占比（%）	样本数	占比（%）	样本数	占比（%）
0	19	10.98	15	8.62	9	5.11
1	6	3.47	3	1.72	5	2.84
2	26	15.03	21	12.07	13	7.39
3	35	20.23	38	21.84	37	21.02
4	32	18.50	41	23.56	45	25.57
5	28	16.18	35	20.11	40	22.73
6	22	12.72	17	9.77	11	6.25
7	5	2.89	4	2.30	13	7.39
8	–	–	–	–	3	1.70
总计	173	100.00	174	100.00	176	100.00

资料来源：南开大学中国保险机构治理指数数据库。

二、监事与监事会分指数分析

如表 7-9 和图 7-3 所示，2016—2022 年的中国保险公司监事与监事会指数平均值依次为 39.84、42.08、50.12、50.45、49.38、51.56 和 49.93，总体呈现上升趋势，2016—2018 年上升幅度较大，2019—2022 年变化幅度较为平缓。2022 年监事与监事会指数平均值比 2016 年上升了 10.09。从中位数来看，监事与监事会指数 2016—2019 年均为 42.86，2020 年陡增至 57.14，2022 年又回落至 50.00，呈现先升后降的趋势。标准差呈现增减交替的变化趋势，在 2018 年达到峰值 26.89，后于 2022 年降至最小值 21.69。极差最小值出现在 2017 年，为 85.71，其他年份均为 100.00。

表 7-9　监事与监事会分指数统计分析（2016—2022 年）

年份	样本数	平均值	中位数	标准差	极差	最小值	最大值
2016	156	39.84	42.86	25.24	100.00	0.00	100.00
2017	165	42.08	42.86	24.25	85.71	0.00	85.71
2018	173	50.12	42.86	26.89	100.00	0.00	100.00
2019	173	50.45	42.86	26.57	100.00	0.00	100.00
2020	173	49.38	57.14	26.84	100.00	0.00	100.00
2021	174	51.56	57.14	24.32	100.00	0.00	100.00
2022	176	49.93	50.00	21.69	100.00	0.00	100.00

资料来源：南开大学中国保险机构治理指数数据库。

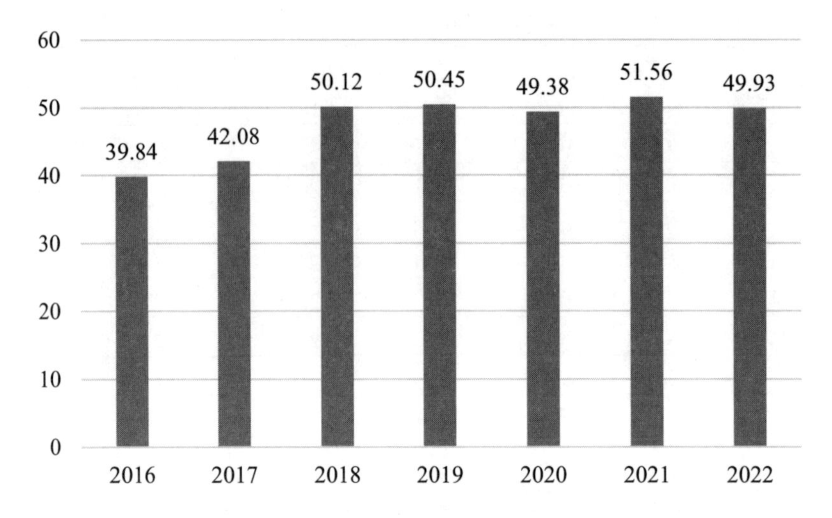

图 7-3　2016－2022 年中国保险公司监事与监事会分指数

资料来源：南开大学中国保险机构治理指数数据库。

第四节　高级管理人员维度分析

一、高级管理人员原始评分分析

（一）2016－2019 年高级管理人员原始评分分析

如表 7-10 所示，2016－2019 年绝大部分高级管理人员原始评分均处在 4－7 分的区间。纵向观察可知，2016 年占比最大的是原始评分为 5 分的公司，数量为 42 家，占比为 26.92%；2017－2019 年占比最大的均为原始评分为 6 分的公司，数量分别为 44 家、49 家和 67家。

2016－2019 年只在 2017 年出现 1 家原始评分为 0 分的公司，原始评分为 1 分的公司数量在 2016－2019 年分别为 5 家、4 家、3 家和 4 家，各年占比分别为 3.21%、2.42%、1.73%和 2.31%，总体变化比较平稳。原始评分为 2－5 分的公司样本数量和占比整体呈现下降趋势。其中高级管理人员原始评分为 4 分的公司样本占比呈现递减的趋势，且下降幅度比较平缓。原始评分分别为 2 分、3 分和 5 分的保险公司下降幅度较大，且表现出一定的波动。原始评分为 6 分的保险公司呈现逐年递增的变化趋势，2016－2018 年增长较为平缓，但 2018－2019 年的增长幅度较大，达到了 10.41%，

2019年原始评分为6分的公司样本数量上比2016年增加了32家。原始评分为7分的公司样本也呈现整体增长的变化趋势，2019年评分为7分的公司占比较2016年增长了10.76%。

表7-10　高级管理人员原始评分统计分析（2016—2019年）

原始评分	2016年		2017年		2018年		2019年	
	样本数	占比(%)	样本数	占比(%)	样本数	占比(%)	样本数	占比(%)
0	-	-	1	0.61	-	-	-	-
1	5	3.21	4	2.42	3	1.73	4	2.31
2	10	6.41	7	4.24	8	4.62	5	2.89
3	20	12.82	16	9.70	18	10.40	6	3.47
4	22	14.10	23	13.94	21	12.14	20	11.56
5	42	26.92	37	22.42	42	24.28	28	16.18
6	35	22.44	44	26.67	49	28.32	67	38.73
7	22	14.10	33	20.00	32	18.50	43	24.86
总计	156	100.00	165	100.00	173	100.00	173	100.00

资料来源：南开大学中国保险机构治理指数数据库。

（二）2020—2022年高级管理人员原始评分分析

如表7-11所示，2020—2022年高级管理人员评分为0分的公司样本也只有极少数，仅在2022年出现1家。原始评分为1分的公司样本数量和占比呈缓慢下降趋势。原始评分为2分的公司样本整体比较稳定，2020—2022年分别为2家、1家和2家，占比为1.16%、0.57%和1.14%，数量和占比均有轻微的波动。原始评分为3分、4分和5分的公司样本均呈现先降后增的变化趋势，且变化幅度较大。原始评分为6分的公司整体比较平稳，数量分别为51家、50家和57家，各年占比分别为29.84%、28.74%和32.39%。其中原始评分为7分的公司样本在整体样本中的占比最大，数量超过了60家，在2021年达到峰值97家，占总体比例分别为36.99%、55.75%和38.64%。

表7-11　高级管理人员原始评分统计分析（2020—2022年）

原始评分	2020年		2021年		2022年	
	样本数	占比（%）	样本数	占比（%）	样本数	占比（%）
0	-	-	-	-	1	0.57
1	5	2.89	4	2.30	2	1.14
2	2	1.16	1	0.57	2	1.14

续表

原始评分	2020 年		2021 年		2022 年	
	样本数	占比（%）	样本数	占比（%）	样本数	占比（%）
3	11	6.36	1	0.57	6	3.41
4	14	8.09	7	4.02	9	5.11
5	26	15.03	14	8.05	31	17.61
6	51	29.48	50	28.74	57	32.39
7	64	36.99	97	55.75	68	38.64
总计	173	100.00	174	100.00	176	100.00

资料来源：南开大学中国保险机构治理指数数据库。

二、高级管理人员分指数分析

如表 7-12 和图 7-4 所示，2016－2022 年高级管理人员分指数平均值分别为 68.41、72.55、73.08、78.86、81.09、89.16 和 83.85，总体呈现上升的趋势，2022 年中国保险公司高级管理人员分指数平均值比 2016 年上升了 15.44，2021 年平均值达到最大值 89.16。从中位数来看，高级管理人员分指数也呈现整体上升的趋势，2016－2018 年均为 71.43，除 2021 年中位数陡增至 100，其余年份中位数均为 85.71。由于 2017 年和 2022 年最小值存在 0，导致极差较大，均为 100，其余年份高级管理人员分指数的极差一直保持 85.71 不变。标准差总体呈现减小的趋势，2022 年降低至 18.83。

表 7-12　高级管理人员分指数统计分析（2016－2022 年）

年份	样本数	平均值	中位数	标准差	极差	最小值	最大值
2016	156	68.41	71.43	22.60	85.71	14.29	100.00
2017	165	72.55	71.43	22.70	100.00	0.00	100.00
2018	173	73.08	71.43	21.45	85.71	14.29	100.00
2019	173	78.86	85.71	20.24	85.71	14.29	100.00
2020	173	81.09	85.71	21.34	85.71	14.29	100.00
2021	174	89.16	100.00	17.31	85.71	14.29	100.00
2022	176	83.85	85.71	18.83	100.00	0.00	100.00

资料来源：南开大学中国保险机构治理指数数据库。

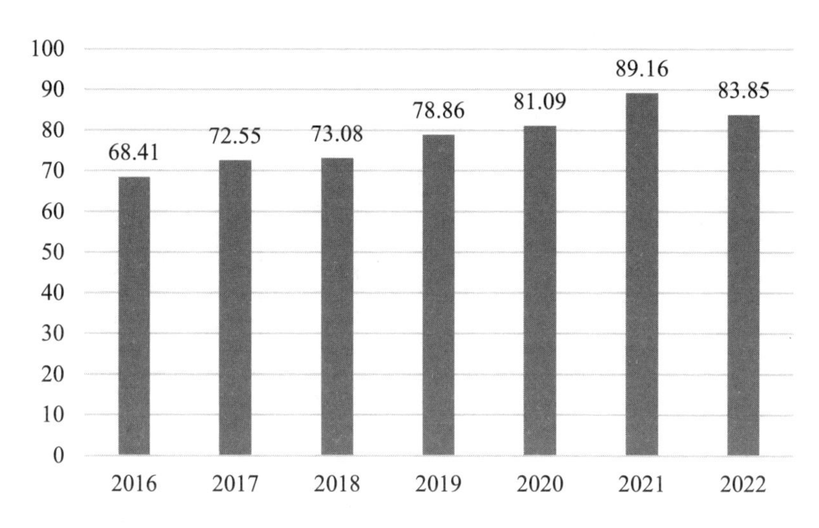

图 7-4　2016－2022 年中国保险公司高级管理人员分指数

资料来源：南开大学中国保险机构治理指数数据库。

第五节　信息披露维度分析

一、信息披露原始评分分析

（一）2016－2019 年信息披露原始评分分析

如表 7-13 所示，2016－2019 年中国保险公司信息披露原始评分主要集中在 15－17 分，其中，2016－2019 年信息披露原始评分为 15 分的保险公司样本数量分别为 33 家、28 家、21 家和 30 家，各年占比分别为 21.15%、16.97%、12.14%和 17.34%，2017－2019 年相比于 2016 年占比略有下降；2016－2019 年信息披露原始评分为 16 分的保险公司样本数量分别为 55 家、53 家、65 家和 55 家，各年占比分别为 35.26%、32.12%、37.57%和 31.79%，信息披露原始评分为 17 分的保险公司样本数量分别为 44 家、49 家、52 家和 57 家，各年占比分别为 28.21%、29.70%、30.06%和 32.95%。此外，2016－2019 年信息披露原始评分在 6－14 分的保险公司样本数量占比较少，其中每年评分在 6－11 分的公司样本数量占比合计不超过 5%，评分在 12－14 分的公司样本数量占比合计不超过 20%。

表 7-13　信息披露原始评分统计分析（2016－2019 年）

原始评分	2016 年		2017 年		2018 年		2019 年	
	样本数	占比(%)	样本数	占比(%)	样本数	占比(%)	样本数	占比(%)
6	1	0.64	1	0.61	1	0.58	1	0.58
7	-	-	-	-	-	-	1	0.58
9	1	0.64	1	0.61	1	0.58	-	-
10	-	-	3	1.82	1	0.58	3	1.73
11	1	0.64	1	0.61	2	1.16	1	0.58
12	3	1.92	6	3.64	5	2.89	5	2.89
13	7	4.49	8	4.85	10	5.78	7	4.05
14	11	7.05	15	9.09	15	8.67	13	7.51
15	33	21.15	28	16.97	21	12.14	30	17.34
16	55	35.26	53	32.12	65	37.57	55	31.79
17	44	28.21	49	29.70	52	30.06	57	32.95
总计	156	100.00	165	100.00	173	100.00	173	100.00

资料来源：南开大学中国保险机构治理指数数据库。

（二）2020－2022 年信息披露原始评分分析

如表 7-14 所示，2020－2022 年中国保险公司信息披露原始评分的统计分析总体与 2016－2019 年相似，评分主要集中在 15－17 分。其中，2020－2022 年信息披露原始评分为 15 分的保险公司分别有 18 家、13 家和 21 家，公司样本数量各年占比分别为 10.40%、7.47%和 11.93%，信息披露原始评分为 16 分的保险公司分别有 58 家、55 家和 58 家，公司样本数量各年占比分别为 33.53%、31.61%和 32.95%，信息披露原始评分为 17 分的保险公司分别有 78 家、85 家和 68 家，公司样本数量各年占比分别为 45.09%、48.85%和 38.64%。可以看出，相比于 2016－2019 年，2020－2022 年评分为 15 分的保险公司样本占比减少，评分为 17 分的保险公司样本数量占比增加，整体评分升高。评分为 6－14 分的样本占比仍然较少，每年占比合计不超过 20%。

表 7-14　信息披露原始评分统计分析（2020－2022 年）

原始评分	2020 年		2021 年		2022 年	
	样本数	占比（%）	样本数	占比（%）	样本数	占比（%）
6	1	0.58	—	—	—	—
8	—	—	2	1.15	—	—

续表

原始评分	2020 年		2021 年		2022 年	
	样本数	占比（%）	样本数	占比（%）	样本数	占比（%）
9	-	-	1	-	1	0.57
10	4	2.31	3	-	4	2.27
11	5	2.89	10	5.75	13	7.39
12	-	-	3	1.72	2	1.14
13	3	1.73	3	1.72	2	1.14
14	6	3.47	3	1.72	7	3.98
15	18	10.40	13	7.47	21	11.93
16	58	33.53	55	31.61	58	32.95
17	78	45.09	85	48.85	68	38.64
总计	173	100.00	174	100.00	176	100.00

资料来源：南开大学中国保险机构治理指数数据库。

二、信息披露分指数分析

如表 7-15 和图 7-5 所示，2016－2022 年信息披露分指数平均值分别为 91.84、90.91、91.57、91.57、93.71、93.72 和 91.85，其中 2020 年和 2021 年数值较高，但总体呈平稳状态。从中位数看，2016－2019 年每年的信息披露分指数中位数均为 94.12，中位数平稳不变，且每年的中位数均高于当年的平均值，该分指数分布呈现左偏。标准差呈现增减交替的变化趋势，在 2022 年达到峰值 11.23，在 2016 年达到最小值 9.10，极差在 2016－2020 年均为 64.71，在 2021－2022 年逐年递减至最小值 47.06。

表 7-15 信息披露分指数统计分析（2016－2022 年）

年份	样本数	平均值	中位数	标准差	极差	最小值	最大值
2016	156	91.84	94.12	9.10	64.71	35.29	100.00
2017	165	90.91	94.12	10.40	64.71	35.29	100.00
2018	173	91.57	94.12	9.84	64.71	35.29	100.00
2019	173	91.57	94.12	10.44	64.71	35.29	100.00
2020	173	93.71	94.12	10.14	64.71	35.29	100.00
2021	174	93.72	94.12	10.39	52.94	47.06	100.00
2022	176	91.85	94.12	11.23	47.06	52.94	100.00

资料来源：南开大学中国保险机构治理指数数据库。

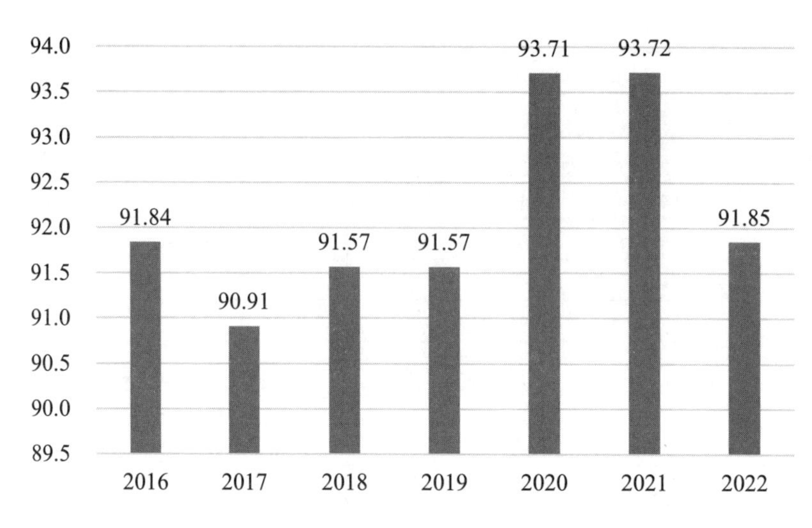

图 7-5　2016－2022 年中国保险公司信息披露分指数

资料来源：南开大学中国保险机构治理指数数据库。

第六节　利益相关者维度分析

一、利益相关者原始评分分析

（一）2016－2019 年利益相关者原始评分分析

如表 7-16 所示，2016－2019 年中国保险公司利益相关者原始评分在 7 分和 8 分的公司样本数量占比最多，其中 2016－2019 年原始评分为 7 分的公司样本数量分别为 60、62、62 和 56，各年占比分别为 38.46%、37.58%、35.84%和 32.37%，原始评分为 8 分的公司样本数量分别为 52、46、51 和 57，各年占比分别为 33.33%、27.88%、29.48%和 32.95%。原始评分在 4 分和 5 分的公司样本数量占比较少，每年均不超过 8%。

表 7-16　利益相关者原始评分统计分析（2016－2019 年）

原始评分	2016 年		2017 年		2018 年		2019 年	
	样本数	占比（%）	样本数	占比（%）	样本数	占比（%）	样本数	占比（%）
4	1	0.64	3	1.82	2	1.16	1	0.58
5	7	4.49	9	5.45	6	3.47	1	0.58
6	16	10.26	26	15.76	37	21.39	13	7.51

续表

原始评分	2016年		2017年		2018年		2019年	
	样本数	占比(%)	样本数	占比(%)	样本数	占比(%)	样本数	占比(%)
7	60	38.46	62	37.58	62	35.84	56	32.37
8	52	33.33	46	27.88	51	29.48	57	32.95
9	20	12.82	19	11.52	15	8.67	45	26.01
总计	156	100.00	165	100.00	173	100.00	173	100.00

资料来源：南开大学中国保险机构治理指数数据库。

（二）2020－2022年利益相关者原始评分分析

如表7-17所示，2020－2022年中国保险公司利益相关者原始评分的统计分析总体与2016－2019年相似。2020－2022年中国保险公司利益相关者原始评分在7分和8分的公司样本数量占比最多，其中2020－2022年原始评分为7分的公司样本数量分别为49、50和54，各年占比分别为28.32%、28.74%和30.68%，原始评分为8分的公司样本数量分别为75、62和63，各年占比分别为43.35%、35.63%和35.80%，相比于2016－2019年，2020－2022年原始评分为8分的公司样本数量占比升高。原始评分在4分和5分的公司样本数量占比较少，每年均不超过6%。

表7-17　利益相关者原始评分统计分析（2020－2022年）

原始评分	2020年		2021年		2022年	
	样本数	占比（%）	样本数	占比（%）	样本数	占比（%）
4	-	-	3	1.72	-	-
5	7	4.05	7	4.02	3	1.70
6	14	8.09	34	19.54	17	9.66
7	49	28.32	50	28.74	54	30.68
8	75	43.35	62	35.63	63	35.80
9	28	16.18	18	10.34	39	22.16
总计	173	100.00	174	100.00	176	100.00

资料来源：南开大学中国保险机构治理指数数据库。

二、利益相关者分指数分析

如表7-18和图7-6所示，对中国保险公司利益相关者指数进行统计分析，2016－2022年，中国保险公司利益相关者指数平均值分别为82.05、

79.93、79.51、86.13、84.46、80.62 和 85.29，总体呈现上升趋势，其中 2019 年和 2022 年平均值较高。从中位数看，2016－2018 年以及 2021 年中位数为 77.78，2019 年、2020 年和 2022 年中位数为 88.89，总体仍然呈现上升趋势。标准差呈现增减交替的变化趋势，在 2017 年达到峰值 12.51，2022 年降至 10.97。极差在 2016－2019 年和 2021 年为 55.56，2020 年和 2022 年为 44.44，变动较小。

表 7-18　利益相关者分指数统计分析（2016－2022 年）

年份	样本数	平均值	中位数	标准差	极差	最小值	最大值
2016	156	82.05	77.78	11.46	55.56	44.44	100.00
2017	165	79.93	77.78	12.51	55.56	44.44	100.00
2018	173	79.51	77.78	11.64	55.56	44.44	100.00
2019	173	86.13	88.89	10.99	55.56	44.44	100.00
2020	173	84.46	88.89	11.03	44.44	55.56	100.00
2021	174	80.62	77.78	12.42	55.56	44.44	100.00
2022	176	85.29	88.89	10.97	44.44	55.56	100.00

资料来源：南开大学中国保险机构治理指数数据库。

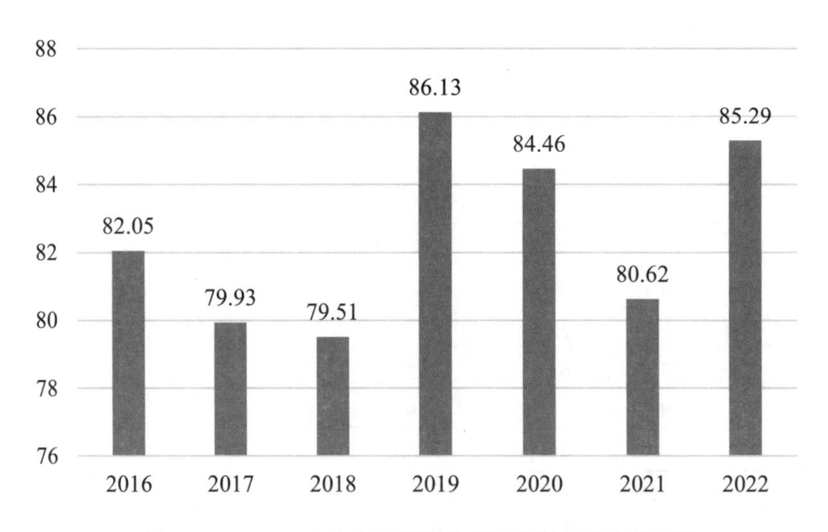

图 7-6　2016－2022 年中国保险公司利益相关者分指数

资料来源：南开大学中国保险机构治理指数数据库。

第八章　中国保险公司治理指数分层次分析

本章利用 2016－2022 年中国保险公司治理指数，分别从中国保险公司强制性治理指数和自主性治理指数两个层次展开，对我国保险公司治理状况进行了分层次分析。具体来说，在对中国保险公司强制性治理总指数和自主性治理总指数分析的基础上，进一步对公司治理六个维度的分指数展开分析，旨在更全面地展示中国保险公司的治理状况；最后从规模类型、资本性质、组织形式、险种类型、成立年限、注册地区、所在城市的角度展开保险公司强制性治理总指数和自主性治理总指数的比较分析，以此发掘这些因素对保险公司治理状况的影响。

第一节　中国保险公司强制性治理指数分析

一、中国保险公司强制性治理指数描述性统计分析

（一）中国保险公司强制性治理总指数描述性统计分析

如表 8-1 和图 8-1 所示，2016－2022 年中国保险公司强制性治理指数平均值依次为 68.20、69.45、69.92、71.68、73.71、77.20 和 79.03，呈现逐年上升的趋势，2022 年中国保险公司强制性治理指数平均值较 2016 年上升了 10.83，且近两年的上升幅度有所加大。从中位数来看，2016－2022 年中国保险公司强制性治理指数中位数依次为 70.88、72.78、73.97、76.51、77.77、81.73 和 82.09，同样呈现逐年上升的趋势，且各年中位数均高于平均值，这说明中国保险公司强制性治理指数呈现左偏分布。

表 8-1　中国保险公司强制性治理指数统计分析

年份	样本数	平均值	中位数	标准差	极差	最小值	最大值
2016	156	68.20	70.88	14.83	77.41	19.14	96.55
2017	165	69.45	72.78	15.90	74.63	21.92	96.55

续表

年份	样本数	平均值	中位数	标准差	极差	最小值	最大值
2018	173	69.92	73.97	16.05	71.18	25.37	96.55
2019	173	71.68	76.51	16.48	72.47	23.77	96.23
2020	173	73.71	77.77	15.50	72.79	23.77	96.55
2021	174	77.20	81.73	13.48	69.58	26.97	96.55
2022	176	79.03	82.09	12.58	59.22	37.82	97.04

资料来源：南开大学中国保险机构治理指数数据库。

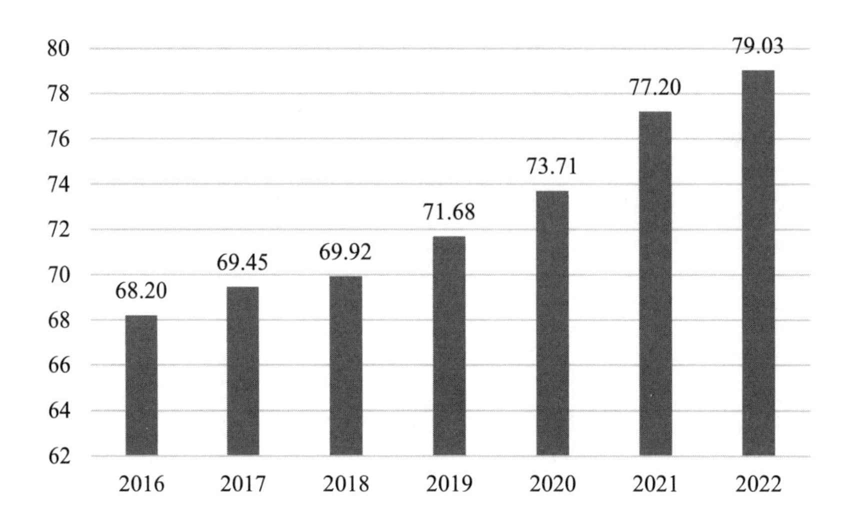

图 8-1　2016—2022 年中国保险公司强制性治理指数

资料来源：南开大学中国保险机构治理指数数据库。

（二）中国保险公司强制性治理分指数描述性统计分析

如表 8-2 和图 8-2 所示，2016—2022 年中国保险公司股东与股权结构维度的分指数平均值呈现先下降后上升的趋势，最小值为 2019 年的 66.47，最大值为 2022 年的 75.57，2022 年分指数平均值相比 2016 年增加了 6.34。董事与董事会维度的分指数平均值整体呈上升趋势，2019 年曾出现小幅度回落，2020 年之后稳步回升，2022 年相比 2016 年平均值增加了 21.36。监事与监事会维度的分指数平均值在 2016—2018 年逐年上升，2019 年出现缓慢下滑，2020 年回落至七年来最低值 64.16，2021 年再次上升，2022 年出现小幅下降，波动较为频繁，2022 年平均值相比 2016 年增加了 3.1。高级管理人员维度的指数平均值总体上呈现上升趋势，分别在 2018 年和 2022

年出现小幅度下降，2022 年高级管理人员指数平均值较 2016 年上升了 24.99。信息披露维度的分指数平均值整体表现相对稳定，指数数值也相对较高，维持在 91－96 的区间，2022 年平均值较 2016 年仅上升了 1.52。利益相关者维度的指数平均值总体为上升趋势，2022 年较 2016 年提高了 5.28，但其间变化的正负方向波动较为频繁，最大值出现在 2019 年和 2020 年，同为 92.68，最小值出现在 2018 年，为 84.39。

表 8-2　中国保险公司分维度强制性治理指数统计分析

年份	样本数	股东与股权结构	董事与董事会	监事与监事会	高级管理人员	信息披露	利益相关者
2016	156	69.23	39.32	66.03	59.78	91.92	84.40
2017	165	69.09	39.39	68.48	65.25	91.95	85.56
2018	173	67.63	43.06	71.68	63.20	92.75	84.39
2019	173	66.47	40.66	71.39	72.01	91.70	92.68
2020	173	70.52	43.16	64.16	76.73	95.71	92.68
2021	174	74.71	47.51	69.54	87.64	95.49	90.79
2022	176	75.57	60.68	69.13	84.77	93.44	89.68

资料来源：南开大学中国保险机构治理指数数据库。

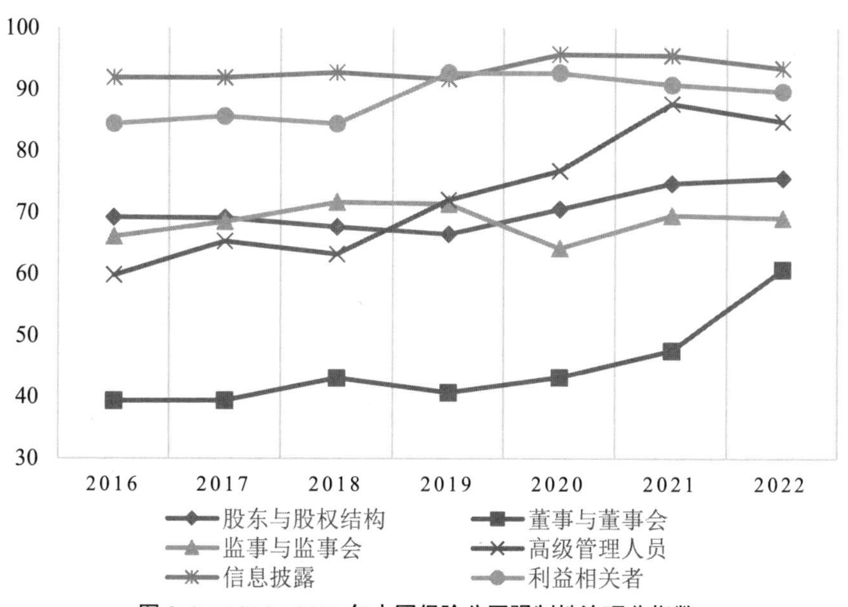

图 8-2　2016－2022 年中国保险公司强制性治理分指数

资料来源：南开大学中国保险机构治理指数数据库。

二、中国保险公司强制性治理指数分规模类型比较分析

如表 8-3 所示，在 2016－2022 年间，中国保险公司中的大型保险公司、中型保险公司和小型保险公司的样本数总体皆呈上升趋势，微型保险公司的样本数则呈现先上升后下降的趋势。从平均值来看，如图 8-3、图 8-4、图 8-5 和图 8-6 所示，大型、微型保险公司强制性治理指数平均值整体呈上升趋势，其中，大型保险公司治理指数平均值在 2018 年和 2020 年出现下降，微型保险公司治理指数平均值在 2018 年和 2022 年出现下降；中型、小型保险公司治理指数平均值则表现为逐年上升的趋势。从中位数来看，大型保险公司强制性治理指数中位数在 2016－2019 年持续递增后，2020－2021 年回落至 77.39，随后继续增加；中型保险公司中位数则是在 2019 年出现小幅度下降，总体仍呈上升趋势；小型保险公司治理指数中位数始终保持上升态势；微型保险公司指数中位数在 2016－2019 年间逐年上升，2020 年出现下滑，随后 2021 年由 68.37 激增至 82.93，2022 年稳定在 81.10。

表 8-3　中国保险公司强制性治理指数分规模类型比较分析

年份	规模类型	样本数	平均值	中位数
2016	B	6	67.54	71.51
	M	27	71.88	75.22
	S	82	68.35	71.03
	T	41	65.55	64.98
2017	B	6	69.83	72.90
	M	32	74.16	78.13
	S	83	68.82	72.40
	T	44	67.17	68.22
2018	B	7	68.65	74.61
	M	33	75.07	78.37
	S	93	69.62	73.62
	T	40	66.56	68.98
2019	B	7	74.06	81.49
	M	35	75.32	77.77
	S	95	72.11	76.77
	T	36	66.57	70.38

续表

年份	规模类型	样本数	平均值	中位数
2020	B	9	72.80	77.39
	M	38	76.69	82.29
	S	101	73.95	78.35
	T	25	68.53	68.37
2021	B	9	75.45	77.39
	M	45	78.12	83.12
	S	100	77.08	81.19
	T	20	76.48	82.93
2022	B	11	80.16	84.78
	M	48	80.81	83.24
	S	99	78.58	81.70
	T	18	76.02	81.10

资料来源：南开大学中国保险机构治理指数数据库。

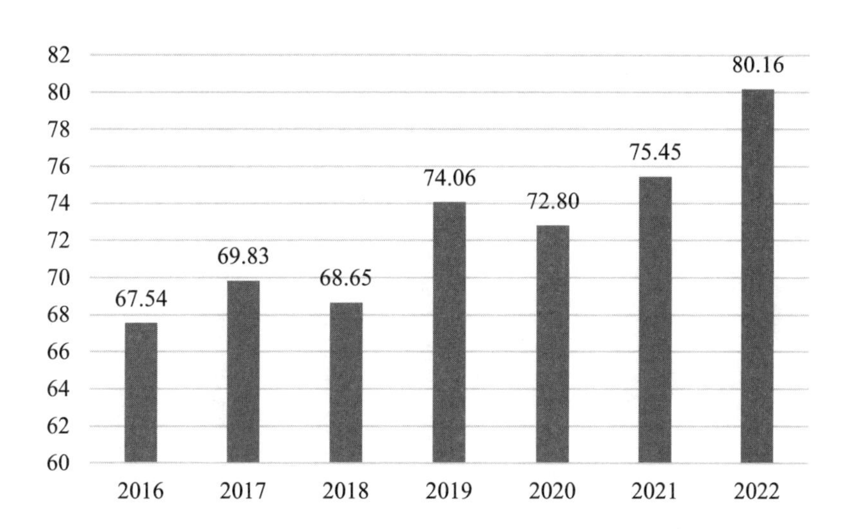

图 8-3　2016－2022 年中国大型保险公司强制性治理指数

资料来源：南开大学中国保险机构治理指数数据库。

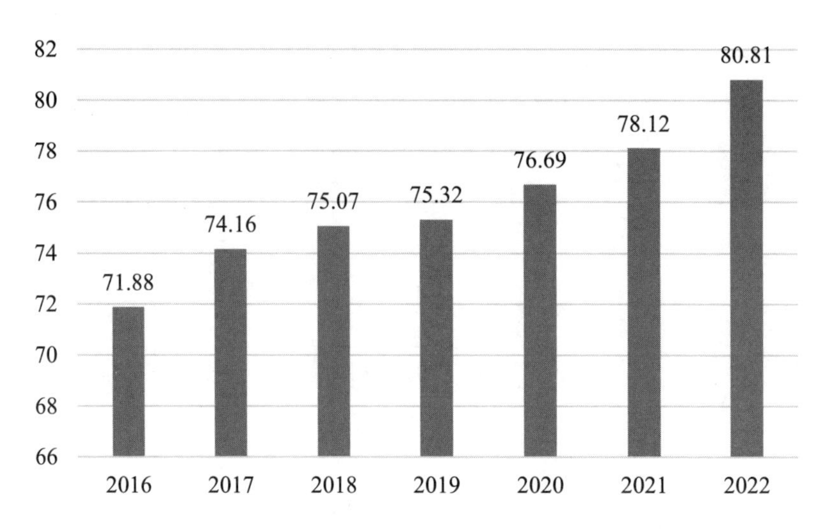

图 8-4　2016—2022 年中国中型保险公司强制性治理指数

资料来源：南开大学中国保险机构治理指数数据库。

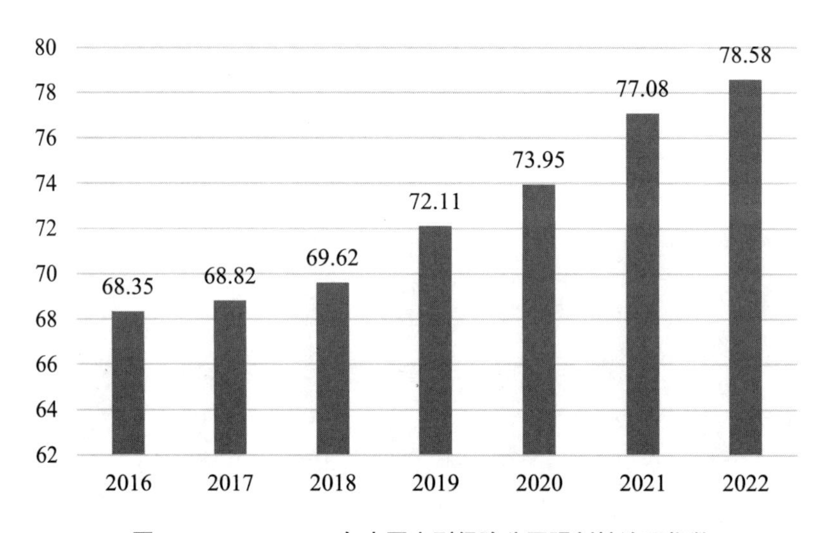

图 8-5　2016—2022 年中国小型保险公司强制性治理指数

资料来源：南开大学中国保险机构治理指数数据库。

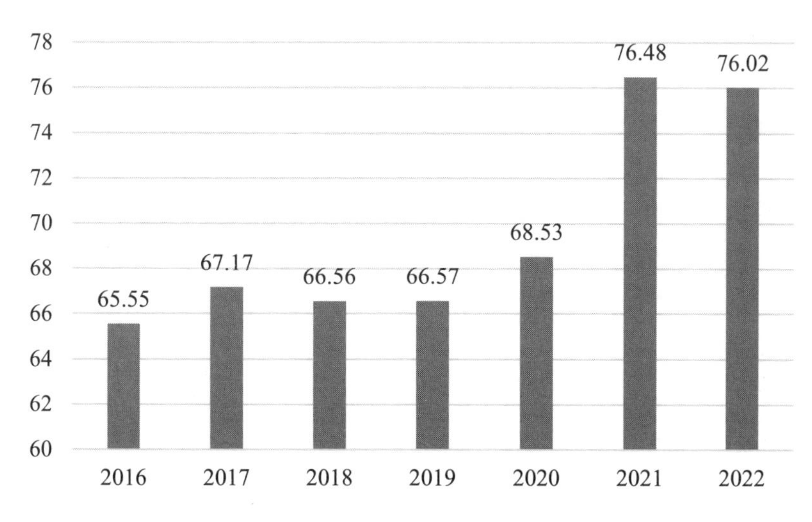

图 8-6 2016—2022 年中国微型保险公司强制性治理指数

资料来源：南开大学中国保险机构治理指数数据库。

三、中国保险公司强制性治理指数分资本性质比较分析

如表 8-4、图 8-7 和图 8-8 所示，从平均值看，中资保险公司和外资保险公司强制性治理指数平均值整体均呈上升趋势，且外资保险公司治理指数平均值始终低于中资保险公司平均值，在 2022 年两者差值最小，在 2019 年两者差值最大。从中位数看，除了中资保险公司治理指数中位数在 2022 年、外资保险公司指数中位数在 2019 年分别出现短暂下滑，两种资本性质的保险公司治理指数中位数在其他年份均呈逐年递增的趋势。中资保险公司2022年治理指数中位数较2016年上升了9.59，外资保险公司2022年治理指数中位数较 2016 年上升了 14.06。

表 8-4 中国保险公司强制性治理指数分资本性质比较分析

年份	资本性质	样本数	平均值	中位数
2016	C	107	73.86	75.62
	F	49	55.82	53.51
2017	C	116	74.22	77.89
	F	49	58.17	55.05
2018	C	124	74.58	78.37
	F	49	58.11	56.02

续表

年份	资本性质	样本数	平均值	中位数
2019	C	123	77.06	80.28
	F	50	58.46	55.95
2020	C	124	78.55	81.96
	F	49	61.45	57.83
2021	C	124	81.71	85.57
	F	50	66.00	64.43
2022	C	127	82.90	85.21
	F	49	68.98	67.57

资料来源：南开大学中国保险机构治理指数数据库。

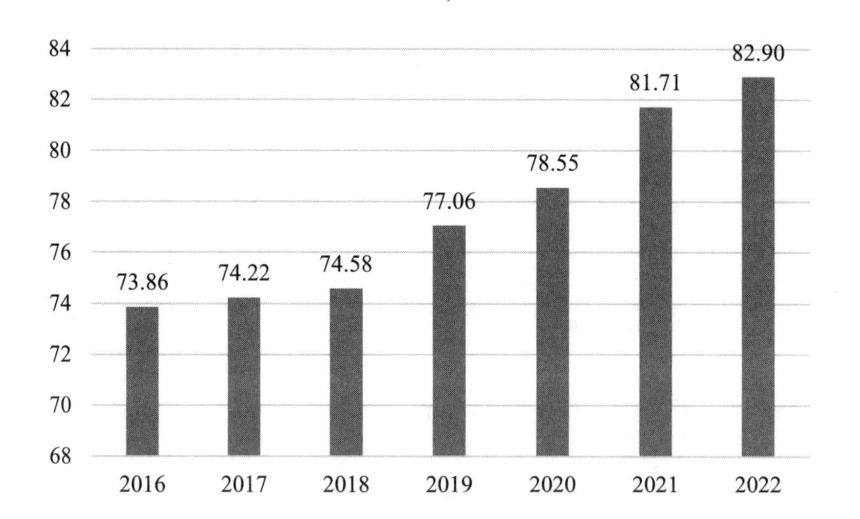

图 8-7　2016—2022 年中国中资保险公司强制性治理指数

资料来源：南开大学中国保险机构治理指数数据库。

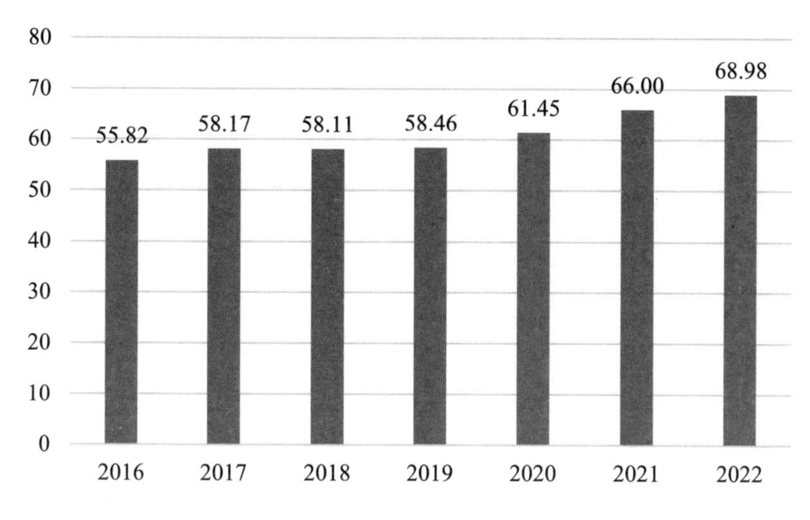

图 8-8　2016－2022 年中国外资保险公司强制性治理指数

资料来源：南开大学中国保险机构治理指数数据库。

四、中国保险公司强制性治理指数分组织形式比较分析

如表 8-5 所示，中国保险公司按照组织形式可划分为有限制保险公司和股份制保险公司。从平均值看，如图 8-9 和图 8-10 所示，2016－2022 年，股份制保险公司强制性治理指数平均值呈现逐年上升的趋势；有限制保险公司治理指数平均值则在 2019 年出现极小幅度的下滑，整体仍呈现稳定上升趋势；股份制保险公司治理指数平均值始终大于有限制保险公司，在 2019 年两者差距最大，在 2022 年两者差距最小。从中位数看，除了股份制保险公司治理指数中位数在 2022 年出现小幅度下降，有限制保险公司与股份制保险公司中位数在其他年份均呈逐年上升趋势；且股份制保险公司指数中位数始终大于有限制保险公司，在 2019 年两者差距最大，在 2022 年两者差距最小。

表 8-5　中国保险公司强制性治理指数分组织形式比较分析

年份	组织形式	样本数	平均值	中位数
2016	L	58	56.86	54.24
	S	98	74.90	75.88
2017	L	61	58.48	55.05
	S	104	75.89	77.89

续表

年份	组织形式	样本数	平均值	中位数
2018	L	61	58.78	56.02
	S	112	75.98	78.54
2019	L	63	58.40	56.26
	S	110	79.29	81.15
2020	L	63	60.82	58.80
	S	110	81.09	82.93
2021	L	64	67.81	66.67
	S	110	82.66	86.33
2022	L	65	70.13	67.99
	S	111	84.24	86.27

资料来源：南开大学中国保险机构治理指数数据库。

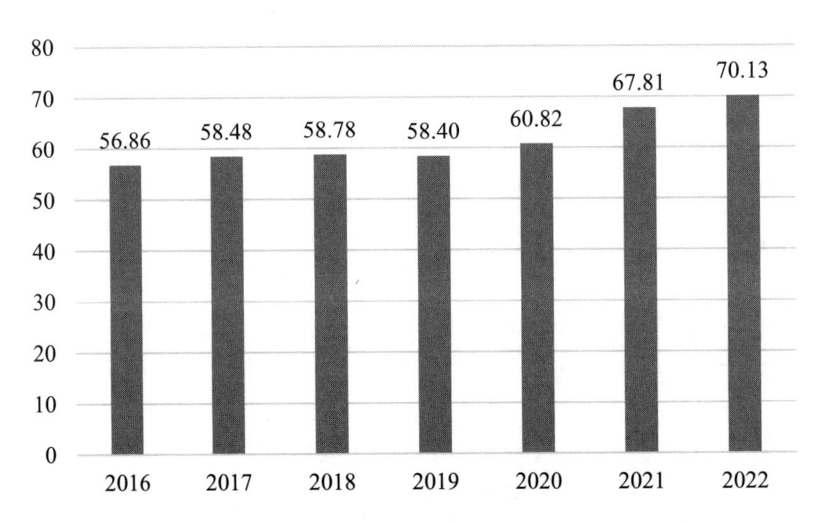

图 8-9　2016—2022 年中国有限制保险公司强制性治理指数

资料来源：南开大学中国保险机构治理指数数据库。

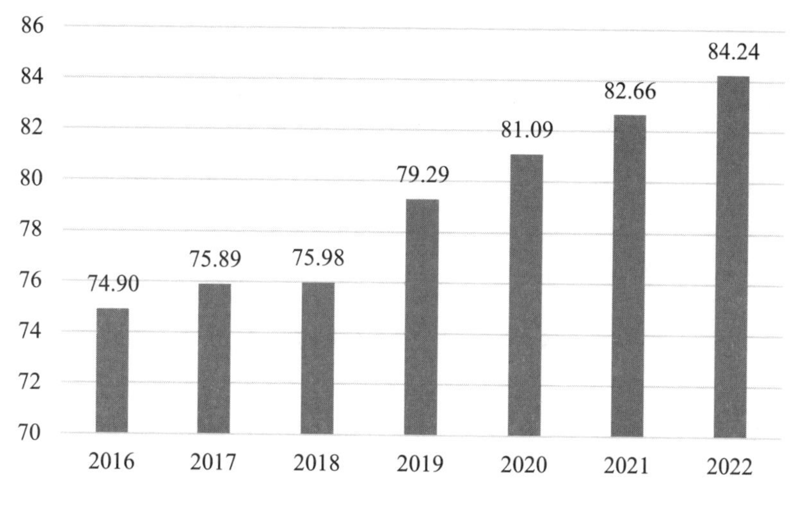

图 8-10　2016－2022 年中国股份制保险公司强制性治理指数

资料来源：南开大学中国保险机构治理指数数据库。

五、中国保险公司强制性治理指数分业务类型比较分析

如表 8-6 所示，中国保险公司可划分为人身险公司和财产险公司两种业务类型。从平均值看，如图 8-11 和图 8-12 所示，人身险公司和财产险公司强制性治理指数平均值在 2016－2022 年间始终保持逐年递增的趋势；两种业务类型保险公司的指数平均值相差不大，人身险公司治理指数整体略高于财产险公司。从中位数看，人身险公司强制性治理指数中位数呈现逐年上升趋势；财产险公司治理指数中位数整体呈现上升态势，仅在 2018 年曾出现小幅度下滑。

表 8-6　中国保险公司强制性治理指数分业务类型比较分析

年份	业务类型	样本数	平均值	中位数
2016	N	76	67.99	71.20
	P	80	68.39	70.10
2017	N	83	69.93	73.62
	P	82	68.97	71.34
2018	N	88	70.67	75.30
	P	85	69.13	70.86
2019	N	88	73.14	77.39
	P	85	70.17	74.99

续表

年份	业务类型	样本数	平均值	中位数
2020	N	89	74.22	78.44
	P	84	73.16	77.61
2021	N	90	76.98	81.19
	P	84	77.43	81.89
2022	N	91	79.33	81.89
	P	85	78.70	82.56

资料来源：南开大学中国保险机构治理指数数据库。

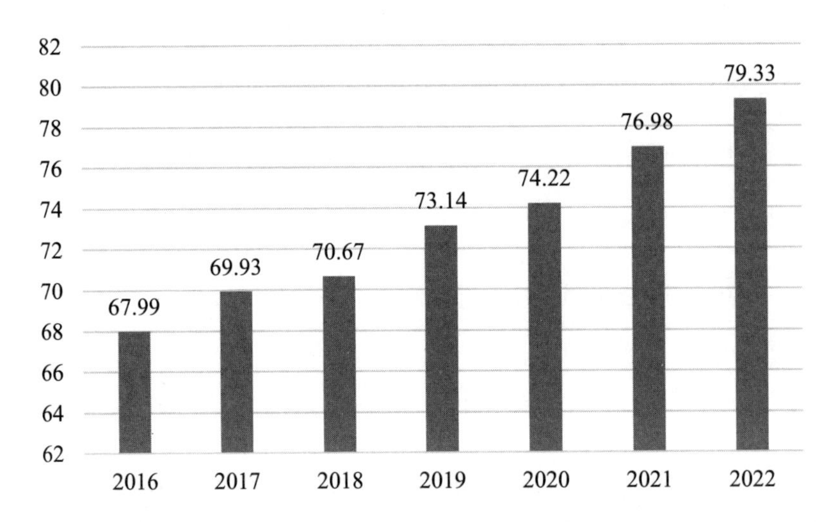

图 8-11　2016—2022 年中国人身险公司强制性治理指数

资料来源：南开大学中国保险机构治理指数数据库。

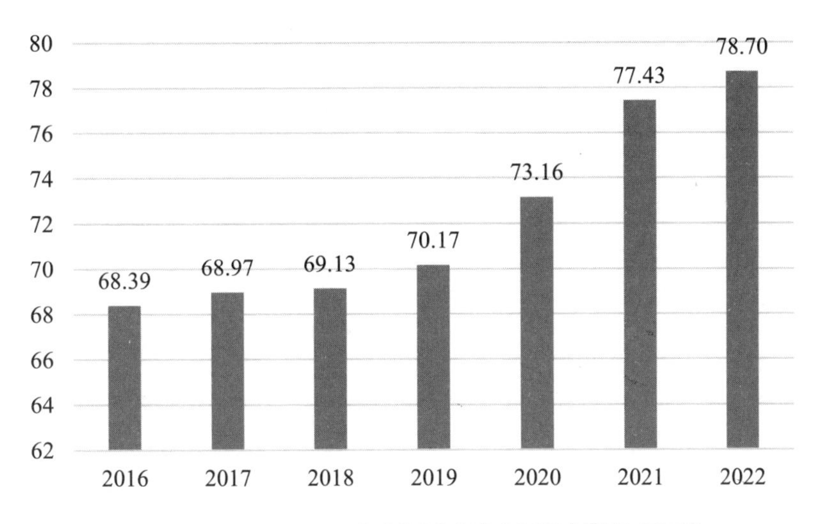

图 8-12　2016—2022 年中国财产险公司强制性治理指数

资料来源：南开大学中国保险机构治理指数数据库。

六、中国保险公司强制性治理指数分成立年限比较分析

（一）2016—2019 年中国保险公司强制性治理指数分成立年限比较分析

如表 8-7 所示，2016—2019 年中国保险公司样本的成立年限集中分布于 0—4 年、5—9 年和 10—14 年。其中，如图 8-13、图 8-14、图 8-15、图 8-16 和图 8-17 所示，成立年限为 0—4 年、5—9 年、10—14 年和 15—19 年的保险公司强制性治理指数平均值和中位数整体均呈上升趋势；成立年限为 20-24 年的保险公司指数中位数总体为上升趋势，平均值则呈现先上升后下降的态势，2019 年指数平均值略低于 2016 年，且 2016—2019 年指数平均值和中位数均为所有成立年限分组中最高的。

表 8-7　中国保险公司强制性治理指数分成立年限比较分析（2016—2019 年）

年份	成立年限分组	样本数	平均值	中位数
2016	0—4 年	40	71.18	73.50
	5—9 年	49	65.70	64.98
	10—14 年	50	67.57	70.42
	15—19 年	11	64.93	66.23
	20—24 年	6	79.89	82.85

续表

年份	成立年限分组	样本数	平均值	中位数
2017	0—4 年	40	69.84	75.56
	5—9 年	43	68.49	69.97
	10—14 年	56	68.69	72.42
	15—19 年	20	68.87	72.30
	20—24 年	6	82.86	83.67
2018	0—4 年	42	71.70	77.26
	5—9 年	40	67.60	70.79
	10—14 年	58	70.19	74.77
	15—19 年	25	66.67	69.21
	20—24 年	8	80.26	83.42
2019	0—4 年	38	75.07	79.34
	5—9 年	34	72.79	78.02
	10—14 年	61	69.76	72.95
	15—19 年	31	67.87	69.54
	20—24 年	9	79.38	83.73

资料来源：南开大学中国保险机构治理指数数据库。

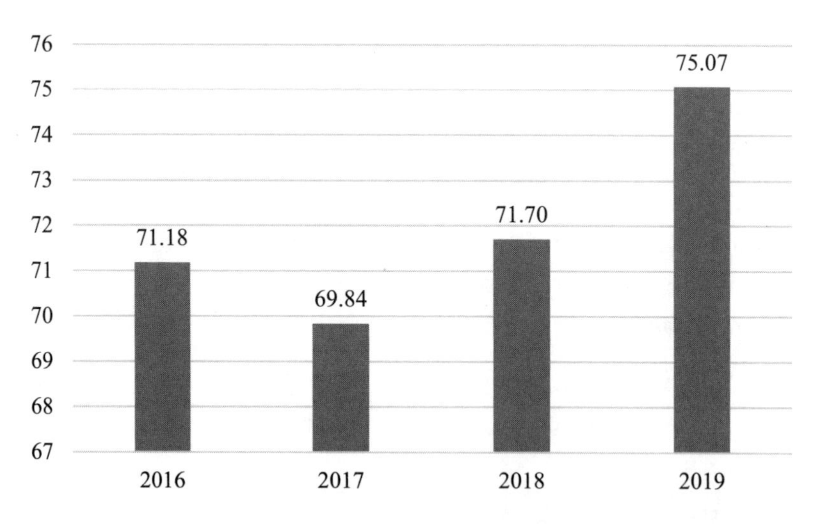

图 8-13 2016—2019 年成立年限 0—4 年中国保险公司强制性治理指数

资料来源：南开大学中国保险机构治理指数数据库。

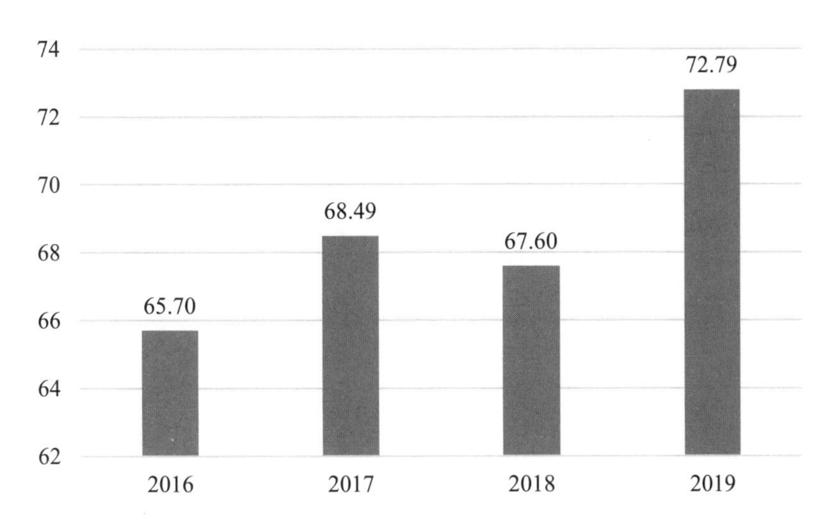

图 8-14　2016—2019 年成立年限 5—9 年中国保险公司强制性治理指数

资料来源：南开大学中国保险机构治理指数数据库。

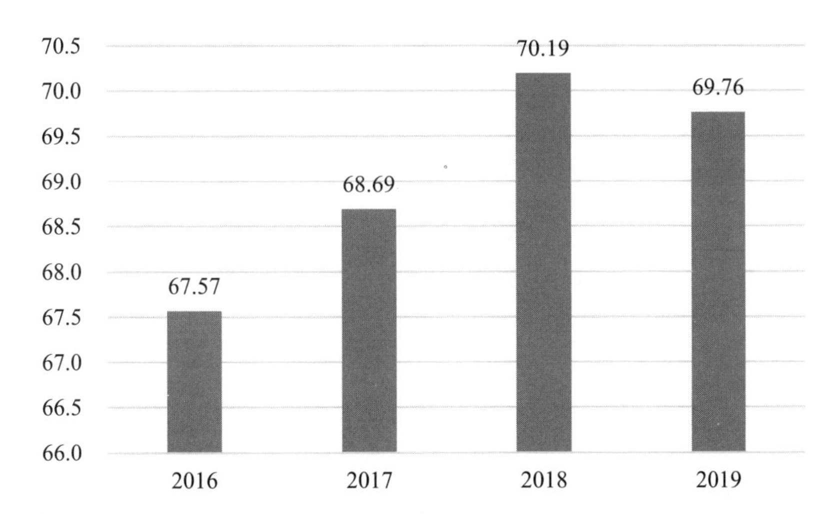

图 8-15　2016—2019 年成立年限 10—14 年中国保险公司强制性治理指数

资料来源：南开大学中国保险机构治理指数数据库。

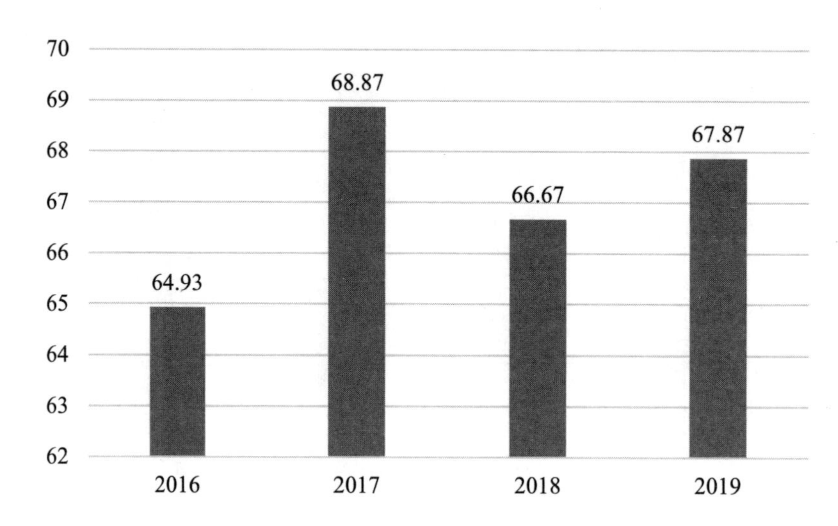

图 8-16　2016－2019 年成立年限 15－19 年中国保险公司强制性治理指数

资料来源：南开大学中国保险机构治理指数数据库。

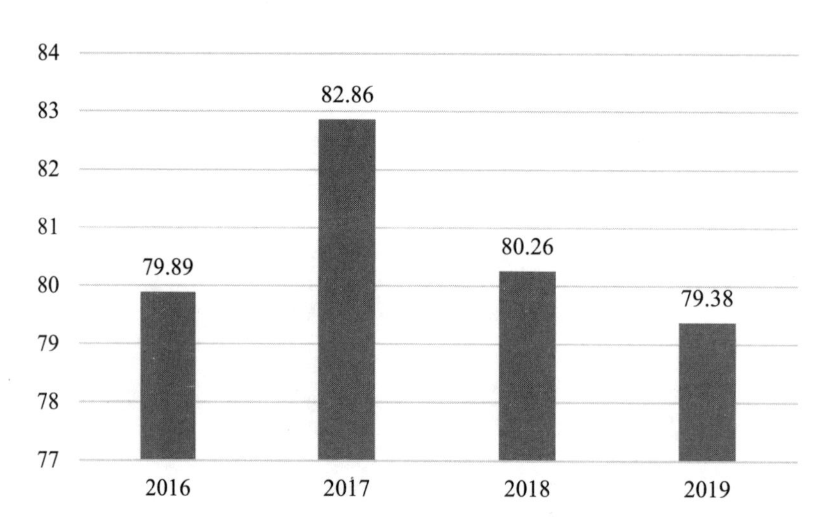

图 8-17　2016－2019 年成立年限 20－24 年中国保险公司强制性治理指数

资料来源：南开大学中国保险机构治理指数数据库。

（二）2020－2022 年中国保险公司强制性治理指数分成立年限比较分析

如表 8-8 所示，2020－2022 年中国保险公司样本的成立年限集中分布于 5－9 年、10－14 年和 15－19 年。总的来看，如图 8-18、图 8-19、图

8-20、图 8-21、图 8-22 和图 8-23 所示，除了成立年限为 20－24 年的保险公司外，其余分组的保险公司强制性治理指数平均值和中位数均呈现逐年上升趋势；成立年限为 20－24 年的保险公司指数平均值和中位数则呈现先下降后上升的态势。

表 8-8　中国保险公司强制性治理指数分成立年限比较分析（2020－2022 年）

年份	成立年限分组	样本数	平均值	中位数
2020	0－4 年	29	74.90	78.44
	5－9 年	38	76.21	79.72
	10－14 年	48	72.43	75.73
	15－19 年	46	70.84	75.38
	20－24 年	10	79.72	83.77
	25 年及以上	2	75.54	75.54
2021	0－4 年	20	79.88	87.18
	5－9 年	40	80.36	83.05
	10－14 年	47	77.76	81.89
	15－19 年	50	74.73	78.25
	20－24 年	11	69.28	76.16
	25 年及以上	6	77.79	82.43
2022	0－4 年	13	84.67	91.25
	5－9 年	40	81.32	85.00
	10－14 年	41	78.92	82.56
	15－19 年	56	77.28	79.14
	20－24 年	20	75.09	78.04
	25 年及以上	6	81.68	84.82

资料来源：南开大学中国保险机构治理指数数据库。

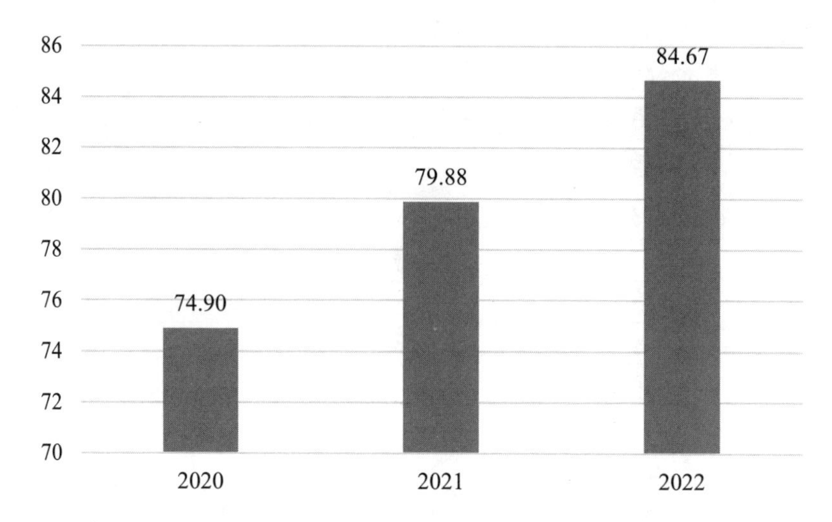

图 8-18　2020—2022 年成立年限 0—4 年中国保险公司强制性治理指数

资料来源：南开大学中国保险机构治理指数数据库。

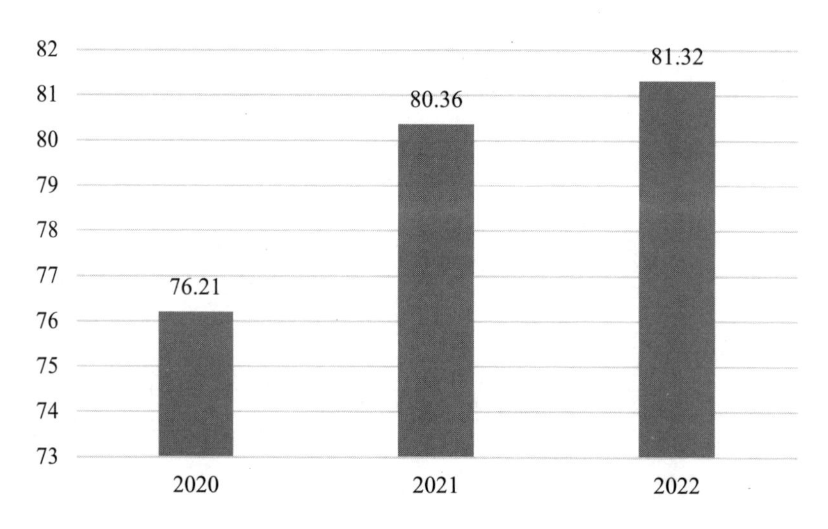

图 8-19　2020—2022 年成立年限 5—9 年中国保险公司强制性治理指数

资料来源：南开大学中国保险机构治理指数数据库。

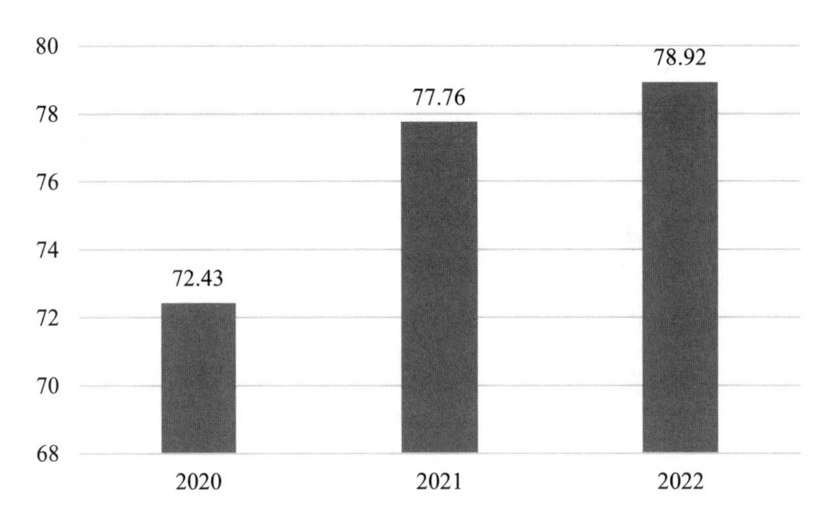

图 8-20　2020—2022 年成立年限 10—14 年中国保险公司强制性治理指数

资料来源：南开大学中国保险机构治理指数数据库。

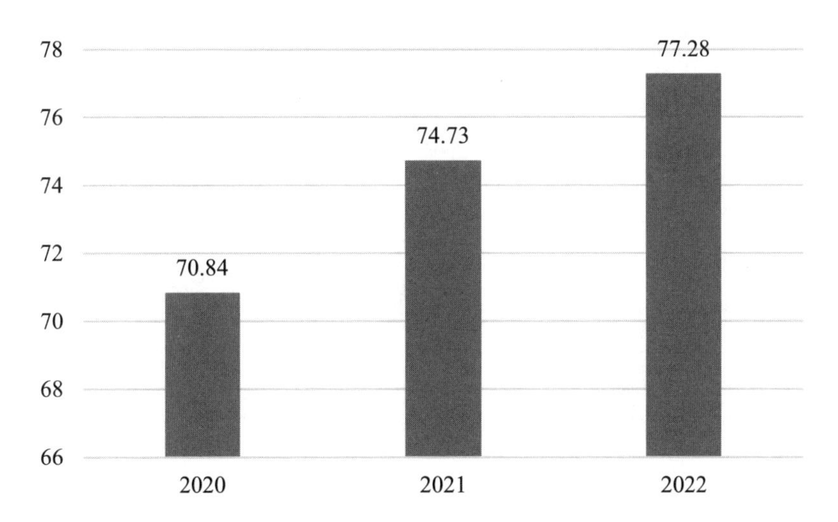

图 8-21　2020—2022 年成立年限 15—19 年中国保险公司强制性治理指数

资料来源：南开大学中国保险机构治理指数数据库。

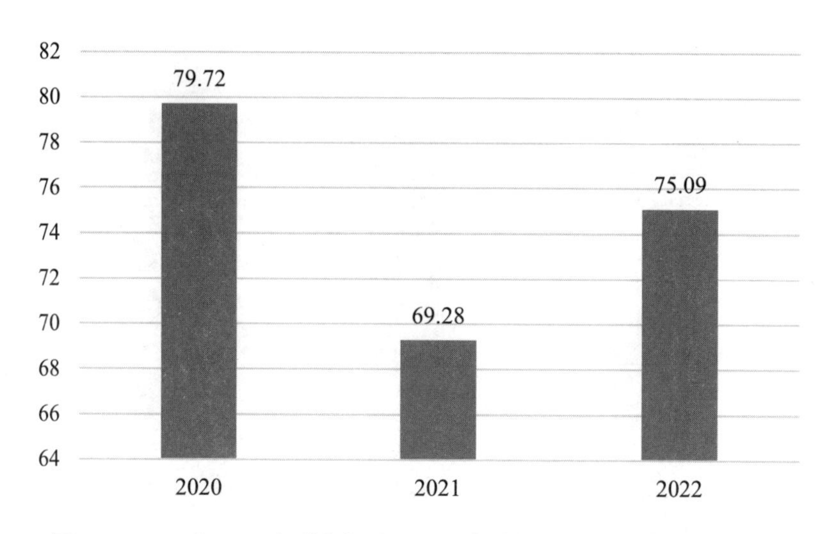

图 8-22　2020—2022 年成立年限 20—24 年中国保险公司强制性治理指数

资料来源：南开大学中国保险机构治理指数数据库。

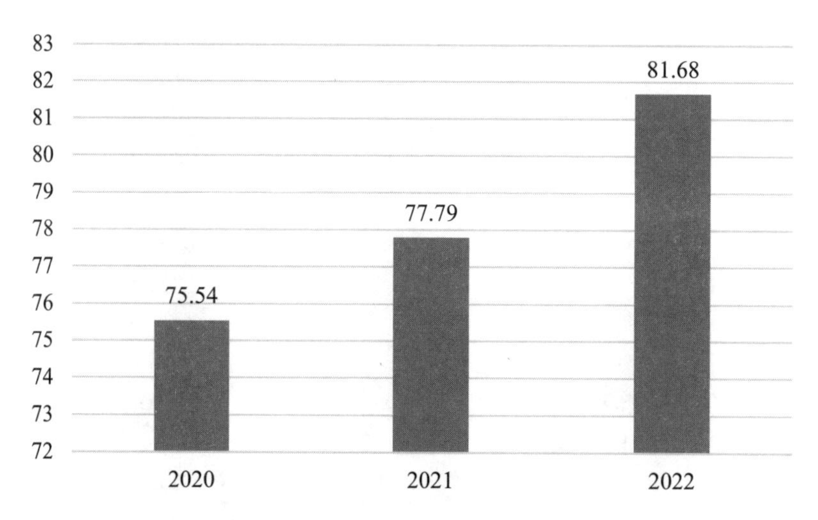

图 8-23　2020—2022 年成立年限 25 年及以上中国保险公司强制性治理指数

资料来源：南开大学中国保险机构治理指数数据库。

七、中国保险公司强制性治理指数分注册地区比较分析

（一）2016—2019 年中国保险公司强制性治理指数分注册地区比较分析

如表 8-9 所示，在北京市、广东省、江苏省、上海市、天津市、浙江

省和重庆市这七个主要注册地区中，2016—2019年中国保险公司强制性治理指数样本数较多的注册地区分别为北京市、上海市和广东省，北京市四年样本数分别为44、45、45和44，上海市四年样本数分别为41、42、40和40，广东省四年样本数分别为19、21、23和24。从平均值看，2016—2019年中国保险公司强制性治理指数平均值最高的样本注册地区及其数值分别为天津市74.12、天津市77.41、浙江省76.92和重庆市80.05，平均值最低的样本注册地区及数值分别为上海市65.04、北京市66.14、上海市67.87和上海市68.10。从中位数看，2016—2019年中国保险公司强制性治理指数中位数最高的样本注册地区以及数值分别为江苏省86.88、江苏省84.10、北京市77.48和重庆市85.30，中位数最低的样本注册地区及数值分别为上海市62.82、上海市67.89、上海市68.79和上海市66.61。总的来看，如图8-24所示，2016—2019年这七个注册地区当中，江苏省、天津市、浙江省和重庆市的治理指数平均值总体较高，北京市和广东省相对较低，上海市最低；相比其他地区，江苏省和重庆市的治理指数中位数整体较高。

表8-9　中国保险公司强制性治理指数分注册地区比较分析（2016—2019年）

年份	注册地区	样本数	平均值	中位数
2016	北京市	44	65.66	69.15
	广东省	19	69.75	75.62
	江苏省	5	72.46	86.88
	上海市	41	65.04	62.82
	天津市	6	74.12	75.40
	浙江省	4	71.23	73.24
	重庆市	4	72.53	76.56
2017	北京市	45	66.14	70.90
	广东省	21	70.34	77.10
	江苏省	5	74.45	84.10
	上海市	42	67.78	67.89
	天津市	6	77.41	78.39
	浙江省	4	71.97	70.46
	重庆市	5	69.97	80.90
2018	北京市	45	68.39	77.48
	广东省	23	70.38	74.61
	江苏省	5	69.83	74.89

续表

年份	注册地区	样本数	平均值	中位数
2018	上海市	40	67.87	68.79
	天津市	6	72.86	73.51
	浙江省	5	76.92	75.62
	重庆市	5	74.12	75.57
2019	北京市	44	69.78	76.31
	广东省	24	72.03	76.95
	江苏省	5	74.48	82.44
	上海市	40	68.10	66.61
	天津市	6	72.32	73.76
	浙江省	5	76.89	80.25
	重庆市	5	80.05	85.30

资料来源：南开大学中国保险机构治理指数数据库。

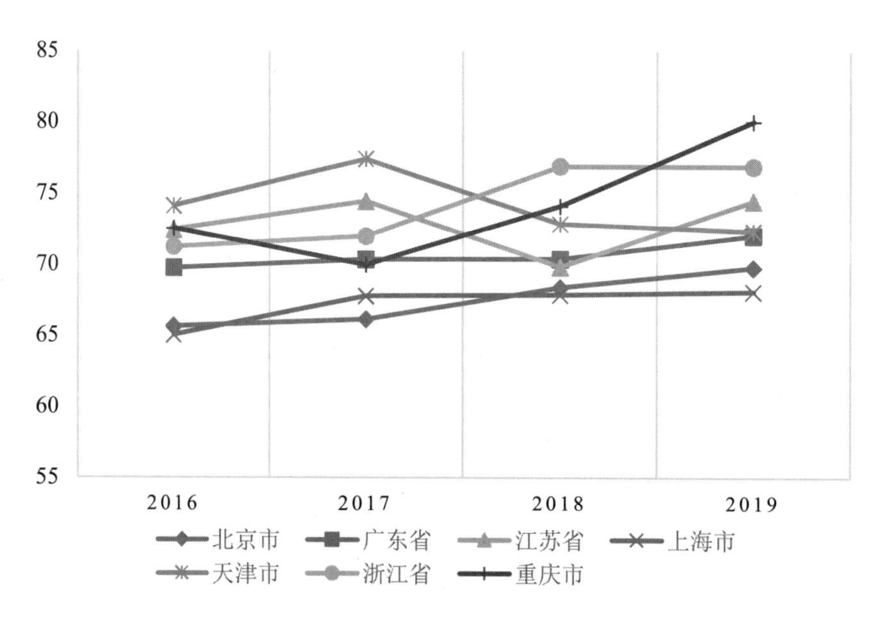

图 8-24　2016—2019 年中国保险公司分注册地区强制性治理指数

资料来源：南开大学中国保险机构治理指数数据库。

（二）2020－2022年中国保险公司强制性治理指数分注册地区比较分析

如表8-10所示，在北京市、广东省、江苏省、上海市、天津市、浙江省和重庆市这七个主要注册地区中，2020－2022年中国保险公司强制性治理指数样本数较多的注册地区分别为北京市、上海市和广东省，北京市三年样本数分别为43、42和43，上海市三年样本数分别为40、40和42，广东省三年样本数分别为24、25和25。从平均值看，2020－2022年中国保险公司强制性治理指数平均值最高的样本注册地区以及数值分别为重庆市81.13、浙江省82.92和江苏省83.68，平均值最低的样本注册地区及数值分别为上海市69.31、天津市69.94和天津市67.37。从中位数看，2020－2022年中国保险公司强制性治理指数中位数最高的样本注册地区以及数值分别为重庆市86.24、浙江省90.00和江苏省86.45，中位数最低的样本注册地区及数值分别为上海市70.48、天津市67.00和天津市63.08。总的来看，如图8-25所示，2020－2022年这七个注册地区当中，广东省、江苏省和浙江省的治理指数平均值总体较高，北京市、上海市和重庆市相对较低，天津市最低；相比其他地区，上海市和天津市的治理指数中位数相对较低。

表8-10　中国保险公司强制性治理指数分注册地区比较分析（2020－2022年）

年份	注册地区	样本数	平均值	中位数
2020	北京市	43	73.00	80.44
	广东省	24	75.59	79.02
	江苏省	5	74.94	78.44
	上海市	40	69.31	70.48
	天津市	6	71.82	72.32
	浙江省	5	77.04	83.11
	重庆市	5	81.13	86.24
2021	北京市	42	77.33	82.76
	广东省	25	80.24	82.44
	江苏省	5	81.93	88.11
	上海市	40	71.63	74.77
	天津市	7	69.94	67.00
	浙江省	5	82.92	90.00
	重庆市	5	76.75	79.11

续表

年份	注册地区	样本数	平均值	中位数
2022	北京市	43	81.04	84.78
	广东省	25	79.77	81.71
	江苏省	5	83.68	86.45
	上海市	42	74.38	75.08
	天津市	7	67.37	63.08
	浙江省	5	79.71	83.37
	重庆市	5	77.68	78.31

资料来源：南开大学中国保险机构治理指数数据库。

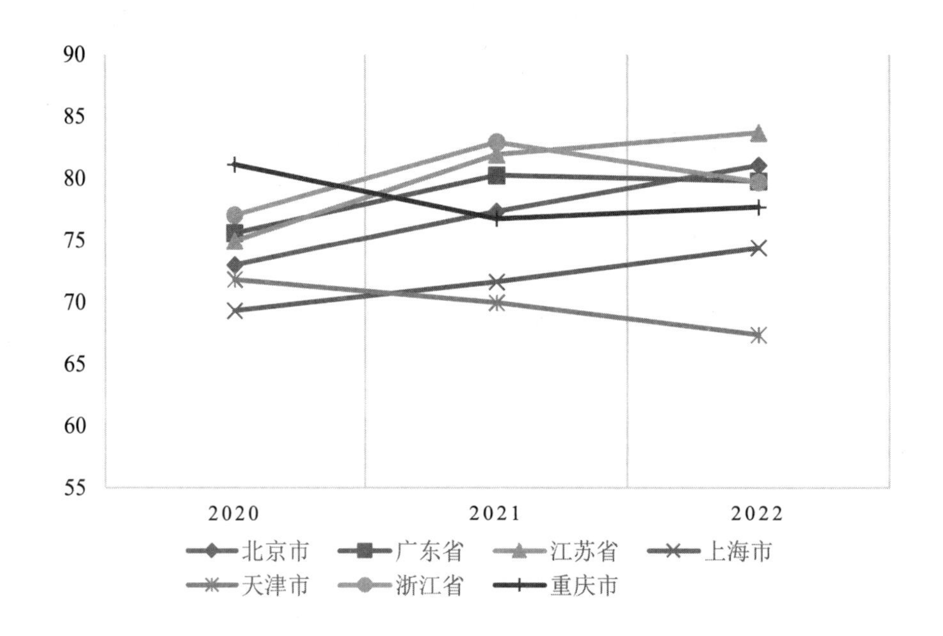

图 8-25　2020－2022 年中国保险公司分注册地区强制性治理指数

资料来源：南开大学中国保险机构治理指数数据库。

八、中国保险公司强制性治理指数分所在城市比较分析

（一）2016－2019 年中国保险公司强制性治理指数分所在城市比较分析

如表 8-11 所示，在北京市、上海市、深圳市、天津市和重庆市这五个

主要城市中，2016－2019 年中国保险公司所在城市为北京市、上海市和深圳市的样本数较多，天津市和重庆市样本均仅为个位数。从平均值看，2016－2019 年中国保险公司强制性治理指数平均值最高的样本所在城市以及数值分别为天津市 74.12、天津市 77.41、重庆市 74.12 和重庆市 80.05，平均值最低的样本所在城市以及数值分别为上海市 65.04、北京市 66.14、上海市 67.87 和上海市 68.10。从中位数看，2016－2019 年中国保险公司强制性治理指数中位数最高的样本所在城市以及数值分别为重庆市 76.56、重庆市 80.90、北京市 77.48 和重庆市 85.30，中位数最低的样本所在城市均为上海市，数值分别为 62.82、67.89、68.79 和 66.61。总的来看，如图 8-26 所示，2016－2019 年这五个城市当中，深圳市、天津市和重庆市的治理指数平均值和中位数总体较高，北京市和上海市相对较低。

表 8-11　中国保险公司强制性治理指数分所在城市比较分析（2016－2019 年）

年份	所在城市	样本数	平均值	中位数
2016	北京市	44	65.66	69.15
	上海市	41	65.04	62.82
	深圳市	13	72.46	76.13
	天津市	6	74.12	75.40
	重庆市	4	72.53	76.56
2017	北京市	45	66.14	70.90
	上海市	42	67.78	67.89
	深圳市	14	71.44	76.81
	天津市	6	77.41	78.39
	重庆市	5	69.97	80.90
2018	北京市	45	68.39	77.48
	上海市	40	67.87	68.79
	深圳市	16	70.92	73.56
	天津市	6	72.86	73.51
	重庆市	5	74.12	75.57
2019	北京市	44	69.78	76.31
	上海市	40	68.10	66.61
	深圳市	17	73.66	76.51
	天津市	6	72.32	73.76
	重庆市	5	80.05	85.30

资料来源：南开大学中国保险机构治理指数数据库。

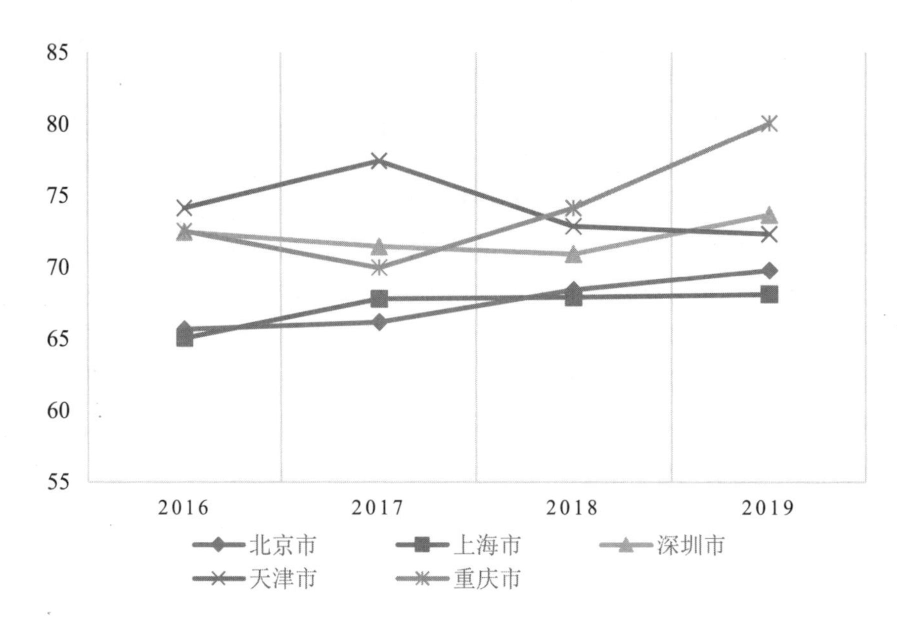

图 8-26　2016－2019 年中国保险公司分所在城市强制性治理指数

资料来源：南开大学中国保险机构治理指数数据库。

（二）2020－2022 年中国保险公司强制性治理指数分所在城市比较分析

如表 8-12 所示，在北京市、上海市、深圳市、天津市和重庆市这五个主要城市中，2020－2022 年中国保险公司所在城市为北京市、上海市和深圳市的样本数较多，天津市和重庆市样本均仅为个位数。从平均值看，2020－2022 年中国保险公司强制性治理指数平均值最高的样本所在城市以及数值分别为重庆市 81.13、深圳市 77.58 和北京市 81.04，平均值最低的样本所在城市以及数值分别为上海市 69.31、天津市 69.94 和天津市 67.37。从中位数看，2020－2022 年中国保险公司强制性治理指数中位数最高的样本所在城市以及数值分别为重庆市 86.24、北京市 82.76 和北京市 84.78，中位数最低的样本所在城市以及数值分别为上海市 70.48、天津市 67.00 和天津市 63.08。总的来看，如图 8-27 所示，2020－2022 年这五个城市当中，北京市、深圳市和重庆市的治理指数平均值和中位数总体较高，上海市和天津市相对较低。

表 8-12　中国保险公司强制性治理指数分所在城市比较分析（2020—2022 年）

年份	所在城市	样本数	平均值	中位数
2020	北京市	43	73.00	80.44
	上海市	40	69.31	70.48
	深圳市	17	72.42	77.39
	天津市	6	71.82	72.32
	重庆市	5	81.13	86.24
2021	北京市	42	77.33	82.76
	上海市	40	71.63	74.77
	深圳市	17	77.58	80.65
	天津市	7	69.94	67.00
	重庆市	5	76.75	79.11
2022	北京市	43	81.04	84.78
	上海市	42	74.38	75.08
	深圳市	17	77.16	81.34
	天津市	7	67.37	63.08
	重庆市	5	77.68	78.31

资料来源：南开大学中国保险机构治理指数数据库。

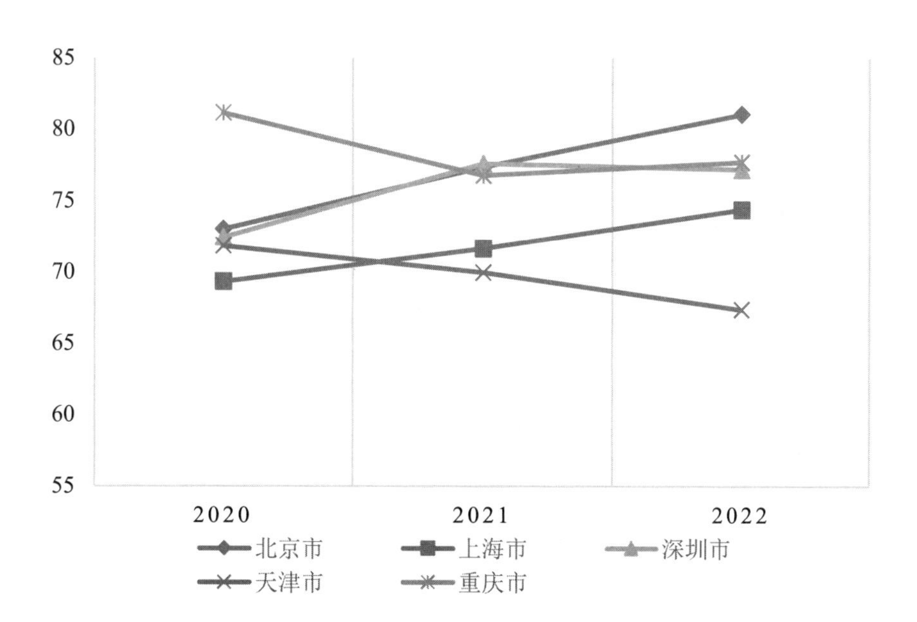

图 8-27　2020—2022 年中国保险公司分所在城市强制性治理指数

资料来源：南开大学中国保险机构治理指数数据库。

第二节　中国保险公司自主性治理指数分析

一、中国保险公司自主性治理指数描述性统计分析

（一）中国保险公司自主性治理总指数描述性统计分析

如表 8-13 和图 8-28 所示，2016－2022 年中国保险公司自主性治理指数平均值依次为 68.51、67.00、68.61、70.54、70.50、70.43 和 70.35，总体呈现上升的趋势，2022 年中国保险公司自主性治理指数平均值较 2016 年上升了 1.84，整体变化幅度较小。从中位数来看，2016－2022 年中国保险公司自主性治理指数中位数依次为 70.18、67.42、67.81、70.91、70.84、70.83 和 71.49，整体水平较为稳定，除 2017－2018 年下滑幅度较大外，其余年份皆维持在 70－72 的水平。除 2018 年外，中国保险公司各年中位数皆高于平均值，这说明保险公司自主性治理指数总体上呈现左偏分布。

表 8-13　中国保险公司自主性治理指数统计分析

年份	样本数	平均值	中位数	标准差	极差	最小值	最大值
2016	156	68.51	70.18	10.16	51.02	39.23	90.24
2017	165	67.00	67.42	10.12	53.22	37.17	90.39
2018	173	68.61	67.81	10.66	56.55	36.86	93.41
2019	173	70.54	70.91	10.44	58.70	35.31	94.01
2020	173	70.50	70.84	11.05	59.67	34.35	94.01
2021	174	70.43	70.83	10.65	56.94	34.77	91.71
2022	176	70.35	71.49	10.28	54.70	37.24	91.94

资料来源：南开大学中国保险机构治理指数数据库。

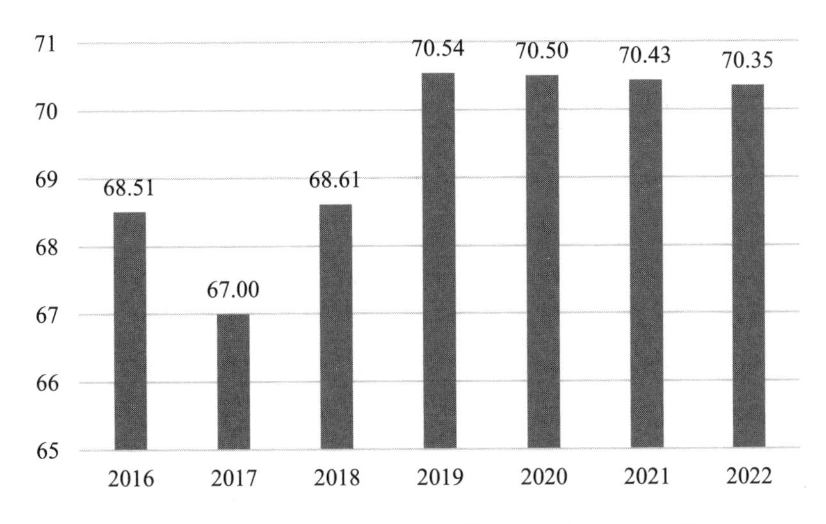

图 8-28　2016—2022 年中国保险公司自主性治理指数

资料来源：南开大学中国保险机构治理指数数据库。

（二）中国保险公司自主性治理分指数描述性统计分析

如表 8-14 和图 8-29 所示，在 2016—2022 年中国保险公司分维度自主性治理指数分析中，2016—2020 年股东与股权结构维度的分指数平均值呈现先下降后上升的趋势，2020 年后该指数在 63 左右波动，最小值为 2019 年的 60.26，最大值为 2020 年的 63.58，2022 年分指数平均值相比 2016 年增加了 1.19。董事与董事会维度的分指数平均值整体呈上升趋势，2018 年和 2022 年则分别出现一定程度的回落，2022 年相比 2016 年平均值增加了 5.02。监事与监事会维度与高级管理人员维度的分指数平均值在 2016—2021 年均稳步上升，直至 2022 年出现了较大程度的下降，但整体仍呈现上升态势，监事与监事会分指数平均值 2022 年相比 2016 年增加了 9.05，高级管理人员分指数平均值 2022 年较 2016 年增加了 3.38。信息披露维度的分指数平均值在 2016—2022 年间正负方向变动较为频繁，整体维持在 88—92 的水平，2022 年平均值相比 2016 年有所降低，减少了 3.59。2016—2022 年，利益相关者维度的指数平均值整体波动较大，其在 2017 年剧烈下降后，2018—2019 年逐渐回升，2020—2021 年再次下降，直至 2022 年重新回到 76.52；其中最大值出现在 2016 年，为 77.35，最小值出现在 2021 年，为 60.34，2022 年平均值相比 2016 年降低了 0.83。

表 8-14　中国保险公司分维度自主性治理指数统计分析

年份	样本数	股东与股权结构	董事与董事会	监事与监事会	高级管理人员	信息披露	利益相关者
2016	156	62.02	57.48	29.36	78.15	91.63	77.35
2017	165	60.76	58.38	31.52	80.76	88.39	68.69
2018	173	60.55	58.00	41.50	84.01	88.73	69.75
2019	173	60.26	60.57	42.08	86.32	91.27	73.03
2020	173	63.58	62.62	43.47	86.90	88.87	68.02
2021	174	62.36	65.45	44.37	91.19	89.45	60.34
2022	176	63.21	62.50	38.41	81.53	88.04	76.52

资料来源：南开大学中国保险机构治理指数数据库。

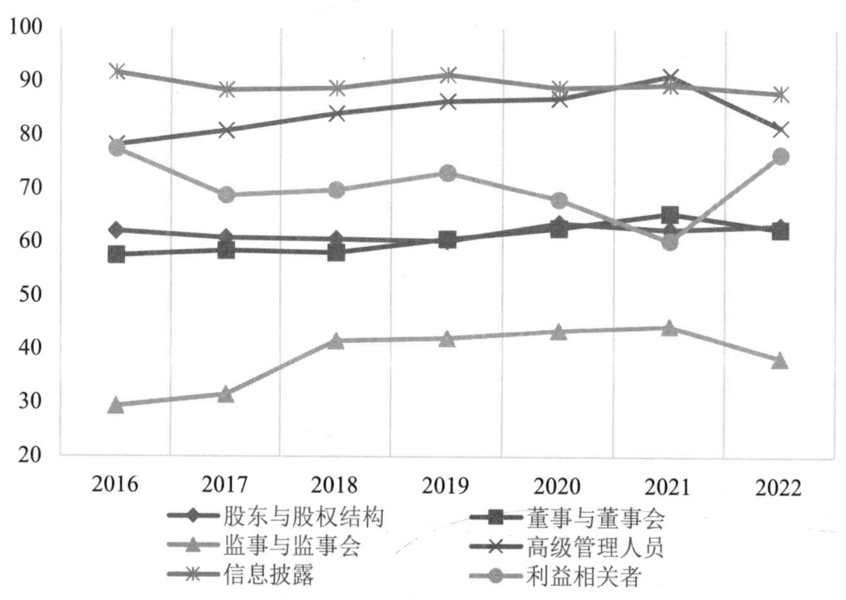

图 8-29　2016－2022 年中国保险公司自主性治理分指数

资料来源：南开大学中国保险机构治理指数数据库。

二、中国保险公司自主性治理指数分规模类型比较分析

如表 8-15 所示，在 2016－2022 年间，中国保险公司中的大型保险公司、中型保险公司和小型保险公司的样本数总体上皆呈上升趋势，微型保险公司的样本数则呈现先上升后下降的趋势。从平均值看，如图 8-30、图

8-31、图 8-32 和图 8-33 所示，大型保险公司自主性治理指数平均值整体表现为下降的趋势，在 2018 年曾出现小幅度的回升；中型保险公司平均值始终在 70—75 间不断波动，变动较为频繁；小型保险公司平均值在 2016—2017 年下降后，2018—2021 年缓慢上升至 70.34，2022 年再次回落至 70.12；微型保险公司指数平均值波动同样较为频繁，且 2022 年平均值较 2016 年有所降低。从中位数看，大型保险公司自主性治理指数中位数除分别在 2018 年和 2022 年出现了不同幅度的回升，其余年度均呈下降趋势；中型保险公司中位数始终保持在 73—77 区间上下波动；小型保险公司中位数整体呈现先下降后上升的趋势；微型保险公司指数中位数在 2016—2018 年间始终在 66 左右波动，2020 年上升至 68.98，随后下降至 62.08。

表 8-15　中国保险公司自主性治理指数分规模类型比较分析

年份	规模类型	样本数	平均值	中位数
2016	B	6	77.06	78.45
	M	27	72.92	74.77
	S	82	68.02	69.45
	T	41	65.33	66.32
2017	B	6	75.21	75.99
	M	32	70.21	73.39
	S	83	66.37	66.55
	T	44	64.75	66.35
2018	B	7	76.67	81.25
	M	33	71.92	75.95
	S	93	67.93	67.52
	T	40	66.07	65.74
2019	B	7	76.02	80.23
	M	35	74.76	76.24
	S	95	69.56	70.52
	T	36	67.93	68.39
2020	B	9	75.74	77.94
	M	38	73.13	74.84
	S	101	70.00	70.40
	T	25	66.62	68.98
2021	B	9	72.95	77.69
	M	45	71.80	76.65
	S	100	70.34	70.61
	T	20	66.65	66.64

续表

年份	规模类型	样本数	平均值	中位数
2022	B	11	72.88	78.11
	M	48	72.90	73.02
	S	99	70.12	72.05
	T	18	63.27	62.08

资料来源：南开大学中国保险机构治理指数数据库。

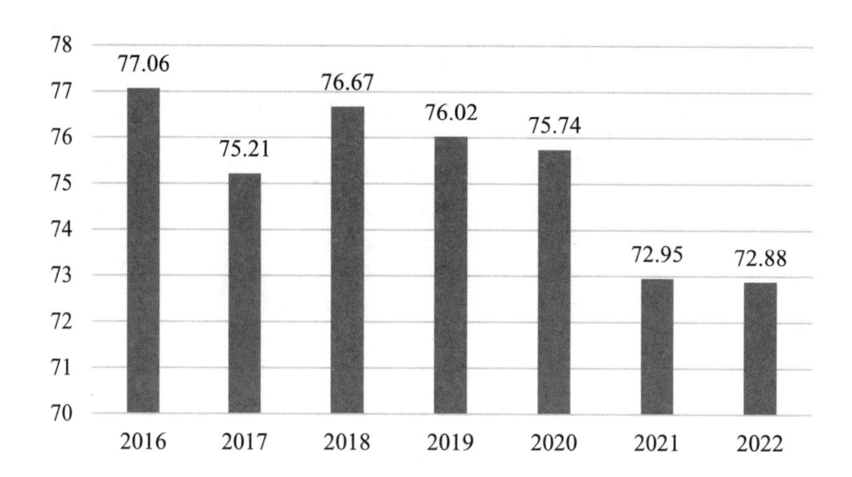

图 8-30　2016－2022 年中国大型保险公司自主性治理指数

资料来源：南开大学中国保险机构治理指数数据库。

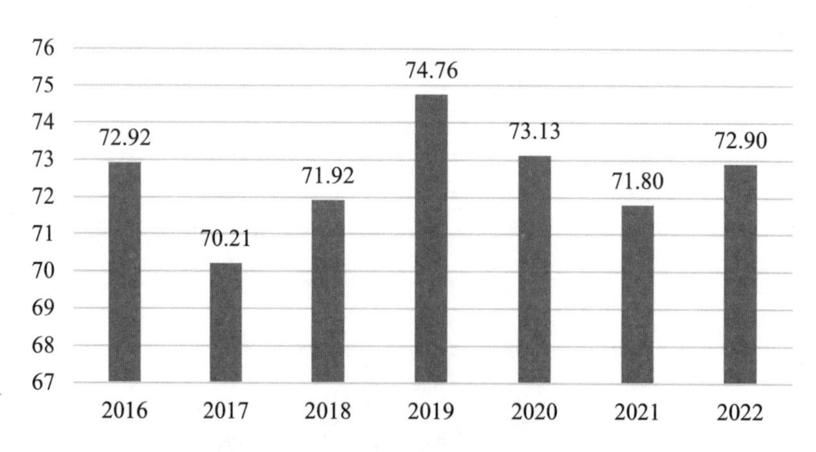

图 8-31　2016－2022 年中国中型保险公司自主性治理指数

资料来源：南开大学中国保险机构治理指数数据库。

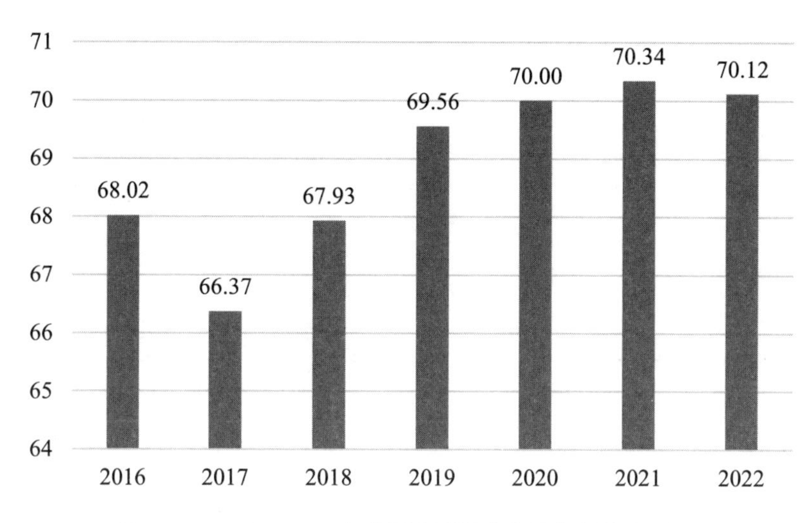

图 8-32　2016－2022 年中国小型保险公司自主性治理指数

资料来源：南开大学中国保险机构治理指数数据库。

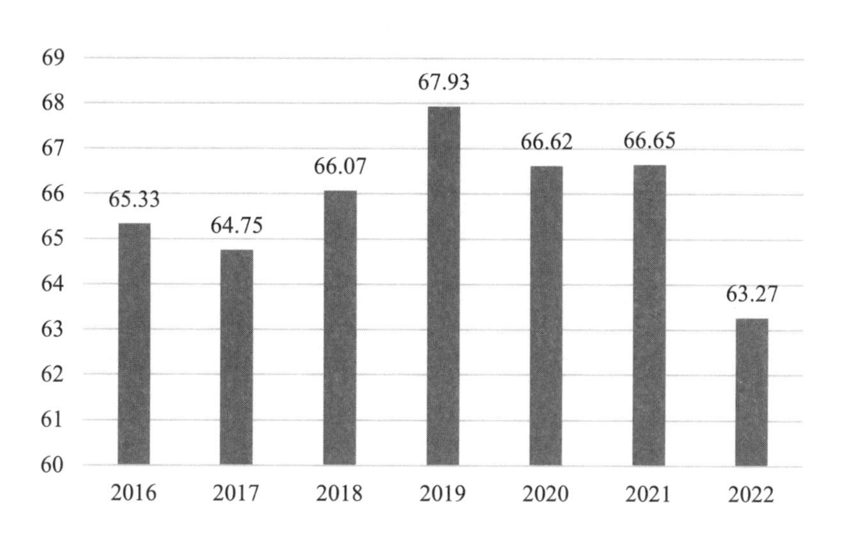

图 8-33　2016－2022 年中国微型保险公司自主性治理指数

资料来源：南开大学中国保险机构治理指数数据库。

三、中国保险公司自主性治理指数分资本性质比较分析

如表 8-16、图 8-34 和图 8-35 所示，从平均值看，中资保险公司自主性治理指数平均值在 2016－2019 年间呈现先下降后上升的态势，随后始终

在 70－71 区间波动；外资保险公司指数平均值在 2016－2018 年间持续下降，2019 年后在 71 左右不断波动。总的来看，两种资本性质的保险公司自主性治理指数平均值基本维持在同一水平。从中位数看，中资保险公司自主性治理指数中位数在 2016－2020 年间呈现先下降后上升的态势，随后 2021 年出现了小幅度下滑，2022 年再次回升至 71.46；外资保险公司指数中位数在 2016－2018 年间持续下降，2019－2022 年在 71 左右不断波动，整体表现较为稳定。

表 8-16　中国保险公司自主性治理指数分资本性质比较分析

年份	资本性质	样本数	平均值	中位数
2016	C	107	67.80	67.50
	F	49	70.05	70.38
2017	C	116	66.14	65.81
	F	49	69.04	69.70
2018	C	124	68.75	68.72
	F	49	68.27	66.31
2019	C	123	70.61	70.93
	F	50	70.35	70.20
2020	C	124	70.54	71.55
	F	49	70.38	70.68
2021	C	124	70.13	71.13
	F	50	71.18	70.08
2022	C	127	70.40	71.46
	F	49	70.22	71.53

资料来源：南开大学中国保险机构治理指数数据库。

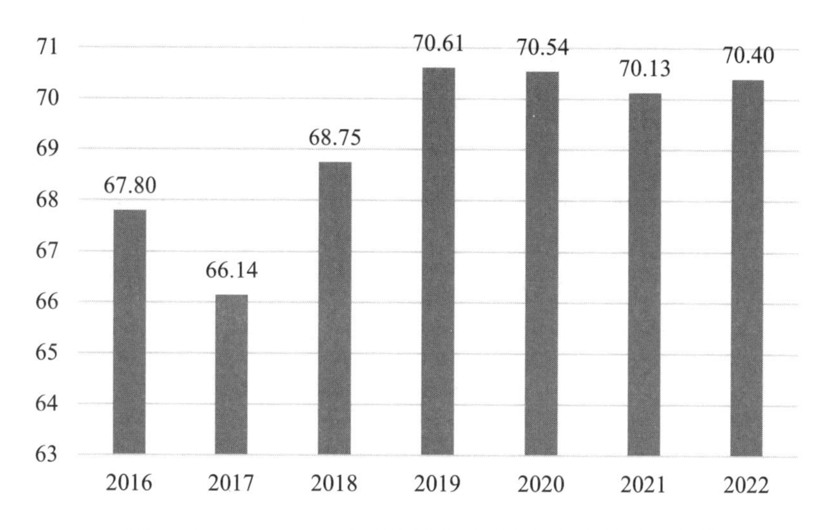

图 8-34　2016—2022 年中国中资保险公司自主性治理指数

资料来源：南开大学中国保险机构治理指数数据库。

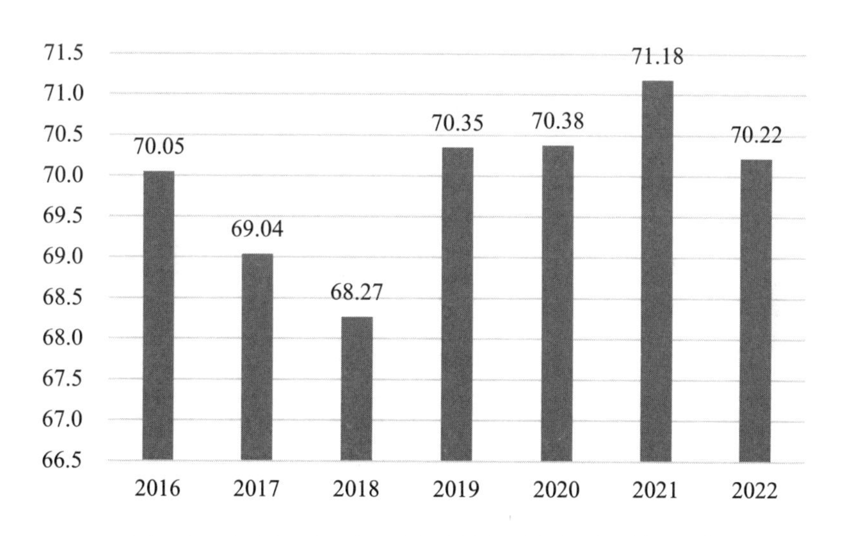

图 8-35　2016—2022 年中国外资保险公司自主性治理指数

资料来源：南开大学中国保险机构治理指数数据库。

四、中国保险公司自主性治理指数分组织形式比较分析

如表 8-17 所示，中国保险公司按照组织形式可划分为有限制保险公司和股份制保险公司。从平均值看，如图 8-36 和图 8-37 所示，2016—2020

年间，股份制保险公司自主性治理指数平均值呈现先下降后上升的趋势，2021 年后再次出现小幅度回落，2022 年指数平均值为 70.29；有限制保险公司指数平均值则于 2016－2019 年呈现先下降后上升的趋势，随后始终保持在 70 左右波动。总的来看，两种组织形式的保险公司指数平均值在各年水平相差不大。从中位数看，股份制保险公司自主性治理指数中位数于 2016－2020 年呈现先下降后上升的趋势，随后始终在 71－72 区间波动；有限制保险公司中位数则在总体上表现出上升趋势，但存在上下波动，最小值为 2018 年的 67.41，最大值为 2022 年的 72.05。

表 8-17　中国保险公司自主性治理指数分组织形式比较分析

年份	组织形式	样本数	平均值	中位数
2016	L	58	70.09	70.39
	S	98	67.57	67.29
2017	L	61	68.19	70.18
	S	104	66.31	65.81
2018	L	61	68.89	67.41
	S	112	68.47	67.96
2019	L	63	69.94	70.52
	S	110	70.87	71.19
2020	L	63	69.35	70.38
	S	110	71.16	71.65
2021	L	64	70.61	70.09
	S	110	70.32	71.13
2022	L	65	70.45	72.05
	S	111	70.29	71.08

资料来源：南开大学中国保险机构治理指数数据库。

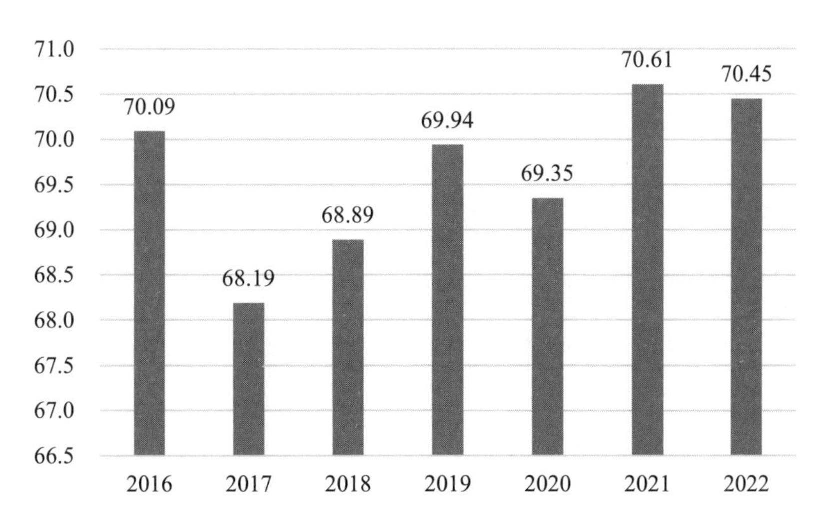

图 8-36　2016—2022 年中国有限制保险公司自主性治理指数

资料来源：南开大学中国保险机构治理指数数据库。

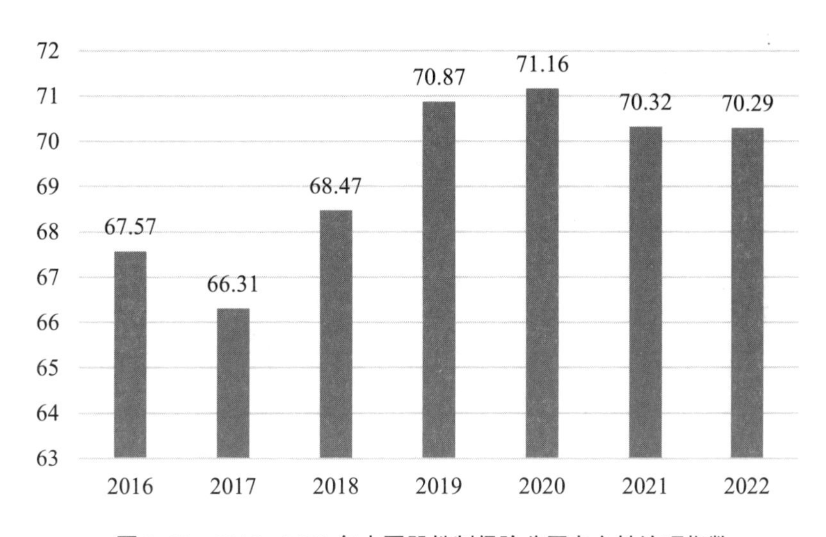

图 8-37　2016—2022 年中国股份制保险公司自主性治理指数

资料来源：南开大学中国保险机构治理指数数据库。

五、中国保险公司自主性治理指数分业务类型比较分析

如表 8-18 所示，中国保险公司可划分为人身险公司和财产险公司两种业务类型。从平均值看，如图 8-38 和图 8-39 所示，人身险公司自主性

治理指数平均值整体较为稳定，维持在 70－73 左右；财产险公司指数平均值在 2017 年和 2022 年出现小幅下滑后，整体保持上升趋势，2022 年平均值为 68.43；人身险公司指数平均值始终大于财产险公司，在 2016 年两者差距最大，在 2021 年两者差距最小。从中位数看，人身险公司自主性治理指数中位数整体维持在 70－74 波动；财产险公司指数中位数在 2016－2021 年整体先下降后上升，2022 年再次下降至 68.13；人身险公司指数中位数始终大于财产险公司，在 2016 年两者差距最大，在 2021 年两者差距最小。

表 8-18　中国保险公司自主性治理指数分业务类型比较分析

年份	业务类型	样本数	平均值	中位数
2016	N	76	71.94	72.69
	P	80	65.26	65.88
2017	N	83	69.72	70.25
	P	82	64.25	64.80
2018	N	88	71.16	70.09
	P	85	65.97	64.16
2019	N	88	72.81	74.08
	P	85	68.18	68.93
2020	N	89	72.21	72.39
	P	84	68.68	68.46
2021	N	90	71.41	72.76
	P	84	69.38	70.15
2022	N	91	72.14	74.24
	P	85	68.43	68.13

资料来源：南开大学中国保险机构治理指数数据库。

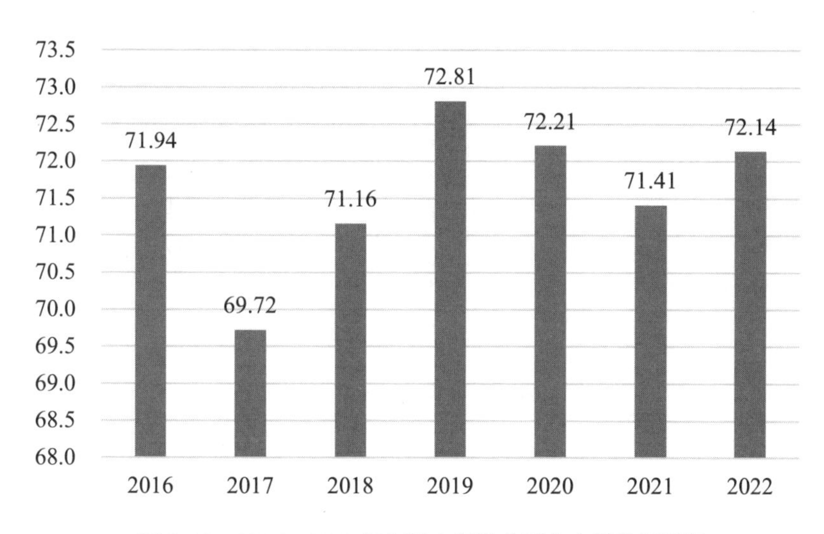

图 8-38　2016－2022 年中国人身险公司自主性治理指数

资料来源：南开大学中国保险机构治理指数数据库。

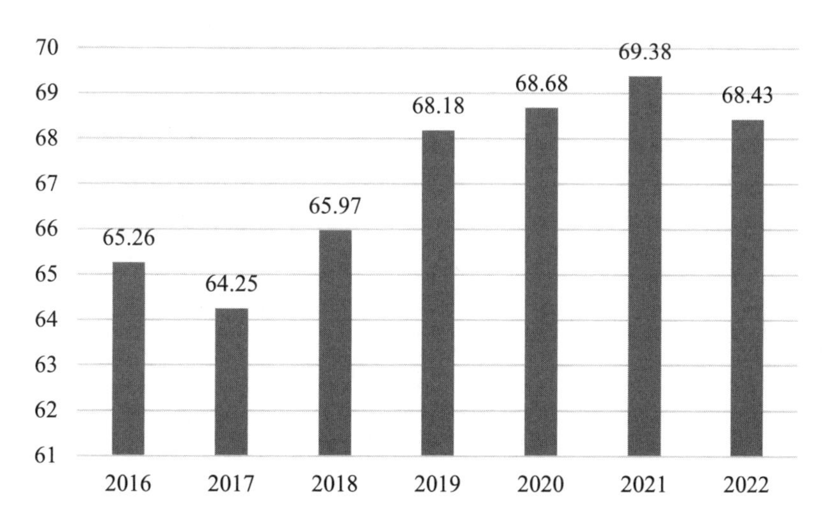

图 8-39　2016－2022 年中国财产险公司自主性治理指数

资料来源：南开大学中国保险机构治理指数数据库。

六、中国保险公司自主性治理指数分成立年限比较分析

（一）2016－2019 年中国保险公司自主性治理指数分成立年限比较分析

如表 8-19 所示，2016－2019 年中国保险公司样本的成立年限集中分

布于 0－4 年、5－9 年和 10－14 年。从平均值看，如图 8-40、图 8-41、图 8-42、图 8-43 和图 8-44 所示，成立年限为 0－4 年、5－9 年、10－14 年和 20－24 年的保险公司自主性治理指数平均值呈现先下降后上升的趋势；成立年限为 15-19 年的保险公司指数平均值呈现先上升后下降的趋势。从中位数看，成立年限为 0－4 年的保险公司自主性治理指数中位数整体呈上升趋势；成立年限为 5－9 年、10－14 年、15－19 年和 20－24 年的保险公司指数中位数则均呈先下降后上升的趋势。其中，成立 15－19 年的保险公司指数平均值和中位数在所有成立年限分组中相对较高。

表 8-19　中国保险公司自主性治理指数分成立年限比较分析（2016－2019 年）

年份	成立年限分组	样本数	平均值	中位数
2016	0－4 年	40	65.73	65.52
	5－9 年	49	65.80	66.63
	10－14 年	50	71.86	71.61
	15－19 年	11	74.04	74.67
	20－24 年	6	71.07	73.73
2017	0－4 年	40	63.85	65.55
	5－9 年	43	65.08	65.53
	10－14 年	56	67.80	66.39
	15－19 年	20	74.48	73.90
	20－24 年	6	69.46	69.37
2018	0－4 年	42	68.10	68.54
	5－9 年	40	63.58	64.25
	10－14 年	58	68.42	66.57
	15－19 年	25	75.84	76.37
	20－24 年	8	75.37	75.05
2019	0－4 年	38	71.00	71.32
	5－9 年	34	66.40	67.80
	10－14 年	61	69.43	69.87
	15－19 年	31	75.25	76.99
	20－24 年	9	75.45	76.70

资料来源：南开大学中国保险机构治理指数数据库。

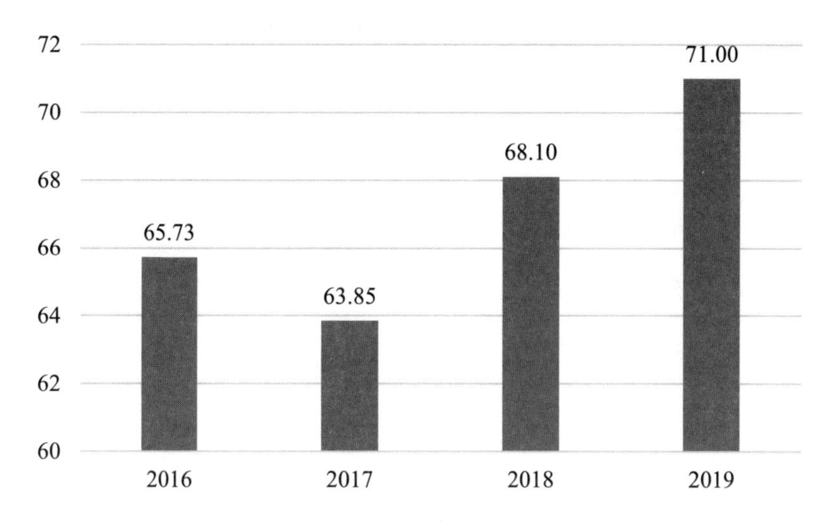

图 8-40　2016—2019 年成立年限 0—4 年中国保险公司自主性治理指数

资料来源：南开大学中国保险机构治理指数数据库。

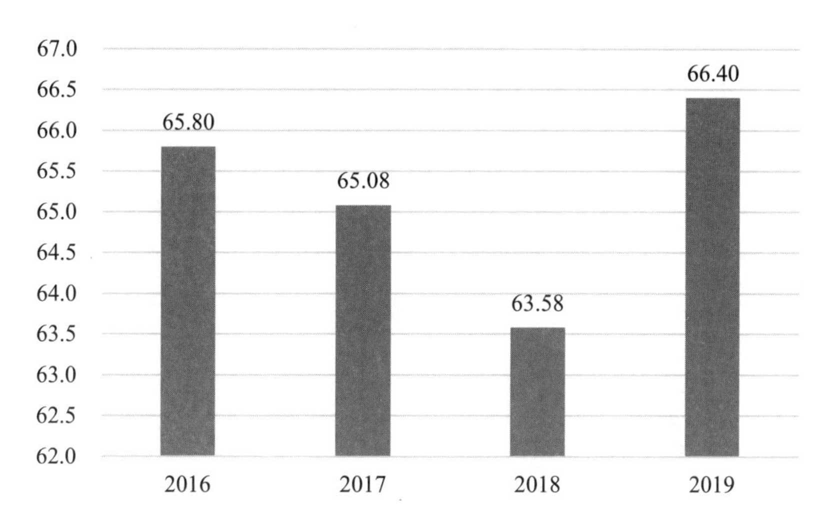

图 8-41　2016—2019 年成立年限 5—9 年中国保险公司自主性治理指数

资料来源：南开大学中国保险机构治理指数数据库。

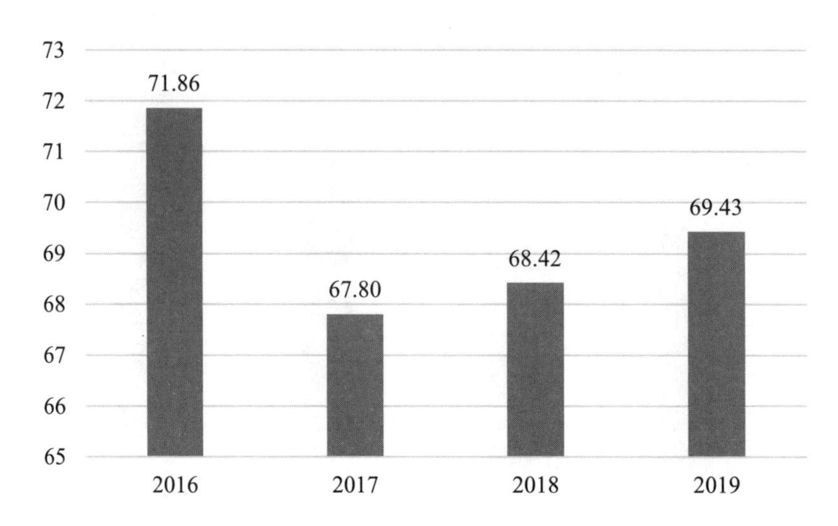

图 8-42　2016—2019 年成立年限 10—14 年中国保险公司自主性治理指数

资料来源：南开大学中国保险机构治理指数数据库。

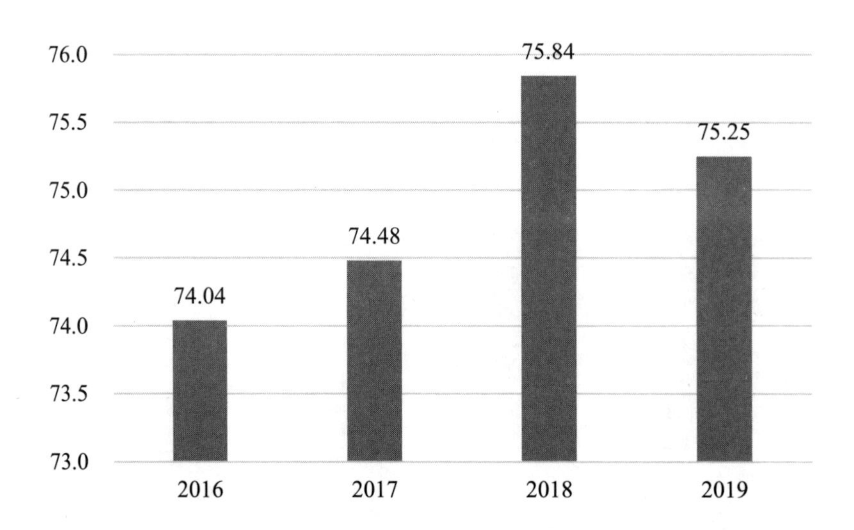

图 8-43　2016—2019 年成立年限 15—19 年中国保险公司自主性治理指数

资料来源：南开大学中国保险机构治理指数数据库。

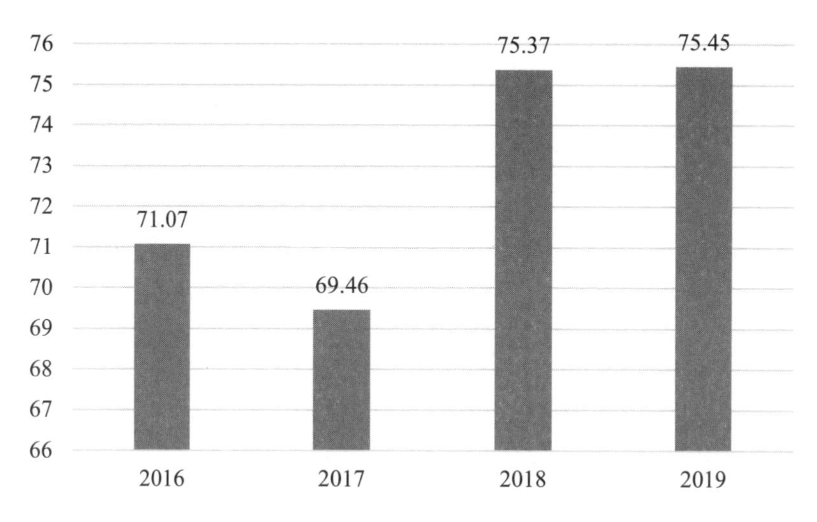

图 8-44　2016－2019 年成立年限 20－24 年中国保险公司自主性治理指数

资料来源：南开大学中国保险机构治理指数数据库。

（二）2020－2022 年中国保险公司自主性治理指数分成立年限比较分析

如表 8-20 所示，2020－2022 年中国保险公司样本的成立年限集中分布于 5－9 年、10－14 年和 15－19 年。从平均值看，如图 8-45、图 8-46、图 8-47、图 8-48、图 8-49 和图 8-50 所示，成立年限为 0－4 年和 15－19 年的保险公司自主性治理指数平均值呈先下降后上升的趋势；成立年限为 5－9 年的保险公司指数平均值呈现持续上升的趋势；成立年限为 10－14 年的保险公司平均值呈先上升后下降的趋势；成立年限为 20－24 年和 25 年及以上的保险公司指数平均值呈现持续下降的趋势。从中位数看，成立年限为 0－4 年、5－9 年、20－24 年和 25 年及以上的保险公司自主性治理指数中位数均呈先下降后上升的趋势；成立年限为 10－14 年的保险公司指数中位数呈先上升后下降的趋势；成立年限为 15－19 年的保险公司指数中位数呈现持续上升的趋势。其中，成立 20－24 年的保险公司指数平均值和中位数在所有成立年限分组中相对较高。

表 8-20　中国保险公司自主性治理指数分成立年限比较分析（2020－2022 年）

年份	成立年限分组	样本数	平均值	中位数
2020	0－4 年	29	70.02	72.39
	5－9 年	38	67.73	70.08

续表

年份	成立年限分组	样本数	平均值	中位数
2020	10—14 年	48	68.81	70.09
	15—19 年	46	73.89	71.26
	20—24 年	10	74.72	76.97
	25 年及以上	2	71.13	71.13
2021	0—4 年	20	68.95	70.35
	5—9 年	40	68.12	68.90
	10—14 年	47	70.87	73.66
	15—19 年	50	71.60	71.42
	20—24 年	11	74.48	76.65
	25 年及以上	6	70.12	69.10
2022	0—4 年	13	69.72	71.53
	5—9 年	40	68.83	70.05
	10—14 年	41	68.89	69.23
	15—19 年	56	71.64	71.58
	20—24 年	20	74.12	77.49
	25 年及以上	6	67.22	72.26

资料来源：南开大学中国保险机构治理指数数据库。

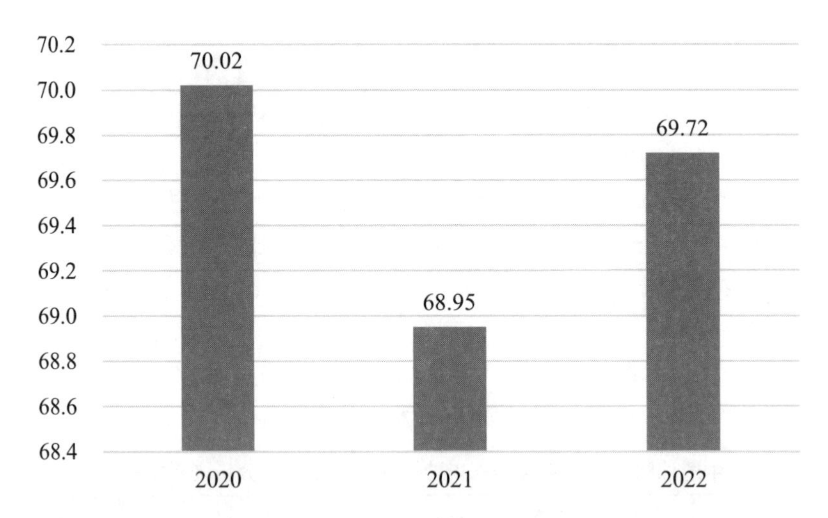

图 8-45　2020—2022 年成立年限 0—4 年中国保险公司自主性治理指数

资料来源：南开大学中国保险机构治理指数数据库。

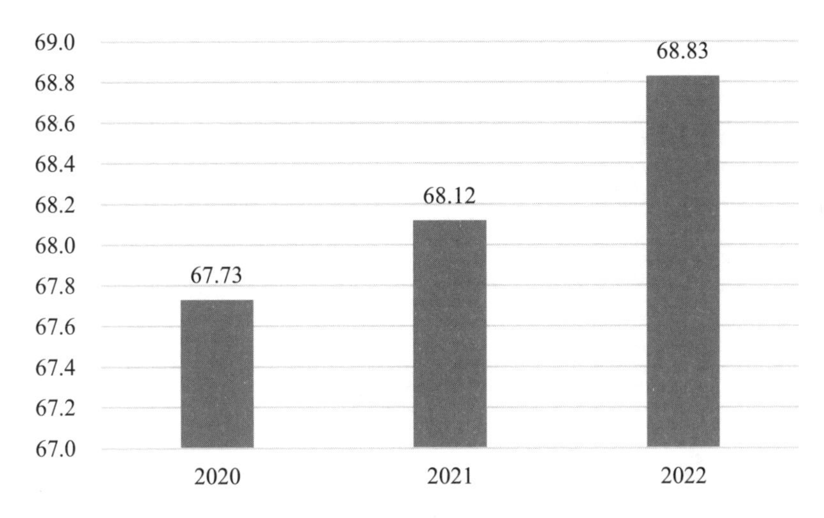

图 8-46　2020—2022 年成立年限 5—9 年中国保险公司自主性治理指数

资料来源：南开大学中国保险机构治理指数数据库。

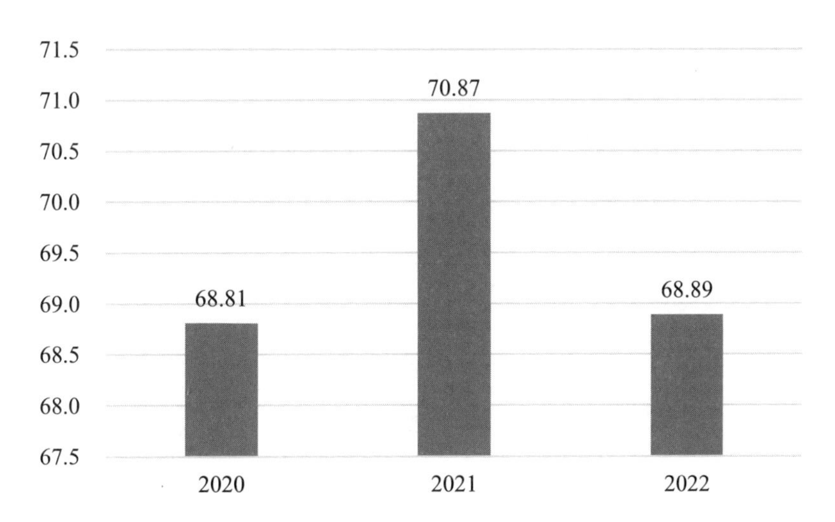

图 8-47　2020—2022 年成立年限 10—14 年中国保险公司自主性治理指数

资料来源：南开大学中国保险机构治理指数数据库。

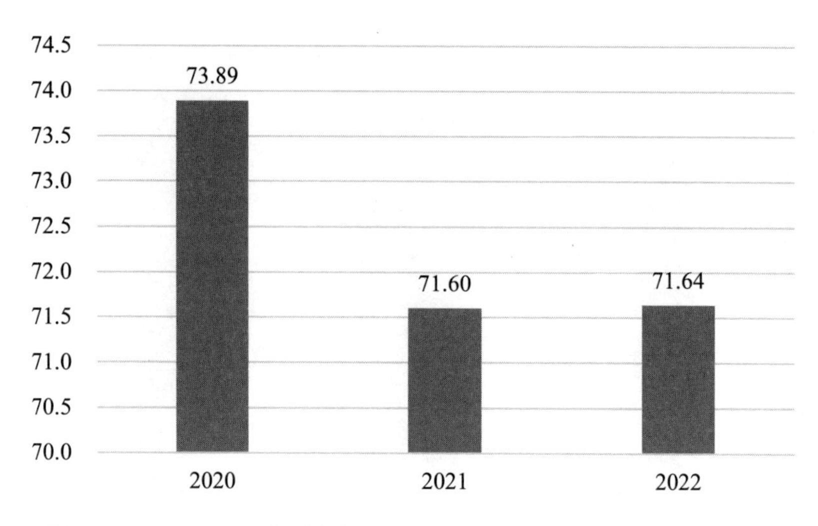

图 8-48　2020—2022 年成立年限 15—19 年中国保险公司自主性治理指数

资料来源：南开大学中国保险机构治理指数数据库。

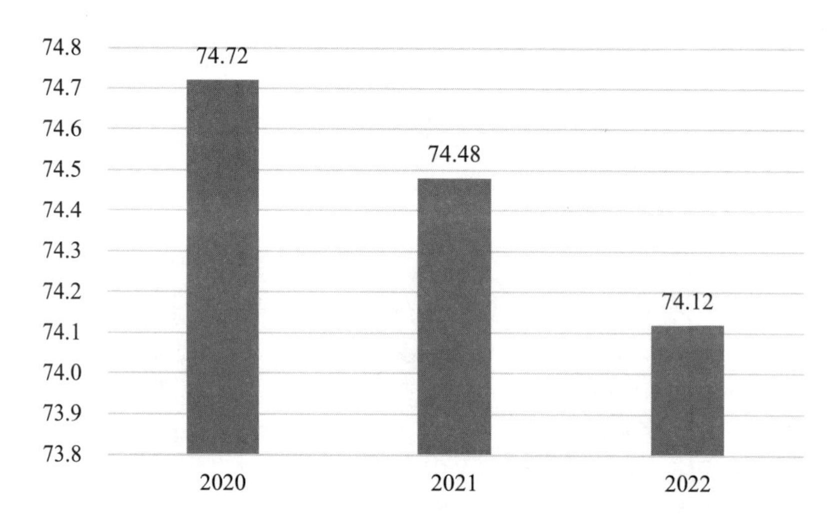

图 8-49　2020—2022 年成立年限 20—24 年中国保险公司自主性治理指数

资料来源：南开大学中国保险机构治理指数数据库。

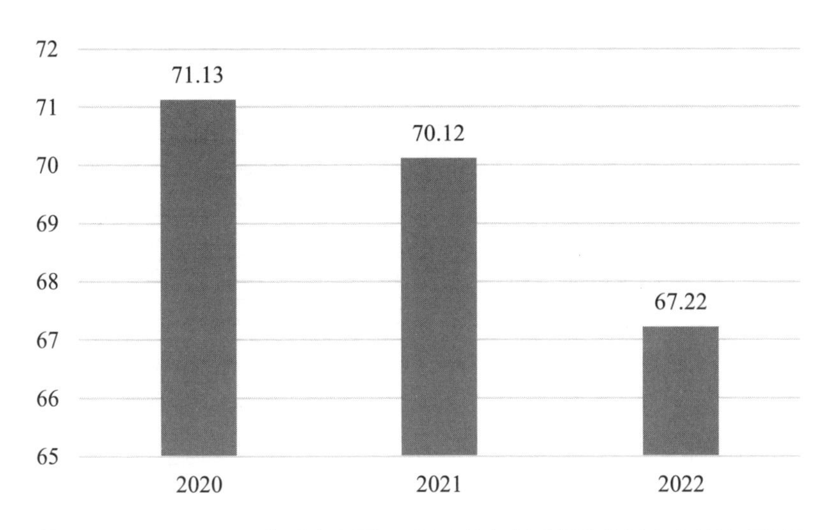

图 8-50　2020－2022 年成立年限 25 年及以上中国保险公司自主性治理指数

资料来源：南开大学中国保险机构治理指数数据库。

七、中国保险公司自主性治理指数分注册地区比较分析

（一）2016－2019 年中国保险公司自主性治理指数分注册地区比较分析

如表 8-21 所示，在北京市、广东省、江苏省、上海市、天津市、浙江省和重庆市这七个主要注册地区中，2016－2019 年中国保险公司自主性治理指数样本数较多的注册地区分别为北京市、上海市和广东省，北京市四年样本数分别为 44、45、45 和 44，上海市四年样本数分别为 41、42、40 和 40，广东省四年样本数分别为 19、21、23 和 24。从平均值看，2016－2019 年中国保险公司自主性治理指数平均值最高的样本注册地区及其数值分别为天津市 73.58、上海市 72.73、浙江省 73.98 和浙江省 76.87，平均值最低的样本注册地区及数值分别为江苏省 64.86、重庆市 62.40、江苏省 65.35 和江苏省 63.88。从中位数看，2016－2019 年中国保险公司自主性治理指数中位数最高的样本注册地区以及数值分别为天津市 73.34、上海市 72.76、浙江省 75.96 和上海市 75.56，中位数最低的样本注册地区以及数值为重庆市 62.69、重庆市 62.93、重庆市 65.67 和江苏省 63.43。总的来看，如图 8-51 所示，2016－2019 年这七个注册地区当中，上海市、天津市和浙江省的指数平均值和中位数整体较高，北京市、广东省、重庆市和江苏省相对较低。

表 8-21　中国保险公司自主性治理指数分注册地区比较分析（2016—2019 年）

年份	注册地区	样本数	平均值	中位数
2016	北京市	44	67.38	67.30
	广东省	19	67.17	69.57
	江苏省	5	64.86	63.23
	上海市	41	71.71	70.70
	天津市	6	73.58	73.34
	浙江省	4	70.93	70.79
	重庆市	4	64.90	62.69
2017	北京市	45	64.98	64.68
	广东省	21	66.50	65.28
	江苏省	5	64.42	64.34
	上海市	42	72.73	72.76
	天津市	6	68.65	69.06
	浙江省	4	72.48	71.09
	重庆市	5	62.40	62.93
2018	北京市	45	68.67	67.52
	广东省	23	67.33	67.35
	江苏省	5	65.35	68.11
	上海市	40	72.39	71.60
	天津市	6	70.10	69.67
	浙江省	5	73.98	75.96
	重庆市	5	68.52	65.67
2019	北京市	44	70.32	70.37
	广东省	24	68.47	70.11
	江苏省	5	63.88	63.43
	上海市	40	74.28	75.56
	天津市	6	72.48	70.66
	浙江省	5	76.87	74.40
	重庆市	5	68.97	68.86

资料来源：南开大学中国保险机构治理指数数据库。

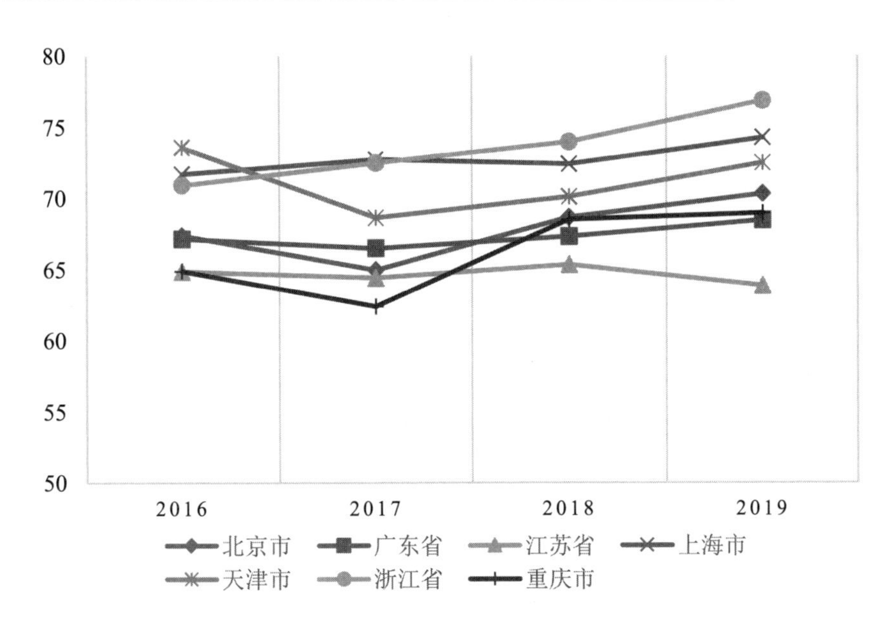

图 8-51　2016－2019 年中国保险公司分注册地区自主性治理指数

资料来源：南开大学中国保险机构治理指数数据库。

（二）2020－2022 年中国保险公司自主性治理指数分注册地区比较分析

如表 8-22 所示，在北京市、广东省、江苏省、上海市、天津市、浙江省和重庆市这七个主要注册地区中，2020－2022 年中国保险公司自主性治理指数样本数较多的注册地区分别为北京市、上海市和广东省，北京市三年样本数分别为 43、42 和 43，上海市三年样本数分别为 40、40 和 42，广东省三年样本数分别为 24、25 和 25。从平均值看，2020－2022 年中国保险公司自主性治理指数平均值最高的样本注册地区以及数值分别为上海市 73.47、上海市 74.01 和江苏省 74.52，平均值最低的样本注册地区及数值分别为天津市 68.07、重庆市 60.69 和重庆市 66.88。从中位数看，2020－2022 年中国保险公司自主性治理指数中位数最高的样本注册地区以及数值分别为广东省 74.32、广东省 73.12 和江苏省 75.15，中位数最低的样本注册地区以及数值分别为天津市 64.18、重庆市 62.75 和重庆市 65.60。总的来看，如图 8-52 所示，2020－2022 年这七个注册地区当中，北京市、江苏省、上海市和浙江省的治理指数平均值总体较高，广东省和天津市相对较低，重庆市最低；北京市、广东省、江苏省和上海市的指数中位数相对较高，天津市、浙江省和重庆市相对较低。

表 8-22 中国保险公司自主性治理指数分注册地区比较分析（2020—2022 年）

年份	注册地区	样本数	平均值	中位数
2020	北京市	43	69.57	70.95
	广东省	24	71.39	74.32
	江苏省	5	69.14	67.38
	上海市	40	73.47	71.09
	天津市	6	68.07	64.18
	浙江省	5	73.42	71.72
	重庆市	5	68.72	67.81
2021	北京市	42	70.52	72.99
	广东省	25	69.64	73.12
	江苏省	5	70.62	72.69
	上海市	40	74.01	72.12
	天津市	7	65.91	63.28
	浙江省	5	72.98	69.56
	重庆市	5	60.69	62.75
2022	北京市	43	72.77	73.14
	广东省	25	68.63	69.39
	江苏省	5	74.52	75.15
	上海市	42	71.21	74.13
	天津市	7	68.18	74.57
	浙江省	5	70.60	70.66
	重庆市	5	66.88	65.60

资料来源：南开大学中国保险机构治理指数数据库。

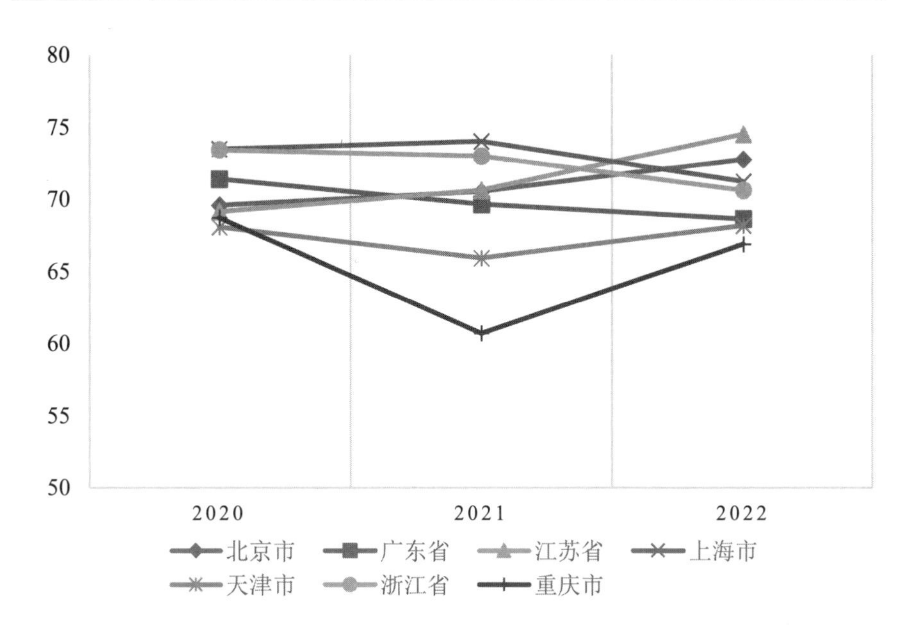

图 8-52　2020－2022 年中国保险公司分注册地区自主性治理指数

资料来源：南开大学中国保险机构治理指数数据库。

八、中国保险公司自主性治理指数分所在城市比较分析

（一）2016－2019 年中国保险公司自主性治理指数分所在城市比较分析

如表 8-23 所示，在北京市、上海市、深圳市、天津市和重庆市这五个主要城市中，2016－2019 年中国保险公司所在城市为北京市、上海市和深圳市的样本数较多，天津市和重庆市样本均为个位数。从平均值看，2016－2019 年中国保险公司自主治理指数平均值最高的样本所在城市以及数值分别为天津市 73.58、上海市 72.73、上海市 72.39 和上海市 74.28，平均值最低的样本所在城市以及数值分别为重庆市 64.90、重庆市 62.40、深圳市 67.67 和深圳市 68.17。从中位数看，2016－2019 年中国保险公司自主性治理指数中位数最高的样本所在城市以及数值分别为深圳市 74.26、上海市 72.76、上海市 71.60 和上海市 75.56，中位数最低的样本所在城市均为重庆市，数值分别为 62.69、62.93、65.67 和 68.86。总的来看，如图 8-53 所示，2016－2019 年这五个城市当中，上海市和天津市的治理指数平均值和中位数总体较高，北京市、深圳市和重庆市相对较低。

表 8-23　中国保险公司自主性治理指数分所在城市比较分析（2016－2019 年）

年份	所在城市	样本数	平均值	中位数
2016	北京市	44	67.38	67.30
	上海市	41	71.71	70.70
	深圳市	13	67.08	74.26
	天津市	6	73.58	73.34
	重庆市	4	64.90	62.69
2017	北京市	45	64.98	64.68
	上海市	42	72.73	72.76
	深圳市	14	67.62	68.99
	天津市	6	68.65	69.06
	重庆市	5	62.40	62.93
2018	北京市	45	68.67	67.52
	上海市	40	72.39	71.60
	深圳市	16	67.67	66.72
	天津市	6	70.10	69.67
	重庆市	5	68.52	65.67
2019	北京市	44	70.32	70.37
	上海市	40	74.28	75.56
	深圳市	17	68.17	69.80
	天津市	6	72.48	70.66
	重庆市	5	68.97	68.86

资料来源：南开大学中国保险机构治理指数数据库。

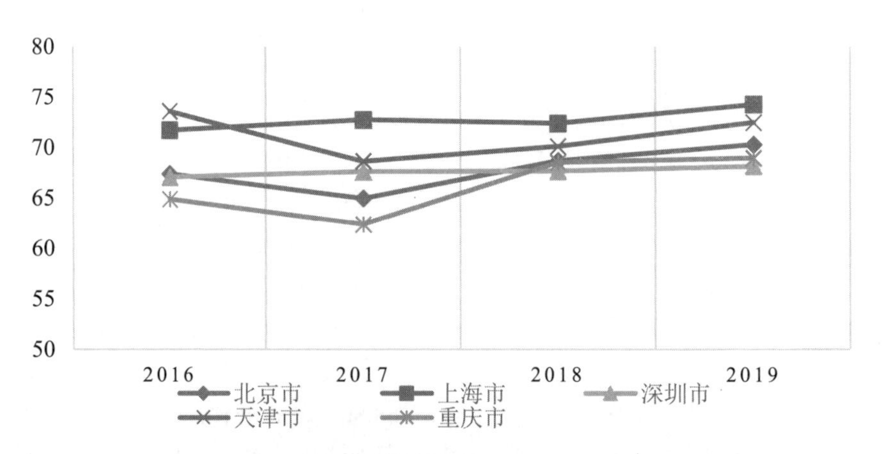

图 8-53　2016－2019 年中国保险公司分所在城市自主性治理指数

资料来源：南开大学中国保险机构治理指数数据库。

（二）2020－2022 年中国保险公司自主性治理指数分所在城市比较分析

如表 8-24 所示，在北京市、上海市、深圳市、天津市和重庆市这五个主要城市中，2020－2022 年中国保险公司所在城市为北京市、上海市和深圳市的样本数较多，天津市和重庆市样本均为个位数。从平均值看，2020－2022 年中国保险公司自主性治理指数平均值最高的样本所在城市以及数值分别为上海市 73.47、上海市 74.01 和北京市 72.77，平均值最低的样本所在城市以及数值分别为天津市 68.07、重庆市 60.69 和重庆市 66.88。从中位数看，2020－2022 年中国保险公司自主性治理指数中位数最高的样本所在城市以及数值分别为深圳市 72.12、深圳市 75.42 和天津市 74.57，中位数最低的样本所在城市以及数值分别为天津市 64.18、重庆市 62.75 和重庆市 65.60。总的来看，如图 8-54 所示，2020－2022 年这五个城市当中，北京市、上海市和深圳市的治理指数平均值和中位数总体较高，天津市和重庆市相对较低。

表 8-24　中国保险公司自主性治理指数分所在城市比较分析（2020－2022 年）

年份	所在城市	样本数	平均值	中位数
2020	北京市	43	69.57	70.95
	上海市	40	73.47	71.09
	深圳市	17	69.66	72.12
	天津市	6	68.07	64.18
	重庆市	5	68.72	67.81
2021	北京市	42	70.52	72.99
	上海市	40	74.01	72.12
	深圳市	17	69.51	75.42
	天津市	7	65.91	63.28
	重庆市	5	60.69	62.75
2022	北京市	43	72.77	73.14
	上海市	42	71.21	74.13
	深圳市	17	68.44	68.71
	天津市	7	68.18	74.57
	重庆市	5	66.88	65.60

资料来源：南开大学中国保险机构治理指数数据库。

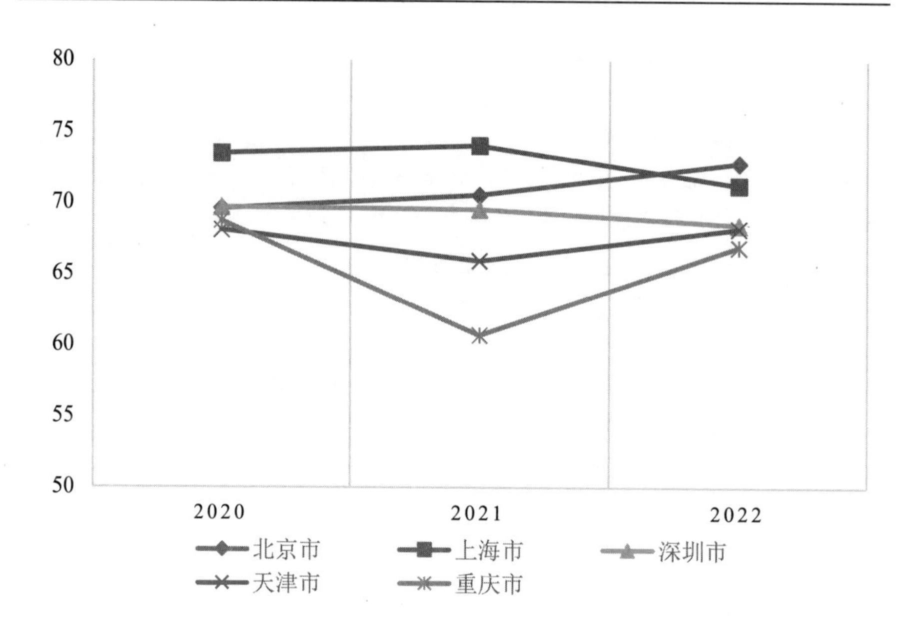

图 8-54　2020—2022 年中国保险公司分所在城市自主性治理指数

资料来源：南开大学中国保险机构治理指数数据库。

第九章　中国保险公司治理指数比较分析

本章在第六章中国保险公司治理指数总体分析、第七章中国保险公司治理指数分维度分析和第八章中国保险公司治理指数分层次分析的基础上，从规模类型、资本性质、组织形式、险种类型、成立年限、注册地及所在城市角度展开保险公司治理总指数和分指数的比较分析，以此探究这些因素对保险公司治理状况的影响。

第一节　公司治理指数分规模类型比较分析

一、公司治理总指数分规模类型比较分析

如表 9-1 和图 9-1 所示，2016－2022 年，大型保险公司治理指数平均值分别为 71.97、72.13、72.34、74.80、74.70、73.97 和 75.26，总体呈现上升趋势。如图 9-2 所示，中型保险公司 2016－2022 年治理指数平均值分别为 70.02、70.08、71.63、74.24、74.23、74.76 和 75.18，总体呈现上升趋势。如图 9-3 和图 9-4 所示，小型保险公司和微型保险公司治理指数平均值仍然呈现上升趋势，从中位数看，可以得到相同的结果。相比之下，除 2021 年小型保险公司治理指数平均值略微高于大型保险公司外，大型保险公司和中型保险公司的治理指数普遍高于小型保险公司和微型保险公司治理指数。

表 9-1　中国保险公司治理指数分规模类型比较分析

年份	规模类型	样本数	平均值	中位数
2016	B	6	71.97	75.02
	M	27	70.02	72.60
	S	82	67.60	67.74
	T	41	65.65	67.40

续表

年份	规模类型	样本数	平均值	中位数
2017	B	6	72.13	75.84
	M	32	70.08	73.44
	S	83	67.72	67.74
	T	44	66.14	67.54
2018	B	7	72.34	77.74
	M	33	71.63	74.07
	S	93	68.90	68.89
	T	40	66.59	65.92
2019	B	7	74.80	80.98
	M	35	74.24	76.42
	S	95	70.82	71.47
	T	36	67.93	69.13
2020	B	9	74.70	76.41
	M	38	74.23	76.68
	S	101	72.55	72.42
	T	25	69.09	70.80
2021	B	9	73.97	78.88
	M	45	74.76	77.79
	S	100	73.98	75.21
	T	20	72.49	73.50
2022	B	11	75.26	79.96
	M	48	75.18	77.33
	S	99	74.26	74.16
	T	18	71.39	71.09

资料来源：南开大学中国保险机构治理指数数据库。

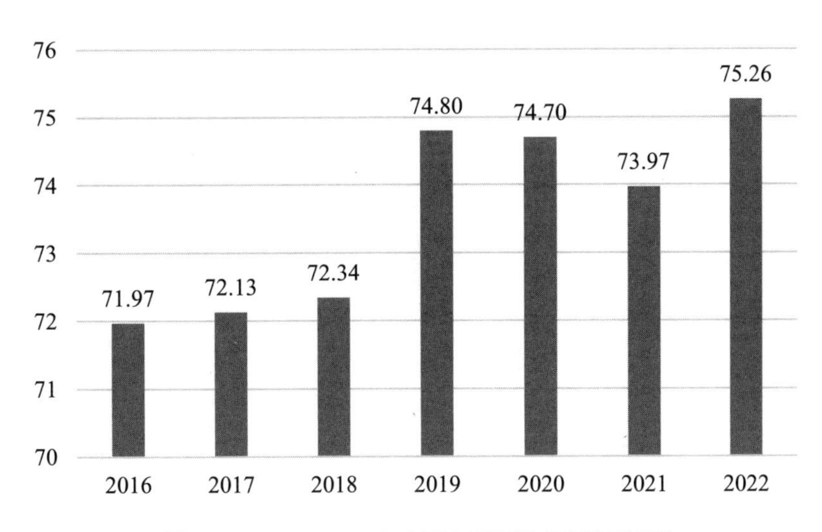

图 9-1　2016－2022 年中国大型保险公司治理指数

资料来源：南开大学中国保险机构治理指数数据库。

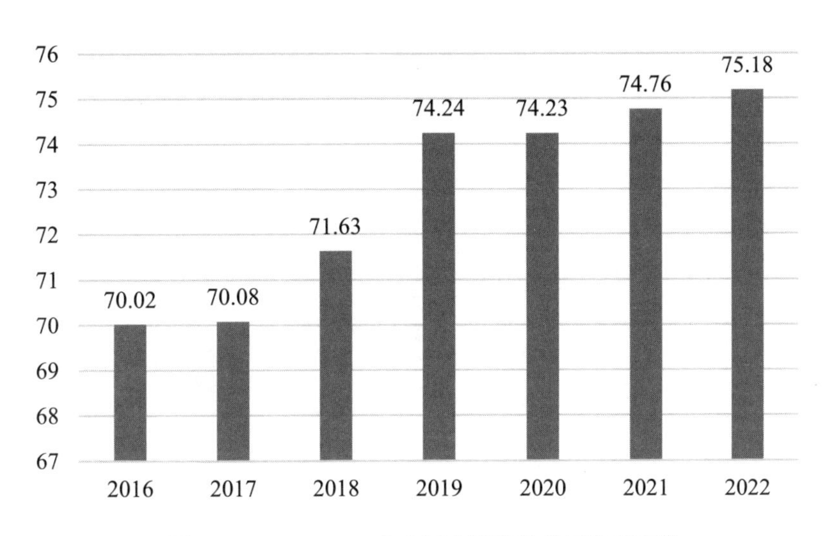

图 9-2　2016－2022 年中国中型保险公司治理指数

资料来源：南开大学中国保险机构治理指数数据库。

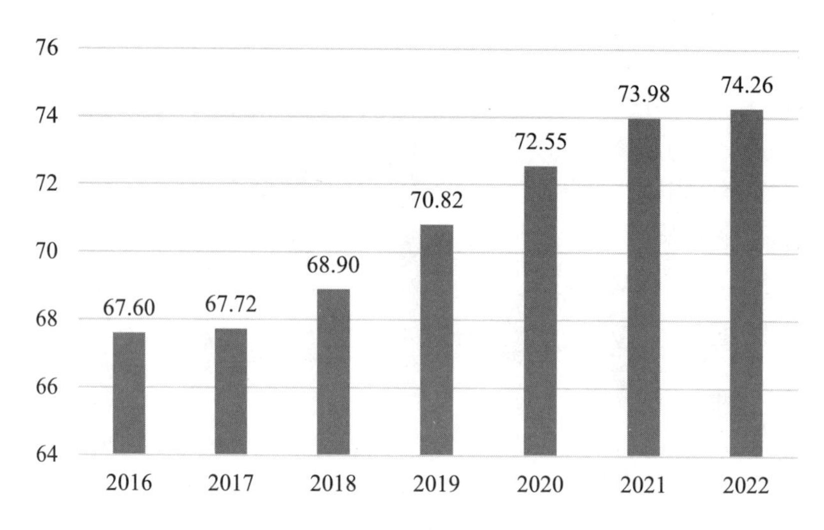

图 9-3　2016－2022 年中国小型保险公司治理指数

资料来源：南开大学中国保险机构治理指数数据库。

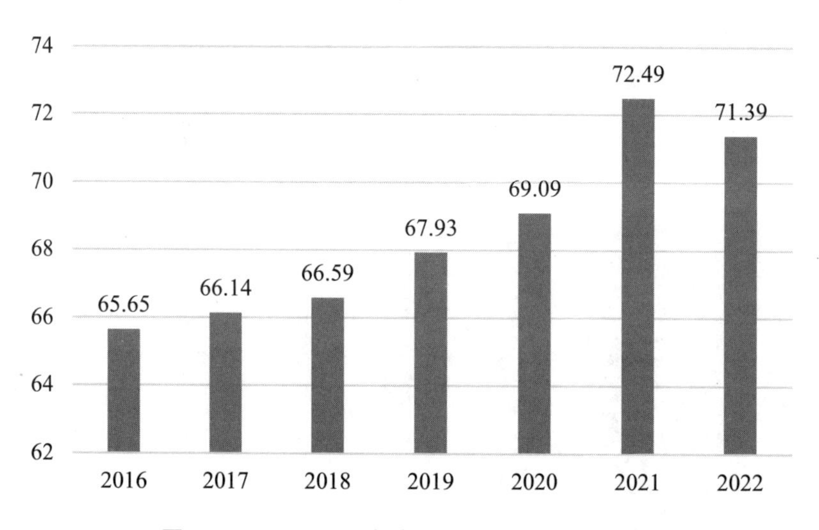

图 9-4　2016－2022 年中国微型保险公司治理指数

资料来源：南开大学中国保险机构治理指数数据库。

二、公司治理分指数分规模类型比较分析

如表 9-2 所示，将中国保险公司治理分指数按规模类型进行比较分析，2016－2022 年在股东与股权结构方面，大型保险公司治理指数分别为

70.00、76.67、80.00、80.00、73.33、77.78、74.55，总体呈现上升趋势，其中2018年和2019年评分较高。同时小型保险公司的股东与股权结构指数总体上呈现上升趋势，并且除2022年外，均小于大型和中型保险公司的股东与股权结构指数。在董事与董事会方面，2016－2022年大型保险公司董事与董事会指数评分分别为60.00、56.67、53.33、57.14、61.48、60.00、60.61。而中型保险公司在2016－2022年董事与董事会指数分别为52.10、54.79、58.99、58.29、61.75、64.00、65.02，指数呈现平稳上升趋势。小型保险公司和微型保险公司的董事与董事会指数在2016－2022年同样呈现上升趋势，且除2022年外，均小于大型和中型保险公司的董事与董事会治理指数。在监事与监事会方面，2016－2022年不同类型的保险公司监事与监事会指数和董事与董事会指数分布特点相类似。在高级管理人员方面，2016－2022年大型保险公司高级管理人员治理指数分别为61.90、69.05、67.35、67.35、76.19、71.43、84.42，整体呈现上升趋势；中型保险公司2016－2022年高级管理人员治理指数分别为71.43、74.55、74.89、82.86、81.20、87.94、85.12，整体呈现上升趋势，且高于大型保险公司高级管理人员治理指数。小型保险公司和微型保险公司与中型保险公司相同，高级管理人员治理指数同样呈现上升趋势。在信息披露方面，大型保险公司和中型保险公司在2016－2021年信息披露指数平稳，在2022年有所下降，而小型保险公司的信息披露指数在2016－2022年呈现上升趋势，微型保险公司信息披露指数在2016－2022年上下波动较大，并且在2020年和2021年，小型和微型保险公司信息披露指数高于大型和中型保险公司信息披露指数。在利益相关者方面，2016－2022年大型保险公司利益相关者指数分别为83.33、74.07、79.37、92.06、90.12、81.48和85.86，上下波动较大，2017年和2018年利益相关者指数较低，2019年和2020年利益相关者指数较高。微型保险公司的利益相关者指数在2016－2022年变化较为平稳，中型保险公司和小型保险公司2017年、2018年利益相关者指数较低，2019年利益相关者指数较高。

表9-2　中国保险公司治理分指数分规模类型比较分析

年份	规模类型	样本数	股东与股权结构	董事与董事会	监事与监事会	高级管理人员	信息披露	利益相关者
2016	B	6	70.00	60.00	59.52	61.90	91.18	83.33
	M	27	68.15	52.10	42.33	71.43	92.59	83.54
	S	82	59.27	51.06	39.37	71.25	92.61	81.98
	T	41	67.80	45.85	36.24	61.67	89.90	81.03

续表

年份	规模类型	样本数	股东与股权结构	董事与董事会	监事与监事会	高级管理人员	信息披露	利益相关者
2017	B	6	76.67	56.67	64.29	69.05	89.22	74.07
	M	32	65.00	54.79	44.20	74.55	91.91	80.90
	S	83	60.00	51.00	41.14	73.67	91.59	79.92
	T	44	63.18	46.67	39.29	69.48	89.12	80.05
2018	B	7	80.00	53.33	61.22	67.35	89.08	79.37
	M	33	66.06	58.99	45.02	74.89	92.34	82.49
	S	93	60.22	51.61	52.23	72.96	92.49	78.97
	T	40	59.50	47.00	47.50	72.86	89.23	78.33
2019	B	7	80.00	57.14	55.10	67.35	89.92	92.06
	M	35	66.86	58.29	47.35	82.86	92.10	89.84
	S	95	59.16	52.00	52.63	78.95	92.09	85.96
	T	36	58.89	47.78	46.83	76.98	90.03	81.79
2020	B	9	73.33	61.48	49.21	76.19	88.89	90.12
	M	38	66.84	61.75	47.74	81.20	92.26	86.55
	S	101	63.56	52.41	51.77	82.89	94.98	84.60
	T	25	64.80	51.73	42.29	75.43	92.47	78.67
2021	B	9	77.78	60.00	57.14	71.43	89.54	81.48
	M	45	64.44	64.00	51.75	87.94	90.85	82.72
	S	100	63.60	55.60	52.14	91.29	95.92	80.32
	T	20	66.00	58.00	45.71	89.29	91.06	77.01
2022	B	11	74.55	60.61	54.55	84.42	86.10	85.86
	M	48	64.58	65.02	51.56	85.12	88.97	88.66
	S	99	64.65	60.93	48.61	84.27	94.20	84.62
	T	18	68.89	55.21	50.00	77.78	90.11	79.63

资料来源：南开大学中国保险机构治理指数数据库。

第二节　公司治理指数分资本性质比较分析

一、公司治理总指数分资本性质比较分析

如表 9-3、图 9-5 和图 9-6 所示，2016－2022 年，中资保险公司治理指数平均值整体分别为 68.39、68.19、70.02、72.18、73.59、74.81 和 74.92，

呈现上升趋势；外资保险公司 2016—2022 年治理指数平均值分别为 66.10、67.26、66.52、68.35、69.85、72.04 和 72.62，也整体呈现上升趋势。从中位数看，可以得到相似的结果。相比之下，中资保险公司的治理指数平均值和中位数均高于外资保险公司治理指数。

表 9-3　中国保险公司治理指数分资本性质比较分析

年份	资本性质	样本数	平均值	中位数
2016	C	107	68.39	69.79
	F	49	66.10	66.11
2017	C	116	68.19	70.33
	F	49	67.26	66.95
2018	C	124	70.02	71.51
	F	49	66.52	65.62
2019	C	123	72.18	74.25
	F	50	68.35	68.38
2020	C	124	73.59	74.32
	F	49	69.85	69.33
2021	C	124	74.81	77.16
	F	50	72.04	71.77
2022	C	127	74.92	76.71
	F	49	72.62	73.23

资料来源：南开大学中国保险机构治理指数数据库。

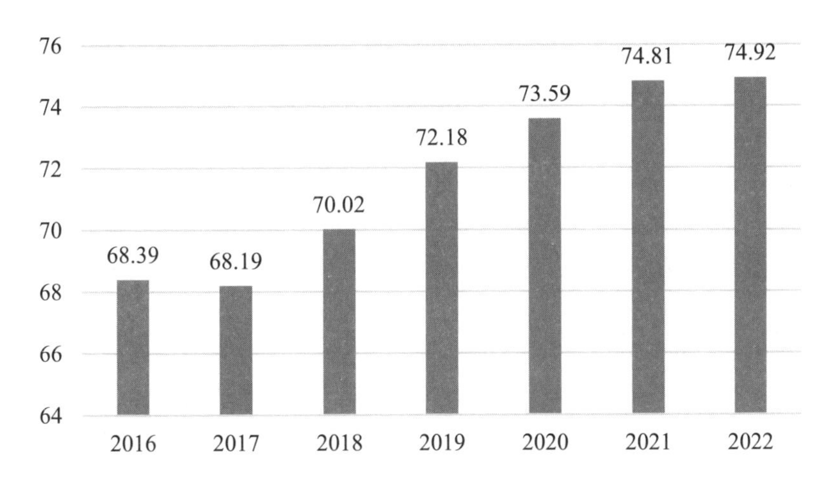

图 9-5　2016—2022 年中国中资保险公司治理指数

资料来源：南开大学中国保险机构治理指数数据库。

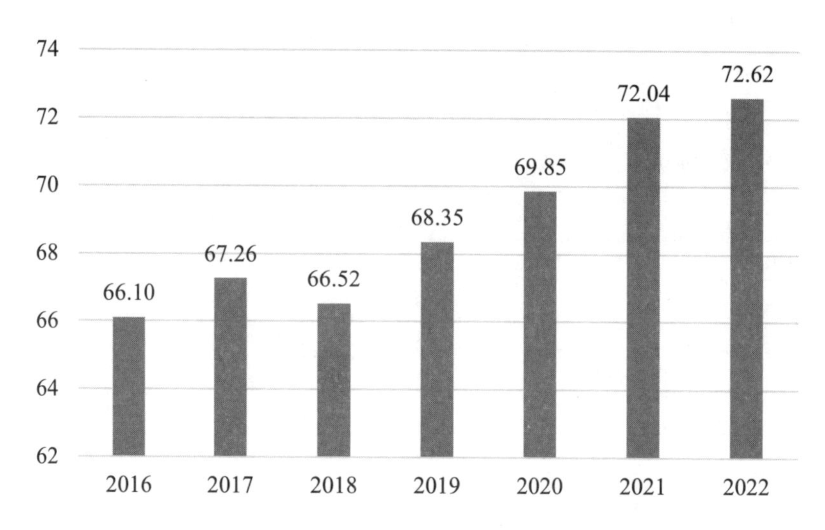

图 9-6　2016—2022 年中国外资保险公司治理指数

资料来源：南开大学中国保险机构治理指数数据库。

二、公司治理分指数分资本性质比较分析

如表 9-4 所示，中国保险公司治理分指数按资本性质进行比较分析，在股东与股权结构方面，2016—2022 年中资保险公司的股东与股权结构指数分别为 62.24、61.03、59.68、59.19、64.03、63.55 和 64.88，而外资保险公司的股东与股权结构指数分别为 66.12、65.71、67.76、67.20、67.35、68.00 和 67.76，总体均呈现上升趋势，且外资保险公司的股东与股权结构指数始终高于中资保险公司。在董事与董事会方面，中资保险公司 2016—2022 年董事与董事会指数分别为 54.64、55.17、58.71、58.70、61.24、64.25 和 65.67，总体呈现上升趋势，外资保险公司的董事与董事会指数呈现先降后升趋势且中资保险公司的董事与董事会指数均高于外资保险公司。在监事与监事会方面，2016—2022 年中资保险公司和外资保险公司均呈整体上升趋势，且中资保险公司的监事与监事会指数高于外资保险公司。在高级管理人员方面，2016—2022 年，中资保险公司和外资保险公司的高级管理人员治理指数同样均呈整体上升趋势，且外资保险公司的高级管理人员指数高于中资保险公司。在信息披露方面，2016—2022 年，中资保险公司的信息披露指数较为平稳，2016 年为 91.46，2022 年为 90.85，而外资保险公司的信息披露指数呈现上升趋势，由 2016 年的 92.68 上升到了 2022 年的 94.45，同时外资保险公司的信息披露指数高于中资保险公司。在利益相关

者方面，2016－2022年中资保险公司和外资保险公司的利益相关者指数均呈现波动上升趋势，分别由2016年的80.37和85.71上升到2022年的83.81和89.12，并且外资保险公司的利益相关者指数均高于中资保险公司。

表9-4　中国保险公司治理分指数分资本性质比较分析

年份	资本性质	样本数	股东与股权结构	董事与董事会	监事与监事会	高级管理人员	信息披露	利益相关者
2016	C	107	62.24	54.64	45.93	66.89	91.46	80.37
	F	49	66.12	40.54	26.53	71.72	92.68	85.71
2017	C	116	61.03	55.17	47.54	70.57	89.80	77.49
	F	49	65.71	40.41	29.15	77.26	93.52	85.71
2018	C	124	59.68	58.71	56.91	71.66	90.80	77.78
	F	49	67.76	35.10	32.94	76.68	93.52	83.90
2019	C	123	59.19	58.70	57.72	77.93	91.07	84.82
	F	50	67.20	37.60	32.57	81.14	92.82	89.33
2020	C	124	64.03	61.24	56.45	78.57	92.97	82.80
	F	49	67.35	38.64	31.49	87.46	95.56	88.66
2021	C	124	63.55	64.25	57.83	87.33	92.91	78.21
	F	50	68.00	43.47	36.00	93.71	95.72	86.58
2022	C	127	64.88	65.67	55.22	82.68	90.85	83.81
	F	49	67.76	50.47	36.22	86.88	94.45	89.12

资料来源：南开大学中国保险机构治理指数数据库。

第三节　公司治理指数分组织形式比较分析

一、公司治理总指数分组织形式比较分析

如表9-5、图9-7和图9-8所示，中国保险公司治理指数分组织形式进行比较分析，2016－2022年有限制保险公司的治理指数的平均值分别为66.17、66.43、66.77、67.44、68.58、71.91和72.55，呈现逐年上升的趋势；股份制保险公司2016－2022年治理指数平均值分别为68.56、68.79、70.26、73.15、74.79、75.24和75.29，同样呈现逐年上升趋势，且股份制保险公司的治理指数平均值和中位数均高于有限制保险公司的治理指数。

表 9-5　中国保险公司治理指数分组织形式比较分析

年份	组织性质	样本数	平均值	中位数
2016	L	58	66.17	66.56
	S	98	68.56	69.63
2017	L	61	66.43	66.95
	S	104	68.79	69.98
2018	L	61	66.77	65.93
	S	112	70.26	71.37
2019	L	63	67.44	68.25
	S	110	73.15	74.52
2020	L	63	68.58	68.99
	S	110	74.79	75.46
2021	L	64	71.91	73.00
	S	110	75.24	77.36
2022	L	65	72.55	72.31
	S	111	75.29	76.86

资料来源：南开大学中国保险机构治理指数数据库。

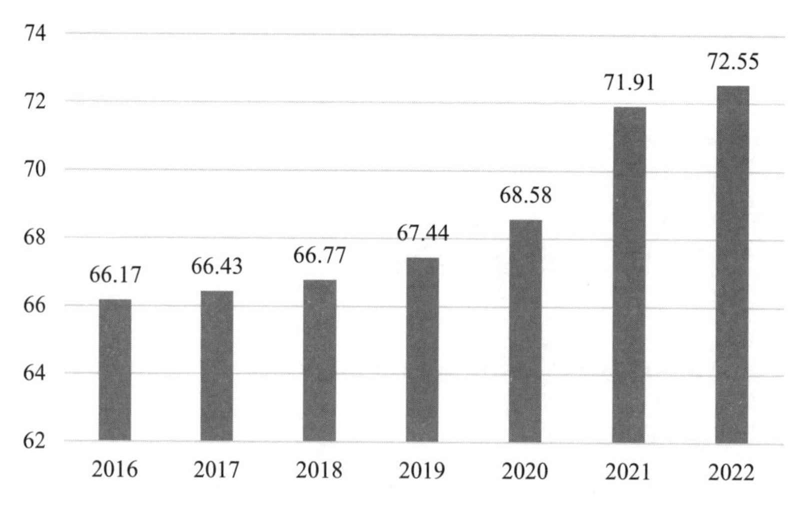

图 9-7　2016—2022 年中国有限制保险公司治理指数

资料来源：南开大学中国保险机构治理指数数据库。

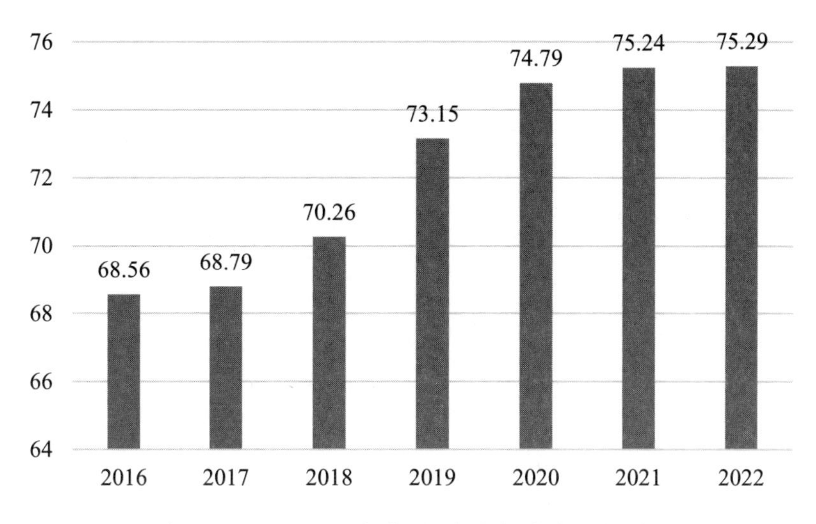

图 9-8　2016－2022 年中国股份制保险公司治理指数

资料来源：南开大学中国保险机构治理指数数据库。

二、公司治理分指数分组织形式比较分析

如表 9-6 所示，中国保险公司治理分指数按组织形式进行比较分析，2016－2022 年，在股东与股权结构方面，有限制保险公司股东与股权结构指数总体分别为 64.83、64.26、65.90、65.08、66.67、66.25 和 67.69，整体呈现上升趋势。股份制保险公司 2016－2022 年的股东与股权结构指数分别为 62.65、61.35、59.82、59.45、64.00、64.00 和 64.50，在 2017 年、2018 年和 2019 年有所降低，但整体呈现上升趋势，并且股份制保险公司的股东与股权结构指数低于有限制保险公司。在董事与董事会方面，2016－2022 年有限制保险公司的董事与董事会指数呈先下降后上升的趋势，分别从 2016 年的 42.41 上升到 2022 年的 52.75，股份制保险公司的董事与董事会指数呈逐年上升趋势，从 2016 年的 54.83 上升到 2022 年的 66.53，且有限制保险公司的董事与董事会指数低于股份制保险公司。监事与监事会指数在 2016－2022 年整体呈现上升趋势，但有限制保险公司的监事与监事会指数低于股份制保险公司。在高级管理人员方面，2016－2021 年有限制保险公司和股份制保险公司的高级管理人员指数总体为上升趋势，但 2022 年出现显著下降。2019 年、2020 年和 2022 年有限制保险公司的高级管理人员指数均低于股份制保险公司，而其余各年有限制保险公司的高级管理人员指数均高于股份制保险公司。在信息披露方面，2016－2022 年有限制保险

公司和股份制保险公司的信息披露指数均呈现平稳状态，在 90－95 之间波动，除 2019 年有限制保险公司的信息披露指数略低于股份制保险公司外，其余各年有限制保险公司的信息披露指数均高于股份制保险公司。在利益相关者方面，2016－2022 年有限制保险公司和股份制保险公司的利益相关者指数均呈现波动上升趋势，且有限制保险公司的利益相关者指数均高于股份制保险公司。

表 9-6 中国保险公司治理分指数分组织形式比较分析

年份	组织形式	样本数	股东与股权结构	董事与董事会	监事与监事会	高级管理人员	信息披露	利益相关者
2016	L	58	64.83	42.41	30.05	69.70	92.60	85.06
	S	98	62.65	54.83	45.63	67.64	91.39	80.27
2017	L	61	64.26	41.97	33.26	72.83	92.41	83.24
	S	104	61.35	55.96	47.25	72.39	90.02	77.99
2018	L	61	65.90	38.14	38.64	74.94	92.43	83.06
	S	112	59.82	59.58	56.38	72.07	91.10	77.58
2019	L	63	65.08	38.73	35.15	77.32	91.56	88.18
	S	110	59.45	60.55	59.22	79.74	91.58	84.95
2020	L	63	66.67	40.53	35.60	79.59	94.02	85.89
	S	110	64.00	63.03	57.27	81.95	93.52	83.64
2021	L	64	66.25	46.67	41.07	91.52	94.17	84.46
	S	110	64.00	65.03	57.66	87.79	93.45	78.38
2022	L	65	67.69	52.75	41.15	83.74	93.01	87.52
	S	111	64.50	66.53	55.07	83.91	91.17	83.98

资料来源：南开大学中国保险机构治理指数数据库。

第四节 公司治理指数分险种类型比较分析

一、公司治理总指数分险种类型比较分析

如表 9-7 所示，2016－2022 年人身险公司和财产险公司样本数总体均呈现上升趋势。从平均值来看，如图 9-9 和图 9-10 所示，2016－2022 年人身险公司治理指数分别为 69.26、69.30、70.56、72.65、73.28、74.21 和 74.79，呈现逐年上升趋势；2016－2022 年财产险公司治理指数分别为

66.16、66.52、67.44、69.43、71.73、73.80 和 73.73，总体也呈现上升趋势。相比而言，人身险公司治理指数的平均值均高于财产险公司治理指数的平均值。从中位数来看，2016－2022 年人身险公司治理指数呈现逐年上升趋势，财产险公司治理指数呈现总体上升趋势，相比而言，人身险公司治理指数的中位数均高于财产险公司治理指数的中位数。从标准差来看，2016－2022 年人身险公司和财产险公司治理指数标准差均呈现先上升后下降趋势，2016－2019 年人身险公司治理指数标准差低于财产险公司治理指数标准差，2020－2022 年人身险公司治理指数标准差高于财产险公司治理指数标准差。从极差、最小值和最大值来看，2016－2022 年人身险公司和财产险公司治理指数均在一定范围内小幅波动。

表 9-7　中国保险公司治理指数分险种统计分析

年份	险种类型	样本数	平均值	中位数	标准差	极差	最小值	最大值
2016	N	76	69.26	69.64	8.60	39.02	46.00	85.02
	P	80	66.16	66.70	8.68	51.47	34.03	85.50
2017	N	83	69.30	70.50	9.34	49.06	44.15	93.21
	P	82	66.52	66.36	9.58	50.65	33.04	83.69
2018	N	88	70.56	71.21	9.45	54.83	35.57	90.41
	P	85	67.44	66.57	9.83	57.03	33.04	90.07
2019	N	88	72.65	73.09	9.62	58.52	33.31	91.83
	P	85	69.43	70.49	9.93	54.64	34.44	89.08
2020	N	89	73.28	73.61	9.74	52.31	37.67	89.98
	P	84	71.73	71.73	9.25	57.33	34.21	91.54
2021	N	90	74.21	76.13	9.49	49.47	41.64	91.11
	P	84	73.80	75.22	8.58	49.12	40.27	89.39
2022	N	91	74.79	76.26	8.60	55.33	38.35	93.67
	P	85	73.73	73.75	8.00	40.15	46.93	87.08

资料来源：南开大学中国保险机构治理指数数据库。

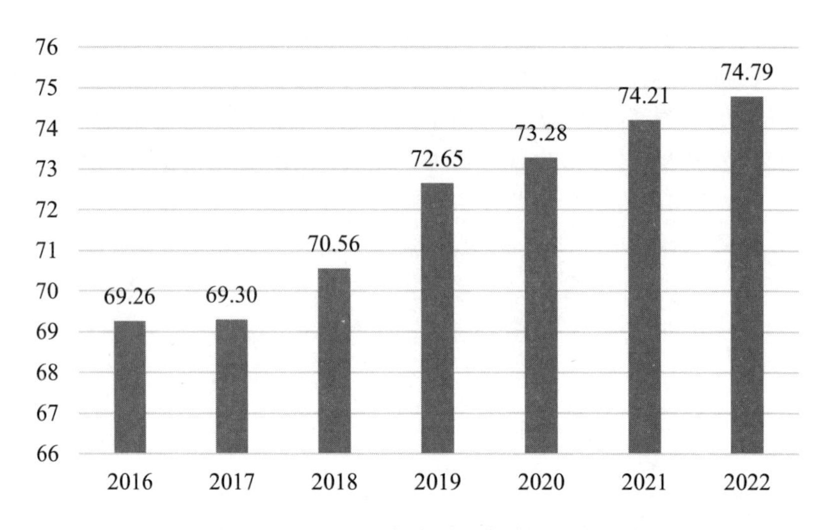

图 9-9　2016—2022 年中国人身险公司治理指数

资料来源：南开大学中国保险机构治理指数数据库。

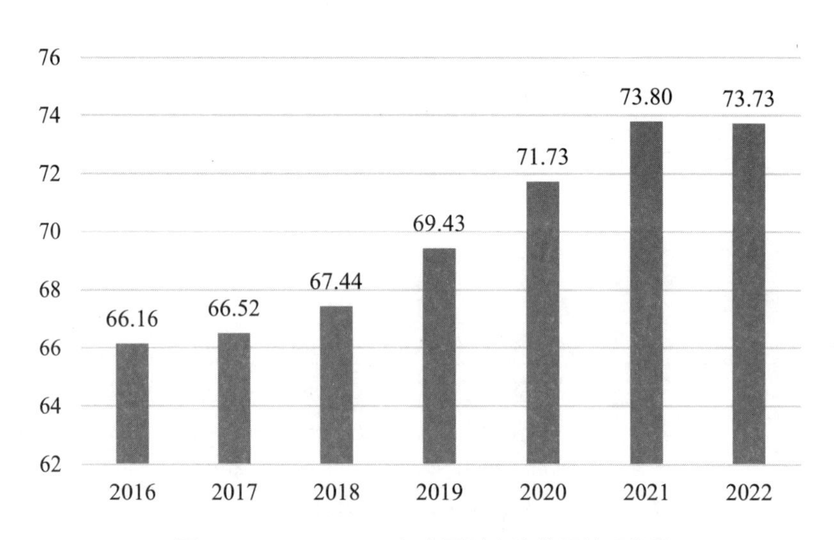

图 9-10　2016—2022 年中国财产险公司治理指数

资料来源：南开大学中国保险机构治理指数数据库。

二、公司治理分指数分险种类型比较分析

如表 9-8 所示，从保险公司的险种类型来看，除 2017 年外，人身险公司的股东与股权结构指数均低于财产险公司，二者样本指数平均值的差

距在 2020—2022 年分别达到 2.83、3.56 和 5.85，差距呈现逐年增大趋势；人身险公司的监事与监事会指数始终低于财产险公司，二者差距在 2020—2022 年分别达到 8.14、3.23 和 1.56；除 2022 年人身险公司的信息披露指数略低于财产险公司外，人身险公司的董事与董事会指数、高级管理人员指数、信息披露指数和利益相关者指数均高于财产险公司。

表 9-8　中国保险公司治理分指数分险种类型比较分析

年份	险种类型	样本数	股东与股权结构	董事与董事会	监事与监事会	高级管理人员	信息披露	利益相关者
2016 年	N	76	62.89	52.28	36.28	73.68	93.00	85.67
	P	80	64.00	48.25	43.21	63.39	90.74	78.61
2017 年	N	83	63.37	51.41	39.93	77.97	92.13	81.39
	P	82	61.46	50.16	44.25	67.07	89.67	78.46
2018 年	N	88	61.14	53.79	48.70	76.62	92.99	83.46
	P	85	62.82	50.20	51.60	69.41	90.10	75.42
2019 年	N	88	60.91	55.38	48.70	81.98	93.33	89.02
	P	85	62.12	49.73	52.27	75.63	89.76	83.14
2020 年	N	89	63.60	57.38	45.43	83.63	94.70	86.27
	P	84	66.43	52.14	53.57	78.40	92.65	82.54
2021 年	N	90	63.11	60.67	50.00	87.78	93.74	82.90
	P	84	66.67	55.71	53.23	90.65	93.70	78.17
2022 年	N	91	62.86	64.66	49.18	85.24	91.80	86.69
	P	85	68.71	57.99	50.74	82.35	91.90	83.79

资料来源：南开大学中国保险机构治理指数数据库。

第五节　公司治理指数分成立年限比较分析

一、公司治理总指数分成立年限比较分析

如表 9-9 所示，从 2016—2022 年样本的成立年限分组情况来看，大多数样本分布于 1—4 组，即绝大多数保险公司成立年限为 1—19 年；分布于 5 组的样本数最少，只有极少数保险公司成立年限为 20 年以上。从各成立年限分组的治理指数平均值和中位数来看，如图 9-11、图 9-12、图 9-13、图 9-14、图 9-15 和图 9-16 所示，在 2016—2019 年中，成立年限在 20 年

以上的保险公司治理指数分值明显高于 20 年以下的保险公司，二者分值差距较大；在 2020—2022 年中，各个成立年限分组的样本分值相比往年有所提升，组别之间差距明显缩小，整体评分呈现上升趋势。

表 9-9　中国保险公司治理指数分成立年限比较分析

年份	成立年限分组	样本数	平均值	中位数
2016	0—4 年	40	66.60	67.76
	5—9 年	49	65.51	67.40
	10—14 年	50	69.52	68.68
	15—19 年	11	69.77	70.75
	20—24 年	6	73.17	74.53
2017	0—4 年	40	65.52	66.91
	5—9 年	43	66.45	66.95
	10—14 年	56	68.34	67.88
	15—19 年	20	72.63	71.50
	20—24 年	6	74.75	74.56
2018	0—4 年	42	68.67	69.28
	5—9 年	40	65.24	66.18
	10—14 年	58	69.36	69.22
	15—19 年	25	72.48	74.07
	20—24 年	8	76.60	76.46
2019	0—4 年	38	71.43	73.23
	5—9 年	34	68.65	70.64
	10—14 年	61	70.13	70.02
	15—19 年	31	73.35	73.12
	20—24 年	9	77.19	75.70
2020	0—4 年	29	72.10	73.00
	5—9 年	38	71.45	72.01
	10—14 年	48	71.34	71.14
	15—19 年	46	73.81	72.48
	20—24 年	10	77.32	77.69
	25 年及以上	2	74.23	74.23
2021	0—4 年	20	73.16	75.20
	5—9 年	40	73.68	75.86
	10—14 年	47	74.69	75.73

续表

年份	成立年限分组	样本数	平均值	中位数
2021	15—19 年	50	74.09	75.51
	20—24 年	11	73.47	78.32
	25 年及以上	6	74.09	73.34
2022	0—4 年	13	76.26	80.30
	5—9 年	40	73.98	74.39
	10—14 年	41	73.80	73.24
	15—19 年	56	74.40	75.41
	20—24 年	20	74.69	79.01
	25 年及以上	6	72.75	75.90

资料来源：南开大学中国保险机构治理指数数据库。

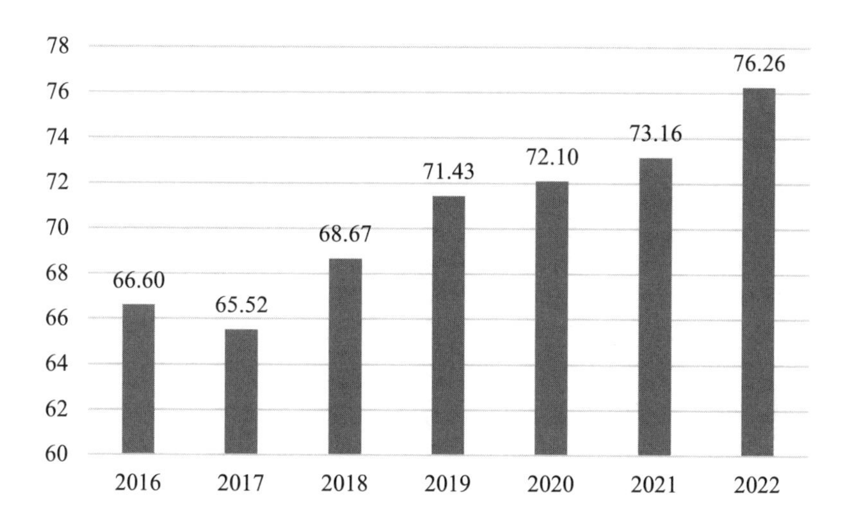

图 9-11　2016—2022 年成立年限 0—4 年中国保险公司治理指数

资料来源：南开大学中国保险机构治理指数数据库。

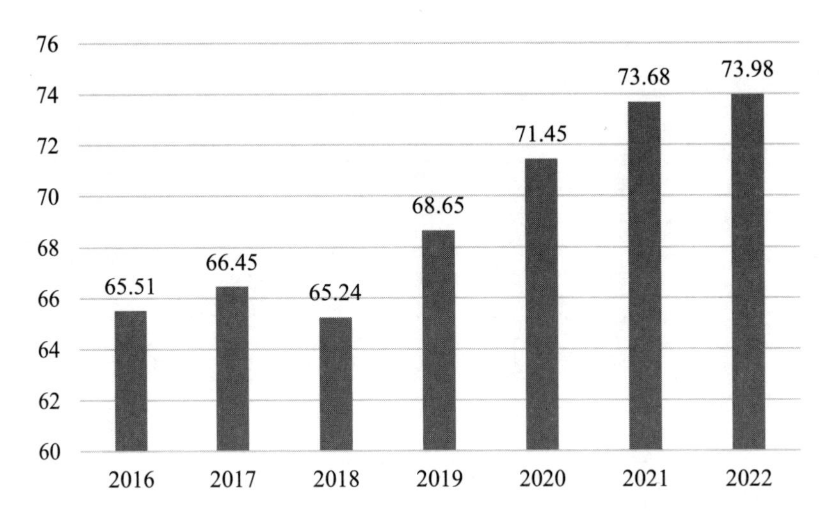

图 9-12　2016—2022 年成立年限 5—9 年中国保险公司治理指数

资料来源：南开大学中国保险机构治理指数数据库。

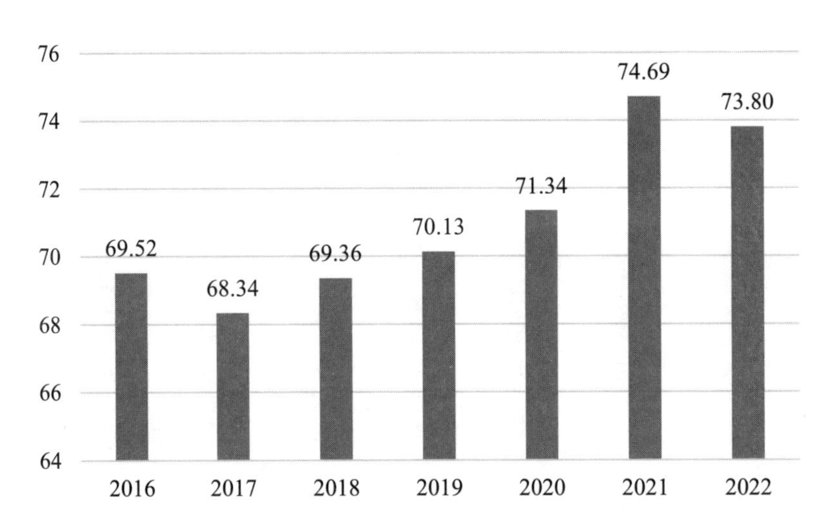

图 9-13　2016—2022 年成立年限 10—14 年中国保险公司治理指数

资料来源：南开大学中国保险机构治理指数数据库。

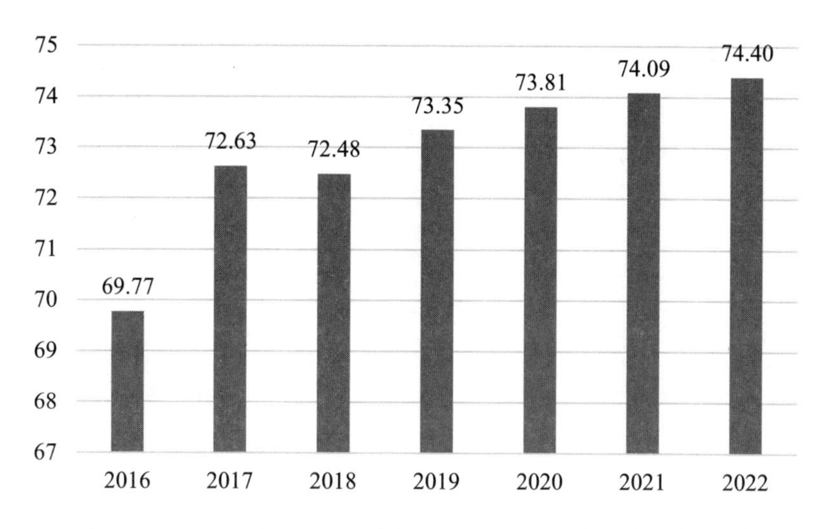

图 9-14　2016－2022 年成立年限 15－19 年中国保险公司治理指数

资料来源：南开大学中国保险机构治理指数数据库。

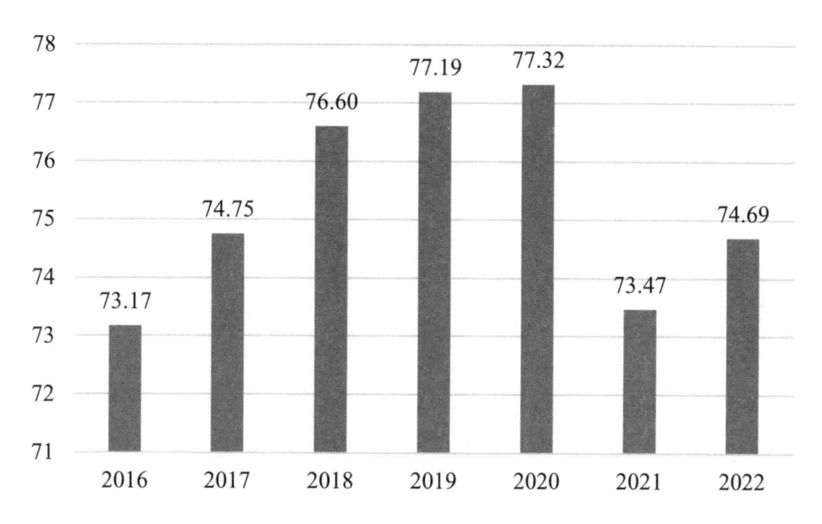

图 9-15　2016－2022 年成立年限 20－24 年中国保险公司治理指数

资料来源：南开大学中国保险机构治理指数数据库。

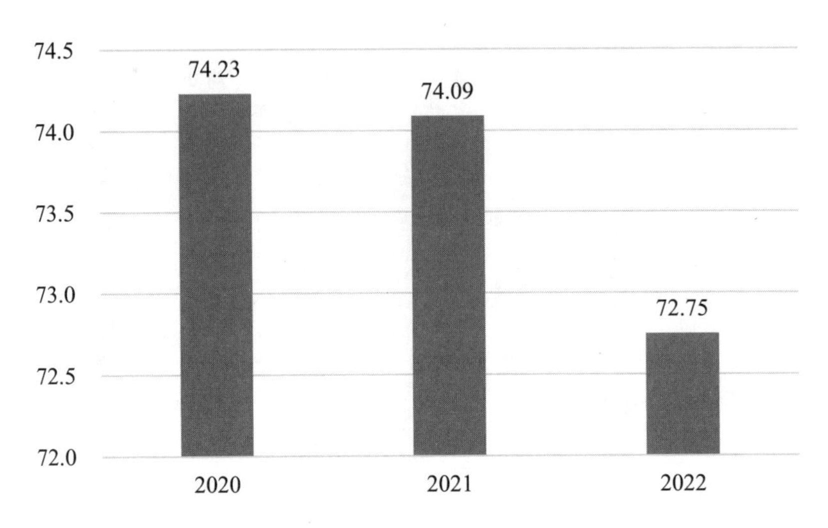

图 9-16　2020－2022 年成立年限 25 年及以上中国保险公司治理指数

资料来源：南开大学中国保险机构治理指数数据库。

二、公司治理分指数分成立年限比较分析

如表 9-10 所示，就股东与股权结构指数而言，虽然组别之间分值差距在缩小，但是成立年限在 15 年以上的样本评分普遍优于成立年限在 15 年以下的；就董事与董事会指数而言，2016－2019 年，成立年限为 20－24 年的样本评分明显优于 20 年以下的样本，2020－2022 年，除了成立年限为 25 年以上的样本评分较高以外，成立年限为 0－4 年的样本评分有显著提升。就监事与监事会指数而言，2016－2022 年各年评分最优的样本成立年限分别为 15－19 年、15－19 年、0－4 年、0－4 年、0－4 年、25 年及以上、5－9 年，2018－2022 年成立年限为 0－4 年的样本评分有显著提升，但各个组别的评分相较于其他指数都不高。就高级管理人员指数而言，2016－2022 年各年评分最优的样本成立年限分别为 20－24 年、20－24 年、15－19 年、20－24 年、25 年及以上、10－14 年、10－14 年。就信息披露指数而言，2016－2022 年期间各组别评分总体差距不大。就利益相关者指数而言，2016－2022 年各年评分最优的样本成立年限分别为 15－19 年、15－19 年、15－19 年、15－19 和 20－24 年并列、20－24 年、20－24 年、15－19 年，组别之间差距变化情况并不明显。

表 9-10　中国保险公司治理分指数分成立年限比较分析

年份	成立年限分组	样本数	股东与股权结构	董事与董事会	监事与监事会	高级管理人员	信息披露	利益相关者
2016	0—4 年	40	61.50	51.33	40.71	65.36	90.40	80.28
	5—9 年	49	57.55	46.26	39.94	67.35	90.86	82.54
	10—14 年	50	67.20	52.53	38.00	71.71	94.00	81.78
	15—19 年	11	74.55	46.67	44.16	64.94	91.44	87.88
	20—24 年	6	73.33	62.22	40.48	76.19	92.16	81.48
2017	0—4 年	40	61.00	50.50	43.57	68.57	86.48	75.28
	5—9 年	43	53.02	48.84	43.85	73.42	91.93	80.88
	10—14 年	56	66.07	50.24	37.76	71.68	92.42	80.75
	15—19 年	20	73.00	51.67	46.43	78.57	93.53	84.44
	20—24 年	6	70.00	68.89	45.24	80.95	90.20	81.48
2018	0—4 年	42	58.10	56.67	55.78	69.73	89.38	78.04
	5—9 年	40	53.50	48.17	48.21	68.21	90.88	77.22
	10—14 年	58	63.45	50.23	49.75	73.15	92.48	81.23
	15—19 年	25	76.00	49.07	42.86	83.43	93.41	81.33
	20—24 年	8	70.00	69.17	55.36	82.14	94.12	80.56
2019	0—4 年	38	59.47	57.19	58.65	79.32	90.30	80.99
	5—9 年	34	54.12	47.84	52.94	75.63	91.70	86.93
	10—14 年	61	58.69	51.69	47.78	77.52	91.98	87.07
	15—19 年	31	74.84	51.18	41.47	82.49	91.65	88.89
	20—24 年	9	71.11	62.22	55.56	85.71	93.46	88.89
2020	0—4 年	29	62.07	57.70	57.64	78.82	94.12	78.16
	5—9 年	38	60.00	54.74	53.76	79.32	93.81	82.46
	10—14 年	48	62.08	52.78	45.24	81.25	93.49	85.65
	15—19 年	46	72.61	52.46	43.48	83.85	94.37	86.96
	20—24 年	10	68.00	68.00	55.71	78.57	93.53	92.22
	25 年及以上	2	80.00	53.33	50.00	92.86	76.47	88.89
2021	0—4 年	20	55.00	61.00	55.00	91.43	94.88	77.50
	5—9 年	40	64.00	60.67	56.79	87.14	93.22	75.83
	10—14 年	47	64.26	55.89	51.06	92.10	94.84	84.63
	15—19 年	50	68.40	58.27	45.14	88.86	93.88	81.11
	20—24 年	11	74.55	49.09	53.25	84.42	89.84	85.86
	25 年及以上	6	60.00	68.89	59.52	83.33	90.20	77.78

续表

年份	成立年限分组	样本数	股东与股权结构	董事与董事会	监事与监事会	高级管理人员	信息披露	利益相关者
2022	0—4 年	13	64.62	68.76	54.81	86.81	94.00	81.20
	5—9 年	40	63.50	63.15	56.88	79.64	92.15	83.06
	10—14 年	41	62.93	62.30	48.17	87.11	91.97	82.38
	15—19 年	56	66.07	59.11	47.54	84.69	91.90	89.09
	20—24 年	20	75.00	55.83	45.63	85.00	90.29	87.78
	25 年及以上	6	66.67	68.75	41.67	71.43	89.22	85.19

资料来源：南开大学中国保险机构治理指数数据库。

第六节　公司治理指数分注册地区比较分析

一、公司治理总指数分注册地区比较分析

表 9-11、表 9-12 和表 9-13 显示了 2016—2022 年中国保险公司治理指数分注册地区的比较分析结果。从整体来看，随着时间的推移，各注册地区的平均值和中位数整体呈现上升趋势，但不同地区差距较大，极差保持在 20—30 之间。

（一）2016—2017 年中国保险公司治理总指数分注册地区比较分析

如表 9-11 所示，从中国保险公司治理指数平均值来看，各注册地区的平均值相近，2016 年河南省最高，四川省最低，分别是 79.70 和 61.50；2017 年河南省最高，河北省最低，分别是 82.87 和 50.23；2016—2017 年超过半数地区的平均值有所提升，12 个地区的平均值出现下降，地区之间的差距变大。从中国保险公司治理指数中位数来看，2017 年的地区差距高于 2016 年，超过半数地区的中位数有所提升。

表 9-11　中国保险公司治理指数分注册地区比较分析（2016—2017 年）

编号	注册地区	2016 年			2017 年		
		样本数	平均值	中位数	样本数	平均值	中位数
1	安徽省	1	72.03	72.03	1	73.41	73.41
2	北京市	44	65.44	67.16	45	65.08	66.30

续表

编号	注册地区	2016 年			2017 年		
		样本数	平均值	中位数	样本数	平均值	中位数
3	福建省	3	67.31	69.11	3	68.76	73.42
4	广东省	19	67.71	67.01	21	67.84	71.17
5	广西	1	64.20	64.20	1	59.70	59.70
6	贵州省	–	–	–	1	77.40	77.40
7	海南省	1	63.33	63.33	1	62.18	62.18
8	河北省	1	63.33	63.33	2	50.23	50.23
9	河南省	1	79.70	79.70	1	82.87	82.87
10	湖北省	3	74.49	78.69	3	71.52	70.50
11	湖南省	1	75.98	75.98	1	76.22	76.22
12	吉林省	3	66.23	60.20	3	65.14	62.19
13	江苏省	5	64.99	69.08	5	65.77	67.65
14	江西省	1	71.90	71.90	1	71.90	71.90
15	辽宁省	3	67.49	66.39	4	66.81	66.48
16	宁夏	1	73.25	73.25	1	79.16	79.16
17	山东省	4	61.81	59.58	5	64.63	63.73
18	山西省	1	70.80	70.80	1	71.63	71.63
19	陕西省	1	76.14	76.14	1	72.68	72.68
20	上海市	41	69.51	69.14	42	71.66	70.68
21	四川省	3	61.50	60.31	3	63.38	63.73
22	天津市	6	72.19	71.37	6	72.04	72.35
23	西藏	1	61.95	61.95	1	60.10	60.10
24	新疆	2	65.89	65.89	2	65.41	65.41
25	云南省	1	69.63	69.63	1	60.70	60.70
26	浙江省	4	69.54	67.40	4	70.50	70.12
27	重庆市	4	67.13	65.46	5	64.85	70.66

资料来源：南开大学中国保险机构治理指数数据库。

（二）2018－2019 年中国保险公司治理总指数分注册地区比较分析

如表 9-12 所示，从中国保险公司治理指数平均值来看，2018－2019 年各注册地区的差距变小，2018 年宁夏最高，西藏最低，分别是 90.07 和 55.07；2019 年依然是宁夏最高，西藏最低，但地区差距缩小，分别变成了 86.60 和 58.47。总体来看，2018－2019 年绝大部分地区的平均值有所上升，仅有 6 个地区出现下降，其中河北省上升最快，增加了 12.38。2018 年的地区差距大于 2019 年，绝大部分地区的平均值有所上升。

表 9-12　中国保险公司治理指数分注册地区比较分析（2018—2019 年）

编号	注册地区	2018 年			2019 年		
		样本数	平均值	中位数	样本数	平均值	中位数
1	安徽省	1	81.60	81.60	1	77.46	77.46
2	北京市	45	68.29	69.63	44	69.97	70.35
3	福建省	3	66.36	66.12	3	74.10	74.19
4	甘肃省	1	78.99	78.99	1	84.37	84.37
5	广东省	23	67.92	70.92	24	69.77	71.94
6	广西	2	68.36	68.36	2	68.05	68.05
7	贵州省	1	73.35	73.35	1	72.69	72.69
8	海南省	2	65.18	65.18	2	69.25	69.25
9	河北省	2	57.73	57.73	2	70.11	70.11
10	河南省	1	76.41	76.41	1	77.19	77.19
11	湖北省	4	72.05	73.37	4	74.64	74.36
12	湖南省	1	73.26	73.26	1	78.10	78.10
13	吉林省	3	67.31	67.64	3	64.05	59.17
14	江苏省	5	64.47	66.14	5	66.33	64.05
15	江西省	1	71.12	71.12	1	77.68	77.68
16	辽宁省	5	67.31	64.70	5	71.47	72.97
17	宁夏	1	90.07	90.07	1	86.60	86.60
18	山东省	5	64.08	64.25	5	65.25	66.32
19	山西省	1	71.51	71.51	1	78.69	78.69
20	陕西省	2	74.68	74.68	2	73.25	73.25
21	上海市	40	71.65	71.09	40	73.28	71.72
22	四川省	4	58.46	64.01	4	62.85	69.54
23	天津市	6	71.36	69.71	6	72.40	72.91
24	西藏	1	55.07	55.07	1	58.47	58.47
25	新疆	2	63.04	63.04	2	66.60	66.60
26	云南省	1	63.03	63.03	1	67.69	67.69
27	浙江省	5	73.79	76.44	5	75.41	76.87
28	重庆市	5	69.73	68.38	5	73.25	75.60

资料来源：南开大学中国保险机构治理指数数据库。

（三）2020－2022 年中国保险公司治理总指数分注册地区比较分析

如表 9-13 所示，从中国保险公司治理指数平均值来看，2020 年各注册地区的平均值相差较大，甘肃省最高为 91.25，西藏最低为 61.95；2021 年各地区的平均值差距相对缩小，山西省最高，四川省最低，分别是 89.39 和 63.35；2022 年各注册地区的差距进一步减小，宁夏最高，天津市最低，分别是 87.08 和 67.63；2020－2022 年总体大部分地区有所上升，仅有 9 个地区出现下降。从中国保险公司治理指数中位数来看，中位数与平均值的变化趋势是相同的，基本是正相关。

表 9-13　中国保险公司治理指数分注册地区比较分析（2020－2022 年）

编号	注册地区	2020 年			2021 年			2022 年		
		样本数	平均值	中位数	样本数	平均值	中位数	样本数	平均值	中位数
1	安徽省	2	76.93	76.93	2	79.15	79.15	2	71.98	71.98
2	北京市	43	71.34	71.49	42	73.60	75.27	43	75.54	76.89
3	福建省	3	74.10	73.50	3	77.79	77.45	3	75.87	76.68
4	甘肃省	1	91.25	91.25	1	86.16	86.16	1	84.10	84.10
5	广东省	24	72.87	75.06	25	74.35	77.06	25	73.15	74.65
6	广西	2	78.04	78.04	2	82.33	82.33	2	80.03	80.03
7	贵州省	1	83.83	83.83	1	80.07	80.07	1	79.06	79.06
8	海南省	2	70.39	70.39	2	76.41	76.41	2	74.37	74.37
9	河北省	2	73.55	73.55	2	76.52	76.52	2	72.23	72.23
10	河南省	1	79.56	79.56	1	84.69	84.69	1	79.52	79.52
11	湖北省	4	72.14	72.75	4	73.48	71.74	4	73.79	76.62
12	湖南省	1	86.58	86.58	1	80.84	80.84	1	76.47	76.47
13	吉林省	3	73.15	71.97	3	68.25	69.34	3	68.27	68.84
14	江苏省	5	70.65	69.74	5	75.44	77.99	5	77.19	78.92
15	江西省	1	74.01	74.01	1	77.36	77.36	1	74.12	74.12
16	辽宁省	5	67.91	70.95	5	68.86	71.40	5	69.80	68.00
17	宁夏	1	78.62	78.62	1	77.73	77.73	1	87.08	87.08
18	山东省	5	69.33	70.33	5	71.53	75.85	5	71.75	71.00
19	山西省	1	79.09	79.09	1	89.39	89.39	1	86.60	86.60
20	陕西省	2	74.86	74.86	2	75.52	75.52	1	84.23	84.23
21	上海市	40	73.77	72.12	40	75.07	75.56	42	74.47	73.47
22	四川省	4	62.28	68.72	4	63.35	67.63	4	74.72	74.62
23	天津市	6	70.76	70.81	7	68.40	70.46	7	67.63	67.34

续表

编号	注册地区	2020 年			2021 年			2022 年		
		样本数	平均值	中位数	样本数	平均值	中位数	样本数	平均值	中位数
24	西藏	1	61.95	61.95	1	71.79	71.79	1	73.75	73.75
25	新疆	2	65.97	65.97	2	71.33	71.33	2	71.97	71.97
26	云南省	1	75.10	75.10	1	76.66	76.66	1	75.47	75.47
27	浙江省	5	74.81	76.74	5	77.78	79.34	5	75.23	76.13
28	重庆市	5	74.67	74.38	5	69.16	65.21	5	71.29	76.09

资料来源：南开大学中国保险机构治理指数数据库。

二、公司治理分指数分注册地区比较分析

表 9-14 至表 9-20 显示了从 2016 年到 2022 年中国保险公司治理分指数分注册地区的比较分析结果。

（一）2016 年中国保险公司治理分指数分注册地区比较分析

如表 9-14 所示，2016 年各地区的股东与股权结构指数在 60 上下的数量居多，宁夏最高为 100.00，江苏省、辽宁省和云南省最低为 40.00。董事与董事会指数在 60.00－70.00 地区的数量居多，河南省最高为 93.33，西藏最低为 26.67。监事与监事会指数在 50.00－60.00 的数量居多，安徽省、河南省和云南省并列最高为 85.71，西藏最低为 14.29。高级管理人员指数在 60.00－80.00 的数量居多，湖南省和陕西省并列最高为 100.00，河北省最低为 28.57。信息披露指数集中围绕在 90 上下，而利益相关者指数在 75.00－90.00 的数量较多。

表 9-14　中国保险公司治理分指数分注册地区比较分析（2016 年）

编号	注册地区	样本数	股东与股权结构	董事与董事会	监事与监事会	高级管理人员	信息披露	利益相关者
1	安徽省	1	60.00	66.67	85.71	42.86	100.00	77.78
2	北京市	44	61.82	48.48	34.42	62.34	91.41	81.82
3	福建省	3	60.00	53.33	52.38	57.14	86.27	88.89
4	广东省	19	61.05	51.58	42.11	66.92	93.50	81.29
5	广西	1	60.00	46.67	71.43	42.86	88.24	77.78
6	海南省	1	60.00	33.33	28.57	85.71	100.00	88.89
7	河北省	1	60.00	66.67	42.86	28.57	88.24	77.78
8	河南省	1	60.00	93.33	85.71	57.14	100.00	77.78

续表

编号	注册地区	样本数	股东与股权结构	董事与董事会	监事与监事会	高级管理人员	信息披露	利益相关者
9	湖北省	3	66.67	60.00	57.14	80.95	92.16	85.19
10	湖南省	1	60.00	40.00	57.14	100.00	100.00	100.00
11	吉林省	3	53.33	46.67	57.14	76.19	96.08	66.67
12	江苏省	5	40.00	58.67	37.14	77.14	89.41	77.78
13	江西省	1	80.00	66.67	57.14	71.43	82.35	66.67
14	辽宁省	3	40.00	68.89	33.33	71.43	88.24	88.89
15	宁夏	1	100.00	66.67	28.57	42.86	88.24	88.89
16	山东省	4	50.00	43.33	32.14	67.86	89.71	77.78
17	山西省	1	60.00	80.00	57.14	42.86	94.12	77.78
18	陕西省	1	80.00	53.33	42.86	100.00	94.12	77.78
19	上海市	41	73.66	44.72	36.24	74.91	91.95	84.82
20	四川省	3	53.33	35.56	33.33	61.90	94.12	81.48
21	天津市	6	56.67	64.44	35.71	80.95	96.08	85.19
22	西藏	1	60.00	26.67	14.29	85.71	94.12	77.78
23	新疆	2	80.00	46.67	35.71	57.14	85.29	77.78
24	云南省	1	40.00	73.33	85.71	57.14	88.24	77.78
25	浙江省	4	65.00	61.67	53.57	67.86	82.35	80.56
26	重庆市	4	60.00	46.67	60.71	64.29	97.06	72.22

资料来源：南开大学中国保险机构治理指数数据库。

（二）2017年中国保险公司治理分指数分注册地区比较分析

如表9-15所示，2017年各地区的股东与股权结构指数在60上下的数量居多，宁夏最高为100.00，江苏省最低为36.00。就董事与董事会指数而言，其集中分布在40.00－60.00，河南省最高为93.33，西藏和云南省并列最低为26.67。监事与监事会指数集中分布在30.00－60.00，安徽省和河南省并列最高为85.71，西藏最低为14.29。高级管理人员指数在70上下的数量居多，其中贵州省、湖南省和陕西省并列最高为100.00，河北省最低为35.71。而信息披露指数分布在88.00－96.00的样本数量较多，利益相关者指数分布在70.00－90.00的样本数量较多。

表 9-15　中国保险公司治理分指数分注册地区比较分析（2017 年）

编号	注册地区	样本数	股东与股权结构	董事与董事会	监事与监事会	高级管理人员	信息披露	利益相关者
1	安徽省	1	60.00	73.33	85.71	42.86	100.00	77.78
2	北京市	45	61.78	50.52	35.56	62.54	89.51	78.52
3	福建省	3	60.00	51.11	52.38	71.43	88.24	85.19
4	广东省	21	60.00	56.51	48.98	67.35	91.32	75.13
5	广西	1	40.00	46.67	71.43	57.14	82.35	66.67
6	贵州省	1	60.00	40.00	71.43	100.00	100.00	100.00
7	海南省	1	60.00	33.33	28.57	85.71	100.00	55.56
8	河北省	2	50.00	36.67	35.71	35.71	74.51	61.11
9	河南省	1	60.00	93.33	85.71	85.71	94.12	77.78
10	湖北省	3	66.67	55.56	47.62	80.95	96.08	74.07
11	湖南省	1	60.00	46.67	57.14	100.00	94.12	100.00
12	吉林省	3	46.67	42.22	71.43	76.19	94.12	66.67
13	江苏省	5	36.00	54.67	34.29	85.71	90.59	84.44
14	江西省	1	80.00	66.67	57.14	71.43	82.35	66.67
15	辽宁省	4	45.00	60.00	21.43	82.14	89.71	86.11
16	宁夏	1	100.00	60.00	28.57	71.43	94.12	100.00
17	山东省	5	52.00	48.00	37.14	74.29	91.76	75.56
18	山西省	1	60.00	66.67	57.14	71.43	100.00	66.67
19	陕西省	1	80.00	60.00	42.86	100.00	88.24	55.56
20	上海市	42	72.38	46.03	41.84	82.99	92.70	85.98
21	四川省	3	53.33	53.33	42.86	61.90	86.27	74.07
22	天津市	6	56.67	58.89	40.48	85.71	95.10	85.19
23	西藏	1	60.00	26.67	14.29	85.71	94.12	66.67
24	新疆	2	80.00	43.33	35.71	50.00	82.35	88.89
25	云南省	1	40.00	26.67	71.43	71.43	88.24	77.78
26	浙江省	4	65.00	58.33	57.14	85.71	82.35	72.22
27	重庆市	5	60.00	48.00	37.14	57.14	92.94	82.22

资料来源：南开大学中国保险机构治理指数数据库。

（三）2018 年中国保险公司治理分指数分注册地区比较分析

如表 9-16 所示，其反映了 2018 年中国保险公司治理分指数分注册地区的比较分析结果。就股东与股权结构指数而言，集中分布在 60 上下，平均值是 59.58，宁夏最高为 100.00。就董事与董事会指数而言，样本集中围绕在 40—70 之间，平均值是 56.51，甘肃省和河南省并列最高为 93.33，西藏最低为 26.67。监事与监事会指数在 50 上下的数量居多，平均值是 58.37，安徽省和湖南省并列最高为 100.00。从高级管理人员指数来看，各注册地区大多集中在 70—79，平均值是 70.33，宁夏最高为 100.00。信息披露指数集中围绕在 90 上下，平均值是 91.59。利益相关者指数在 70—90 的数量较多，平均值是 77.01。

表 9-16 中国保险公司治理分指数分注册地区比较分析（2018 年）

编号	注册地区	样本数	股东与股权结构	董事与董事会	监事与监事会	高级管理人员	信息披露	利益相关者
1	安徽省	1	60.00	86.67	100.00	57.14	100.00	88.89
2	北京市	45	62.22	53.63	43.49	69.21	91.37	80.49
3	福建省	3	60.00	42.22	61.90	76.19	86.27	74.07
4	甘肃省	1	60.00	93.33	71.43	57.14	94.12	88.89
5	广东省	23	60.00	53.04	49.69	72.67	92.00	73.91
6	广西	2	40.00	66.67	64.29	85.71	82.35	72.22
7	贵州省	1	60.00	46.67	57.14	85.71	100.00	88.89
8	海南省	2	50.00	36.67	50.00	85.71	91.18	77.78
9	河北省	2	60.00	43.33	42.86	42.86	77.84	72.22
10	河南省	1	60.00	93.33	85.71	42.86	94.12	77.78
11	湖北省	4	60.00	60.00	50.00	82.14	92.65	80.56
12	湖南省	1	60.00	40.00	100.00	85.71	94.12	77.78
13	吉林省	3	46.67	57.78	61.90	71.43	94.12	70.37
14	江苏省	5	40.00	53.33	51.43	68.57	91.76	77.78
15	江西省	1	80.00	73.33	57.14	57.14	82.35	66.67
16	辽宁省	5	48.00	54.67	40.00	80.00	90.59	82.22
17	宁夏	1	100.00	73.33	85.71	100.00	94.12	88.89
18	山东省	5	52.00	45.33	34.29	77.14	92.94	73.33
19	山西省	1	60.00	80.00	71.43	42.86	100.00	66.67
20	陕西省	2	70.00	50.00	64.29	92.86	94.12	77.78
21	上海市	40	73.50	43.67	53.57	79.29	92.04	84.72
22	四川省	4	45.00	38.33	46.43	57.14	88.24	72.22
23	天津市	6	53.33	61.11	40.48	80.95	96.08	85.19
24	西藏	1	60.00	26.67	14.29	57.14	100.00	55.56

续表

编号	注册地区	样本数	股东与股权结构	董事与董事会	监事与监事会	高级管理人员	信息披露	利益相关者
25	新疆	2	80.00	43.33	35.71	42.86	85.29	77.78
26	云南省	1	40.00	40.00	85.71	71.43	88.24	66.67
27	浙江省	5	68.00	69.33	57.14	77.14	84.71	80.00
28	重庆市	5	52.00	62.67	54.29	65.71	96.47	80.00

资料来源：南开大学中国保险机构治理指数数据库。

（四）2019 年中国保险公司治理分指数分注册地区比较分析

如表 9-17 所示，其反映了 2019 年中国保险公司治理分指数分注册地区的比较分析。各地区的股东与股权结构指数与往年相同，集中围绕在 60 上下，平均值是 59.57，宁夏最高为 100。董事与董事会指数在 40－70 的数量居多，平均值是 55.67，河南省和甘肃省并列最高为 86.67，西藏最低为 13.33。就监事与监事会指数而言，注册地区大多分布在 40－60 之间，平均值是 58.28，各注册地区的高级管理人员指数大多集中在 80 上下，平均值是 78.92。信息披露指数围绕在 90 上下，平均值是 92.09，各注册地区差距不大。利益相关者指数在 80－90 的数量较多，平均值是 84.72。

表 9-17　中国保险公司治理分指数分注册地区比较分析（2019 年）

编号	注册地区	样本数	股东与股权结构	董事与董事会	监事与监事会	高级管理人员	信息披露	利益相关者
1	安徽省	1	60.00	66.67	100.00	57.14	100.00	88.89
2	北京市	44	61.36	55.15	43.18	72.73	91.18	86.87
3	福建省	3	60.00	57.78	52.38	95.24	90.20	85.19
4	甘肃省	1	60.00	86.67	85.71	100.00	88.24	88.89
5	广东省	24	57.50	53.89	51.79	75.60	92.34	82.41
6	广西	2	40.00	60.00	64.29	92.86	82.35	72.22
7	贵州省	1	60.00	40.00	57.14	85.71	94.12	100.00
8	海南省	2	60.00	33.33	57.14	92.86	97.06	77.78
9	河北省	2	70.00	60.00	42.86	85.71	81.18	72.22
10	河南省	1	60.00	86.67	85.71	57.14	94.12	77.78
11	湖北省	4	65.00	56.67	57.14	85.71	91.18	88.89
12	湖南省	1	60.00	40.00	100.00	85.71	100.00	100.00
13	吉林省	3	40.00	48.89	61.90	61.90	94.12	77.78

续表

编号	注册地区	样本数	股东与股权结构	董事与董事会	监事与监事会	高级管理人员	信息披露	利益相关者
14	江苏省	5	40.00	46.67	42.86	80.00	90.59	93.33
15	江西省	1	80.00	73.33	85.71	57.14	82.35	88.89
16	辽宁省	5	52.00	54.67	60.00	88.57	89.41	84.44
17	宁夏	1	100.00	73.33	85.71	57.14	100.00	100.00
18	山东省	5	52.00	37.33	45.71	82.86	95.29	75.56
19	山西省	1	60.00	80.00	71.43	85.71	94.12	77.78
20	陕西省	2	70.00	50.00	50.00	92.86	94.12	77.78
21	上海市	40	72.50	44.50	51.43	86.07	91.30	90.56
22	四川省	4	45.00	38.33	50.00	67.86	91.18	83.33
23	天津市	6	53.33	60.00	42.86	85.71	96.08	87.04
24	西藏	1	60.00	13.33	14.29	85.71	100.00	66.67
25	新疆	2	70.00	50.00	28.57	64.29	88.24	83.33
26	云南省	1	40.00	66.67	28.57	71.43	94.12	88.89
27	浙江省	5	68.00	69.33	57.14	77.14	83.53	91.11
28	重庆市	5	56.00	73.33	54.29	68.57	95.29	82.22

资料来源：南开大学中国保险机构治理指数数据库。

（五）2020 年中国保险公司治理分指数分注册地区比较分析

如表 9-18 所示，其反映了 2020 年中国保险公司治理分指数分注册地区的比较分析。各注册地区的股东与股权结构指数较往年增加，大多集中在 70 上下，平均值上升为 66.29。董事与董事会指数仍然集中在 50－70，平均值是 57.18，甘肃省和湖南省并列最高为 93.33，西藏最低为 20.00。监事与监事会指数在 50 上下的数量居多，平均值是 53.06。就高级管理人员指数而言，大部分注册地区围绕在 70 上下，平均值是 76.12。信息披露指数仍然集中在 90－100 之间，平均值是 93.23。利益相关者指数在 80 上下的样本较多，平均值是 79.99。

表 9-18　中国保险公司治理分指数分注册地区比较分析（2020 年）

编号	注册地区	样本数	股东与股权结构	董事与董事会	监事与监事会	高级管理人员	信息披露	利益相关者
1	安徽省	2	70.00	80.00	71.43	64.29	97.06	72.22
2	北京市	43	65.12	58.14	39.87	74.75	92.34	86.05

续表

编号	注册地区	样本数	股东与股权结构	董事与董事会	监事与监事会	高级管理人员	信息披露	利益相关者
3	福建省	3	73.33	60.00	52.38	85.71	92.16	74.07
4	甘肃省	1	80.00	93.33	100.00	100.00	100.00	77.78
5	广东省	24	61.67	58.33	55.36	82.14	91.91	83.33
6	广西	2	60.00	60.00	71.43	92.86	97.06	88.89
7	贵州省	1	80.00	53.33	71.43	100.00	100.00	100.00
8	海南省	2	70.00	30.00	57.14	92.86	97.06	77.78
9	河北省	2	70.00	63.33	57.14	64.29	100.00	77.78
10	河南省	1	80.00	86.67	42.86	57.14	100.00	88.89
11	湖北省	4	65.00	51.67	53.57	85.71	92.65	80.56
12	湖南省	1	60.00	93.33	85.71	85.71	94.12	100.00
13	吉林省	3	53.33	62.22	66.67	71.43	98.04	85.19
14	江苏省	5	52.00	56.00	51.43	82.86	96.47	80.00
15	江西省	1	60.00	73.33	85.71	71.43	100.00	55.56
16	辽宁省	5	52.00	45.33	48.57	85.71	92.94	80.00
17	宁夏	1	80.00	60.00	85.71	71.43	100.00	77.78
18	山东省	5	52.00	56.00	42.86	74.29	98.82	82.22
19	山西省	1	80.00	53.33	85.71	71.43	100.00	88.89
20	陕西省	2	60.00	53.33	78.57	78.57	100.00	83.33
21	上海市	40	72.50	44.33	47.86	89.29	94.10	89.72
22	四川省	4	55.00	40.00	46.43	60.71	86.76	80.56
23	天津市	6	50.00	62.22	35.71	88.10	90.20	87.04
24	西藏	1	80.00	20.00	28.57	85.71	94.12	55.56
25	新疆	2	80.00	36.67	42.86	64.29	82.35	83.33
26	云南省	1	60.00	66.67	71.43	100.00	88.24	66.67
27	浙江省	5	68.00	60.00	51.43	80.00	98.82	82.22
28	重庆市	5	60.00	74.67	45.71	82.86	96.47	75.56

资料来源：南开大学中国保险机构治理指数数据库。

（六）2021 年中国保险公司治理分指数分注册地区比较分析

如表 9-19 所示，2021 年各地区的股东与股权结构指数仍然集中在 60 上下，平均值是 64.21，福建省最高为 86.67，天津市最低为 45.71。董事与董事会指数较往年有所上升，平均值接近 60.00。监事与监事会指数仍然围绕在 50 上下，平均值是 53.56，山西省和甘肃省最高，均为 85.71。高级管理人员指数较前几年有显著提升，平均值达到 88.29，吉林省和新疆并列最低为 71.43。就信息披露指数而言，大多数地区围绕在 90－100，平均值是 95.02。利益相关者指数变化不大，80 上下的样本较多，平均值是 79.80。

表 9-19　中国保险公司治理分指数分注册地区比较分析（2021 年）

编号	注册地区	样本数	股东与股权结构	董事与董事会	监事与监事会	高级管理人员	信息披露	利益相关者
1	安徽省	2	70.00	73.33	57.14	100.00	100.00	66.67
2	北京市	42	65.24	62.70	44.90	83.67	92.28	82.80
3	福建省	3	86.67	51.11	52.38	90.48	98.04	81.48
4	甘肃省	1	60.00	93.33	85.71	100.00	100.00	77.78
5	广东省	25	63.20	63.47	57.14	89.71	91.73	76.44
6	广西	2	60.00	80.00	71.43	100.00	97.06	83.33
7	贵州省	1	60.00	66.67	42.86	100.00	100.00	100.00
8	海南省	2	70.00	46.67	57.14	100.00	100.00	83.33
9	河北省	2	70.00	73.33	57.14	78.57	94.12	77.08
10	河南省	1	80.00	73.33	57.14	100.00	100.00	88.89
11	湖北省	4	70.00	53.33	53.57	89.29	92.65	77.78
12	湖南省	1	60.00	80.00	71.43	100.00	94.12	77.78
13	吉林省	3	53.33	55.56	52.38	71.43	100.00	70.37
14	江苏省	5	56.00	69.33	48.57	91.43	94.12	84.44
15	江西省	1	60.00	66.67	71.43	100.00	100.00	66.67
16	辽宁省	5	48.00	49.33	51.43	91.43	95.29	75.56
17	宁夏	1	60.00	73.33	57.14	85.71	94.12	88.89
18	山东省	5	48.00	50.67	65.71	91.43	96.47	80.00
19	山西省	1	80.00	73.33	85.71	100.00	100.00	100.00
20	陕西省	2	60.00	73.33	50.00	92.86	100.00	66.67
21	上海市	40	73.00	47.83	49.29	95.36	94.25	86.11
22	四川省	4	55.00	31.67	46.43	78.57	89.71	77.78
23	天津市	7	45.71	60.95	53.06	81.63	92.10	72.42
24	西藏	1	80.00	60.00	14.29	85.71	100.00	66.67
25	新疆	2	80.00	43.33	64.29	71.43	91.18	77.78
26	云南省	1	60.00	66.67	57.14	100.00	94.12	77.78
27	浙江省	5	68.00	73.33	57.14	88.57	94.12	77.78
28	重庆市	5	56.00	54.67	45.71	88.57	90.59	73.33

资料来源：南开大学中国保险机构治理指数数据库。

（七）2022 年中国保险公司治理分指数分注册地区比较分析

如表 9-20 所示，2022 年大部分注册地区的股东与股权结构指数仍然集中在 60 上下，平均值是 65.37。董事与董事会指数较前几年有明显提升，平均值接近 70，达到了 68.78，湖南省最高为 95.83，上海市最低为 52.68。监事与监事会指数变化不大，平均值是 50.68，广西最高为 87.50。高级管理人员指数又回归正常，平均值是 81.90。信息披露指数集中在 90 上下，平均值是 93.70，整体来说变化不大，各注册地区指数较集中。利益相关者指数在 80－90 的样本较多，平均值是 81.58。

表 9-20 中国保险公司治理分指数分注册地区比较分析（2022 年）

编号	注册地区	样本数	股东与股权结构	董事与董事会	监事与监事会	高级管理人员	信息披露	利益相关者
1	安徽省	2	70.00	62.50	43.75	71.43	94.12	77.78
2	北京市	43	66.05	63.32	52.03	86.71	90.95	87.34
3	福建省	3	80.00	65.28	50.00	71.43	92.16	85.19
4	甘肃省	1	60.00	91.67	50.00	100.00	100.00	88.89
5	广东省	25	64.00	62.15	60.00	78.29	89.79	80.89
6	广西	2	60.00	75.00	87.50	78.57	94.12	88.89
7	贵州省	1	60.00	79.17	50.00	71.43	100.00	100.00
8	海南省	2	50.00	56.25	50.00	100.00	97.06	88.89
9	河北省	2	70.00	52.72	50.00	78.57	97.06	77.78
10	河南省	1	80.00	79.17	37.50	85.71	88.24	88.89
11	湖北省	4	70.00	59.38	43.75	96.43	89.71	75.00
12	湖南省	1	60.00	95.83	62.50	42.86	94.12	88.89
13	吉林省	3	53.33	69.44	41.67	76.19	90.20	66.67
14	江苏省	5	56.00	69.17	52.50	94.29	95.29	88.89
15	江西省	1	40.00	75.00	62.50	100.00	88.24	77.78
16	辽宁省	5	56.00	64.17	40.00	77.14	91.76	77.78
17	宁夏	1	100.00	75.00	62.50	85.71	100.00	88.89
18	山东省	5	52.00	59.17	42.50	82.86	97.65	86.67
19	山西省	1	80.00	87.50	50.00	85.71	100.00	100.00
20	陕西省	1	80.00	87.50	37.50	85.71	94.12	100.00
21	上海市	42	73.33	52.68	43.45	86.73	92.30	89.68
22	四川省	4	60.00	66.67	56.25	92.86	85.29	83.33
23	天津市	7	45.71	55.07	48.21	75.51	88.85	87.30

续表

编号	注册地区	样本数	股东与股权结构	董事与董事会	监事与监事会	高级管理人员	信息披露	利益相关者
24	西藏	1	80.00	66.67	50.00	85.71	94.12	55.56
25	新疆	2	80.00	68.75	37.50	57.14	97.06	72.22
26	云南省	1	60.00	58.33	62.50	100.00	94.12	77.78
27	浙江省	5	68.00	65.83	47.50	82.86	96.47	80.00
28	重庆市	5	56.00	62.50	47.50	80.00	89.41	84.44

资料来源：南开大学中国保险机构治理指数数据库。

第七节 公司治理指数分所在城市比较分析

一、公司治理指数分所在城市比较分析

如表 9-21 和图 9-17 所示，从保险公司所在城市来看，2016－2017 年，天津市保险公司治理指数平均值最高，2018－2019 年上海市保险公司治理指数平均值最高，2020－2022 年广州市保险公司治理指数平均值保持较高水平。2016 年、2017 年和 2019 年，北京市保险公司治理指数中位数总体较低；2020 年和 2022 年，天津市保险公司治理指数中位数最低，2021 年重庆市保险公司治理指数中位数最低。

表 9-21 中国保险公司治理指数分所在城市比较分析

年份	所在城市	样本数	平均值	中位数
2016	北京市	44	65.44	67.16
	广州市	3	71.62	72.78
	上海市	41	69.51	69.14
	深圳市	13	68.67	69.63
	天津市	6	72.19	71.37
	重庆市	4	67.13	65.46
2017	北京市	45	65.08	66.30
	广州市	5	65.67	71.17
	上海市	42	71.66	70.68
	深圳市	14	68.64	71.23
	天津市	6	72.04	72.35
	重庆市	5	64.85	70.66

续表

年份	所在城市	样本数	平均值	中位数
2018	北京市	45	68.29	69.63
	广州市	5	67.13	70.92
	上海市	40	71.65	71.09
	深圳市	16	68.27	69.68
	天津市	6	71.36	69.71
	重庆市	5	69.73	68.38
2019	北京市	44	69.97	70.35
	广州市	5	68.83	70.49
	上海市	40	73.28	71.72
	深圳市	17	70.42	72.56
	天津市	6	72.40	72.91
	重庆市	5	73.25	75.60
2020	北京市	43	71.34	71.49
	广州市	5	77.31	81.02
	上海市	40	73.77	72.12
	深圳市	17	71.14	74.32
	天津市	6	70.76	70.81
	重庆市	5	74.67	74.38
2021	北京市	42	73.60	75.27
	广州市	6	76.86	78.46
	上海市	40	75.07	75.56
	深圳市	17	73.28	77.99
	天津市	7	68.40	70.46
	重庆市	5	69.16	65.21
2022	北京市	43	75.54	76.89
	广州市	5	76.57	80.34
	上海市	42	74.47	73.47
	深圳市	17	72.08	74.65
	天津市	7	67.63	67.34
	重庆市	5	71.29	76.09

资料来源：南开大学中国保险机构治理指数数据库。

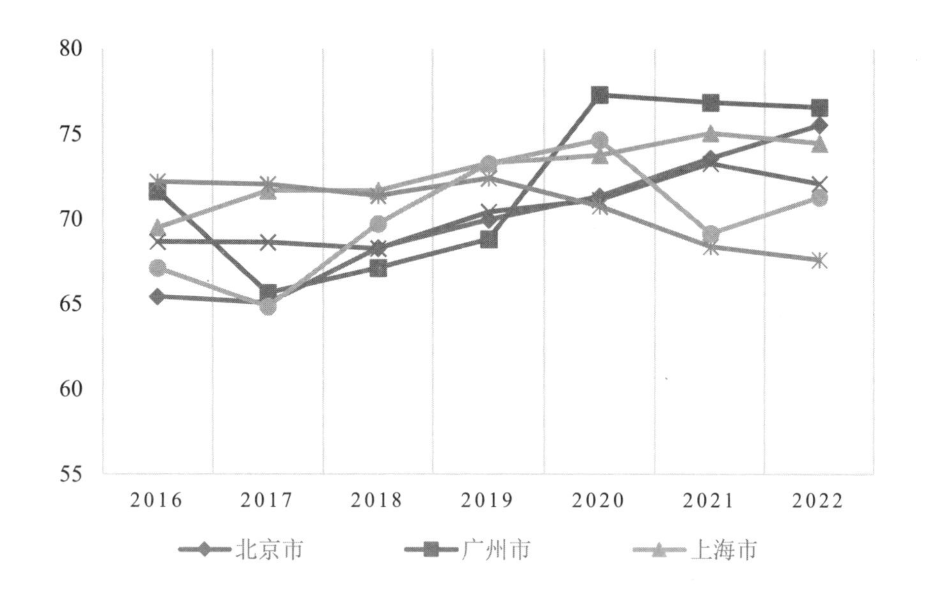

图 9-17 2016－2022 年中国保险公司分所在城市治理指数

资料来源：南开大学中国保险机构治理指数数据库。

二、公司治理分指数分所在城市比较分析

如表 9-22 所示，从不同所在城市的保险公司比较来看，2016－2022 年，上海市保险公司的股东与股权结构指数和利益相关者指数总体较高，在 2022 年分别达到 73.33 和 89.68，而 2016－2022 年上海市保险公司的董事与董事会指数则最低；广州市保险公司的监事与监事会指数总体较高；2016－2018 年，天津市保险公司的高级管理人员指数最高，分别为 80.95、85.71 和 80.95；2017 年和 2019 年，天津市保险公司信息披露指数最高，但 2022 年相对较低；2019－2022 年上海市保险公司的高级管理人员指数最高，分别为 86.07、89.29、95.36 和 86.73。

表 9-22 中国保险公司治理分指数分所在城市平均值统计

年份	所在城市	样本数	股东与股权结构	董事与董事会	监事与监事会	高级管理人员	信息披露	利益相关者
2016	北京市	44	61.82	48.48	34.42	62.34	91.41	81.82
	广州市	3	60.00	53.33	57.14	61.90	96.08	96.30
	上海市	41	73.66	44.72	36.24	74.91	91.95	84.82

续表

年份	所在城市	样本数	股东与股权结构	董事与董事会	监事与监事会	高级管理人员	信息披露	利益相关者
2016	深圳市	13	63.08	54.36	43.96	68.13	93.21	79.49
	天津市	6	56.67	64.44	35.71	80.95	96.08	85.19
	重庆市	4	60.00	46.67	60.71	64.29	97.06	72.22
2017	北京市	45	61.78	50.52	35.56	62.54	89.51	78.52
	广州市	5	56.00	53.33	57.14	65.71	85.88	73.33
	上海市	42	72.38	46.03	41.84	82.99	92.70	85.98
	深圳市	14	62.86	56.19	46.94	68.37	92.44	76.19
	天津市	6	56.67	58.89	40.48	85.71	95.10	85.19
	重庆市	5	60.00	48.00	37.14	57.14	92.94	82.22
2018	北京市	45	62.22	53.63	43.49	69.21	91.37	80.49
	广州市	5	60.00	53.33	48.57	62.86	90.59	80.00
	上海市	40	73.50	43.67	53.57	79.29	92.04	84.72
	深圳市	16	61.25	52.08	49.11	76.79	92.18	72.22
	天津市	6	53.33	61.11	40.48	80.95	96.08	85.19
	重庆市	5	52.00	62.67	54.29	65.71	96.47	80.00
2019	北京市	44	61.36	55.15	43.18	72.73	91.18	86.87
	广州市	5	56.00	54.67	51.43	74.29	89.41	82.22
	上海市	40	72.50	44.50	51.43	86.07	91.30	90.56
	深圳市	17	58.82	54.12	51.26	77.31	92.64	83.01
	天津市	6	53.33	60.00	42.86	85.71	96.08	87.04
	重庆市	5	56.00	73.33	54.29	68.57	95.29	82.22
2020	北京市	43	65.12	58.14	39.87	74.75	92.34	86.05
	广州市	5	64.00	66.67	65.71	80.00	95.29	88.89
	上海市	40	72.50	44.33	47.86	89.29	94.10	89.72
	深圳市	17	60.00	56.08	48.74	84.03	90.31	81.70
	天津市	6	50.00	62.22	35.71	88.10	90.20	87.04
	重庆市	5	60.00	74.67	45.71	82.86	96.47	75.56
2021	北京市	42	65.24	62.70	44.90	83.67	92.28	82.80
	广州市	6	66.67	64.44	59.52	88.10	96.08	81.48
	上海市	40	73.00	47.83	49.29	95.36	94.25	86.11
	深圳市	17	61.18	62.75	53.78	91.60	90.27	75.16
	天津市	7	45.71	60.95	53.06	81.63	92.10	72.42
	重庆市	5	56.00	54.67	45.71	88.57	90.59	73.33

续表

年份	所在城市	样本数	股东与股权结构	董事与董事会	监事与监事会	高级管理人员	信息披露	利益相关者
2022	北京市	43	66.05	63.32	52.03	86.71	90.95	87.34
	广州市	5	68.00	66.67	65.00	77.14	94.12	84.44
	上海市	42	73.33	52.68	43.45	86.73	92.30	89.68
	深圳市	17	62.35	60.52	58.82	81.51	87.75	78.43
	天津市	7	45.71	55.07	48.21	75.51	88.85	87.30
	重庆市	5	56.00	62.50	47.50	80.00	89.41	84.44

资料来源：南开大学中国保险公司治理指数数据库。

第十章　中国保险公司治理质量研究结论

本章在前九章研究的基础上，从中国保险机构发展与治理研究、中国保险公司治理评价研究、中国保险治理现代化进程研究、中国保险公司治理总体及比较研究、中国保险公司治理维度与层次研究五个方面得出总计五十余条研究结论。

第一节　中国保险机构发展与治理研究结论

一、关于中国保险机构发展研究

关于中国保险机构的发展研究方面，本研究认为：

第一，我国关于保险机构发展研究的著作非常丰富，包括《保险投资》《保险企业经济活动分析》《各国保险公司管理与运作》《金融新企划——银行、证券公司、保险公司的CI战略》《保险企业经营管理学》等215部著述，涉及保险机构经营、管理、监督等多方面的内容。

第二，我国保险机构发展相关著作的作者数量较多，其中仅部分作者的著作数占比在1%以上。

第三，我国保险机构发展相关著作所关注的保险机构类型较为全面，其中针对具体保险机构的发展研究著作较多，保险公司发展相关著作数量最多。

第四，我国保险机构发展相关著作涉及的出版社数量较多，其中仅3家出版社出版的著作数占比在4%以上。

第五，我国保险机构发展相关著作的出版时间跨度较长，2003年至今出版的著作数量较多。

二、关于中国保险机构治理研究

关于中国保险机构的治理研究方面，本研究认为：

第一，我国关于保险机构治理研究的著作十分丰富，包括《保险公司治理研究》《保险业信息披露研究》《保险公司监管信息披露的研究》《中国保险公司治理监管制度研究》《中国保险业社会责任白皮书》等 30 部著述，涉及保险机构的信息披露、治理监管等多方面的内容。

第二，我国保险机构治理相关著作的作者相对集中，其中郝臣与中国保险行业协会的著作较多，合计占比达 50%。

第三，我国保险机构治理相关著作所关注的保险机构类型以保险机构为主，其次为保险公司。

第四，我国保险机构治理相关著作的出版社相对集中，其中法律出版社、南开大学出版社和清华大学出版社出版数占比较大。

第五，我国保险机构治理相关著作的主要出版时间距今较近，以近五年为主。

第二节　中国保险公司治理评价研究结论

一、关于中国保险公司治理评价指标体系设计研究

（一）关于中国保险公司治理评价指标的总体设计，本研究认为：

第一，在设计评价指标体系时要遵循一定的指导原则。

第二，以公开信息为主要数据来源的中国保险公司治理评价体系是十分必要的，其评价结果具备一定的科学性。

第三，在设计保险公司治理评价指标体系时，需要从多个治理内容维度（如股东与股权结构、董事与董事会、监事与监事会、高级管理人员、信息披露和利益相关者）出发，以保障评价体系的全面与完善；每个内容维度中的具体指标又可以从治理层次（强制与自主）、治理特质（通用与特有）和治理方向（正向与负向）三个角度进行分类，从而形成更丰富的分析视角。

第四，中国保险公司治理评价体系包括六大内容维度的 70 个具体指标，在使用时需要注意不同年份的指标层次变化以及不同指标的适用对象不同。

第五，财产险公司与人身险公司的治理评价体系不是一成不变的，而是需要根据法律法规、政策文件和相关准则的调整与变化，对已有评价体系进行动态更新与及时调整。

（二）关于中国保险公司治理评价指标的具体设计，本研究认为：

第一，每个具体评价指标具有不同的指标性质，如指标层次、属性、特质和适用范围等，在使用前需要加以明确。

第二，财产险公司与人身险公司的治理评价指标并非一成不变的，而是需要根据法律法规、政策文件和相关准则的调整与变化，对已有指标进行动态更新与及时调整。

二、关于中国保险公司治理指数模型构建研究

关于中国保险公司治理指数模型的建立，本研究认为：

第一，在设计评价标准时，各指标采用哑变量量化的处理方法，可以更直观地反映出该指标对于治理指数的影响，提高了模型的精度和准确度。

第二，指标的量化主要依据客观标准，量化来源则包括原始数据和基于原始数据计算所形成的非原始数据。

第三，对各内容维度指标的量化结果进行等权重求和并根据指标数量进行标准化处理，采用百分化后的结果，可以使各维度评价结果具有可比性，并由此得到了基于治理内容维度的中国保险公司治理分指数模型（包括股东与股权结构分指数模型、董事与董事会分指数模型、监事与监事会分指数模型、高级管理人员分指数模型、信息披露分指数模型和利益相关者分指数模型），需要注意这些模型中不同年份、不同类型公司所对应的指标数量不同。

第四，治理指数模型中各内容维度分指数的权重选取问卷调查法和群决策层次分析法（AHP）进行计算，使得本研究的各内容维度分指数的权重具有客观性，有效避免了主观判断带来的偏失，最终形成中国保险公司治理总指数模型。

第三节　中国保险治理现代化进程研究结论

一、关于中国式保险治理现代化进程研究

关于中国式保险治理现代化进程研究，本研究提出：

第一，完善、规范和有效的治理体系是保险业中国式现代化发展的基石。

第二，保险治理、保险业治理、保险机构治理和保险公司治理这四个概念具有广义和狭义之分，本书主要基于保险公司治理展开研究与分析。

第三，中国式保险治理现代化具有全程性和注重情境性的特点。治理贯穿我国保险业发展的全过程，既关注行业特殊性，又把党的领导贯穿于治理全过程。

第四，法律法规是保险治理现代化的核心。总体来看，我国保险治理法律法规文件自 1979 年至今经历了治理起步、治理探索、快速发展和全面发展四个阶段，存在多主体共同发文情况（如原中国保监会、原中国银保监会、中国人民银行等 40 个主体），文件修改次数较少且过半数文件现行有效。

第五，中国式保险治理现代化强调系统性。我国的保险治理法律法规体系内容丰富，层次分明。具体而言，我国保险治理法律法规文件包括保险业治理、保险机构治理和保险公司治理三类法律法规文件，每类法律法规文件按照规范的内容或层次的不同又可以细分为多个层级。

第六，对于中国式保险治理现代化的发展，本研究提出四点展望，分别是保险治理理念的现代化、保险治理体系的现代化、保险治理标准的现代化和保险治理手段的现代化。

二、关于保险治理现代化进程中样本研究

关于中国保险公司治理评价样本的整体情况，本研究认为：

第一，中国保险公司治理评价样本数量总体呈现上升趋势。

第二，随着时间的推移，不同规模类型、资本性质、组织形式和险种类型的保险公司细分样本数总体也不断上涨。

第三，保险公司治理评价样本的成立年限较为集中，2020 年及以前大多分布在 10－14 年，2021 年及以后大多分布在 15－19 年。样本的注册地区和所在城市分布则较为广泛，注册地区以北京市、上海市和广东省为主，所在城市以北京市、上海市和深圳市为主。

第四，从样本具体数据来源来看，中国保险公司治理评价的原始数据来源十分丰富。本研究提出，样本信息应主要从公开信息渠道取得，包括保险公司官网自主披露、第三方监督机构官网披露以及搜索引擎信息等。

第四节　中国保险公司治理总体及比较研究结论

一、关于中国保险公司治理的总体研究

关于中国保险公司治理指数的总体分析，本研究发现：

第一，中国保险公司近年来治理状况稳中向好，治理总指数平均值呈现逐年上升的趋势，2022 年中国保险公司治理总指数平均值为 74.28，较 2016 年上升了 6.61。

第二，中国保险公司治理指数分布总体上符合左偏分布。

第三，保险公司的治理等级与治理评级可以体现出公司的治理水平与治理情况。中国保险公司治理等级与评级情况整体均向好发展，且分布均集中在全部级别中的较高水平，其中治理等级以 III 级和 IV 级为主，侧重点从 IV 级逐渐转向 III 级；治理评级以 BBB 级为主，其次为 A 级和 BB 级，且 A 级占比近年来呈逐年上升趋势。

二、关于中国保险公司治理的比较研究

关于中国保险公司治理指数的比较分析，本研究认为：

第一，我国不同规模类型、资本性质、组织形式和险种类型的保险公司分组治理情况均随时间增长持续向好，治理指数总体也呈现不同程度地上升。

第二，通过比较分析发现，大型和中型规模保险公司、中资保险公司、股份制保险公司和人身险公司的治理总指数相对较高，治理状况相对更好。不同规模类型、资本性质、组织形式和险种类型的保险公司在治理六大维度分指数的表现也存在差异。

第三，保险公司的成立年限较为集中，相比之下，成立时间较长（一般为 15 年及以上）的保险公司治理指数和治理水平更高。

第四，保险公司的注册地区和所在城市分布较为广泛，不同地区保险公司的治理情况也相差较大。整体来看，各注册地区和所在城市的保险公司的平均治理指数总体呈现上升趋势。信息披露和利益相关者分指数与其他分指数相比地区差异相对较小。

第五节　中国保险公司治理维度与层次研究结论

一、关于中国保险公司治理分维度研究

关于中国保险公司治理指数的六大维度分析，本研究发现：

第一，中国保险公司不同维度的治理水平均有所提高，其间波动变化不一，信息披露分指数总体呈平稳状态，其他治理维度分指数总体均为上升态势。

第二，保险公司中高级管理人员、信息披露及利益相关者分维度治理情况显著优于股东与股权结构、董事与董事会及监事与监事会分维度治理情况，治理指数相对较高。

第三，从原始评分来看，董事与董事会维度和其他维度相比原始评分分布较为分散，其余五大维度分指数的原始评分均相对集中且稳定，以区间中间偏上分数为主。

二、关于中国保险公司治理分层次研究

（一）关于中国保险公司强制性治理指数研究

关于中国保险公司强制性治理指数的具体分析，本研究提出：

第一，近年来，中国保险公司强制性治理状况稳中向好，强制性治理指数不断上升。

第二，中国保险公司不同维度的强制性治理水平均不断提高，其中信息披露和利益相关者维度的强制性治理表现相对更佳，治理指数较高。

第三，我国不同规模类型、资本性质、组织形式和业务类型的保险公司强制性治理情况均随时间推移持续向好，治理指数呈现不同程度的上升趋势。

第四，本研究通过对比发现，中型保险公司、中资保险公司、股份制保险公司、人身险公司、成立年限较长的保险公司、注册地区为江苏省和浙江省的保险公司，以及所在城市为深圳市和重庆市的保险公司强制性治理状况相对更佳，治理指数较高。

（二）关于中国保险公司自主性治理指数研究

关于中国保险公司自主性治理指数的具体分析，本研究提出：

第一，近年来，中国保险公司自主性治理水平有所提升，自主性治理指数整体呈上升态势。

第二，中国保险公司不同维度的自主性治理水平差异较大，其中高级管理人员和信息披露维度的自主性治理表现相对更佳，治理指数较高。

第三，我国不同规模类型、资本性质、组织形式和业务类型的保险公司自主性治理情况整体相对稳定，治理指数多呈现小幅度波动的态势。

第四，本研究通过对比发现，大型保险公司、人身险公司、成立年限较长的保险公司、注册地区为上海市和浙江省的保险公司，以及所在城市为上海市的保险公司自主性治理状况相对更佳，治理指数较高。

（三）关于中国保险公司治理指数分层比较研究

关于中国保险公司强制性治理指数与自主性治理指数的对比分析，本研究认为：

第一，中国保险公司强制性治理情况与自主性治理情况在初期表现相对持平，治理总指数相差不大。

第二，中国保险公司强制性治理水平的提升速度显著优于自主性治理水平，强制性治理指数增长速度更快。

第三，中国保险公司不同维度的强制性治理表现整体上优于自主性治理表现，其中董事与董事会和高级管理人员维度的强制性治理指数相对较低，但其增长速度明显快于自主性治理指数。

第四，我国不同规模类型、资本性质、组织形式、业务类型、成立年限、注册地区和所在城市的保险公司强制性治理表现整体以不断优化为主，相比之下，其自主性治理表现的改善幅度较小，指数波动性较大。

参考文献

[1] 白帝. 西方保险财务管理[M]. 北京：企业管理出版社，2001.
[2] 薄滂沱. 保险企业集团化理论与实践研究[M]. 天津：南开大学出版社，2009.
[3] 薄燕娜. 保险公司风险处置及市场退出制度研究[M]. 北京：北京大学出版社，2013.
[4] 北京师联教育研究所. 再保险公司设立规定[M]. 北京：学苑音像出版社，2005.
[5] 贲圣林. 扬帆起航——走向国际的中资保险公司[M]. 杭州：浙江大学出版社，2018.
[6] 编委会. 保险公司诉讼管理实务研究[M]. 上海：上海人民出版社，2020.
[7] 编委会. 保险公司投资资产委托管理模式研究[M]. 北京：首都经济贸易大学出版社，2007.
[8] 编写组. 保险公司法律风险管理实务[M]. 北京：北京首都经济贸易大学出版社，2014.
[9] 编写组. 保险公司内部控制精要——业绩和品牌价值提升的有效手段[M]. 上海：复旦大学出版社，2012.
[10] 编写组. 财产保险公司反洗钱理论与实务[M]. 北京：首都经济贸易大学出版社，2016.
[11] 编写组. 财产保险公司合规指南[M]. 北京：中国时代经济出版社，2018.
[12] 编写组. 财产保险公司审计指南[M]. 北京：中国时代经济出版社，2015.
[13] 编写组. 财产保险公司外部监管合规手册[M]. 北京：首都经济贸易大学出版社，2014.
[14] 编写组. 人身保险公司合规指南[M]. 北京：中国时代经济出版社，

2018.
[15] 财政部会计司. 保险公司会计制度讲解[M]. 北京：经济科学出版社，2000.
[16] 蔡文远. 保险企业经营管理学[M]. 北京：中国财政经济出版社，1997.
[17] 曹廷求. 近 30 年公司治理研究的演进路径与重点突破[J]. 经济学动态，2012（4）：124-132.
[18] 陈兵，邓世民，赵宇平. 保险公司高级财务管理实务[M]. 北京：中国财政经济出版社，2011.
[19] 陈兵，彭吉海. 保险公司财务管理[M]. 北京：中国财政经济出版社，2007.
[20] 陈秉正. 公司整体化风险管理[M]. 北京：清华大学出版社，2003.
[21] 陈海声，梁喜. 投资者法律保护、两权分离与资金占用：来自中国 2006 年度公司法调整前后的并购公司数据[J]. 南开管理评论，2010（5）：53-60.
[22] 陈辉. 相互保险 定义保险新方式[M]. 北京：中国经济出版社，2019.
[23] 陈辉. 相互保险 开启保险新方式[M]. 北京：中国经济出版社，2017.
[24] 陈仕华，郑文全. 公司治理理论的最新进展：一个新的分析框架[J]. 管理世界，2010（2）：156-166.
[25] 陈文辉. 保险资金股权投资问题研究[M]. 北京：中国金融出版社，2014.
[26] 陈信元，朱红军. 保险公司偿付能力监管会计框架研究[M]. 上海：上海财经大学出版社，2006.
[27] 陈雨露. 走好中国特色金融发展之路 全面建设社会主义现代化国家[J]. 红旗文稿，2023（10）：9-12+1.
[28] 陈雨露. 深刻理解和把握金融高质量发展[N]. 学习时报，2023-11-15（001）.
[29] 陈雨露，马勇. 现代金融体系下的中国金融业混业经营：路径、风险与监管体系[M]. 北京：中国人民大学出版社，2009.
[30] 陈雨露，马勇. 中国金融体系大趋势[M]. 北京：中国金融出版社，2011.
[31] 仇兆燕. 银行保险机构公司治理稳中向好[N]. 中国银行保险报，2022-01-04（001）.
[32] 崔惠贤. 集团化对中国保险产业组织的影响研究[M]. 上海：华东理

工大学出版社，2016.
[33] 邓红国，王治超. 保险业实证研究：经营和监管[M]. 北京：中国金融出版社，1997.
[34] 丁德臣. 基于 ERM 理论的财产保险公司风险预警与控制研究[M]. 北京：中国金融出版社，2010.
[35] 董迎秋，金铭卉，崔亚南，刘婷，郝臣. 保险业公司治理风险的分析与防范——基于保险业公司治理框架视角[J]. 保险理论与实践，2018（12）：1-12.
[36] 董迎秋，王瑞涵. 构建战略型董事会是保险业公司治理建设的重要方向[J]. 保险理论与实践，2020（1）：17-24.
[37] 董迎秋，王瑞涵. 我国保险行业公司治理实践探析[J]. 保险理论与实践，2018（4）：71-80.
[38] 董玉凤，金绍珍. 保险公司经营管理[M]. 北京：高等教育出版社，2003.
[39] 董昭江. 现代保险企业管理[M]. 北京：人民出版社，2003.
[40] 方国春. 中国相互制保险公司治理的法律规制——基于公司治理主体权利视角[M]. 北京：法律出版社，2016.
[41] 房永斌. 保险法规监管[M]. 北京：中国人民大学出版，2004.
[42] 冯健身. 保险公司财务制度及讲解[M]. 北京：中国财政经济出版社，1999.
[43] 冯占军，李秀芳. 中国保险企业竞争力研究[M]. 北京：中国财政经济出版社，2012.
[44] 高侯平. 中国系统重要性保险机构识别和监管研究[M]. 北京：中国经济出版社，2021.
[45] 关国卉. 保险公司风险建模与资金管理[M]. 北京：科学出版社，2023.
[46] 郭金龙，周华林. 保险业系统性风险及其管理的理论和政策研究[M]. 北京：社会科学文献出版社，2016.
[47] 郭金龙. 我国保险业发展的实证分析和国际经验[M]. 北京：经济管理出版社，2006.
[48] 郭树清. 加强和完善现代金融监管[N]. 人民日报，2022-12-14(13).
[49] 郭振华. 保险公司经营分析——基于财务报告[M]. 上海：上海交通大学出版社，2018.
[50] 郝臣，马贵军. 我国保险资管公司治理与优化[J]. 中国金融，2023

（4）：72-73.
[51] 郝臣，李慧聪，崔光耀. 治理的微观、中观与宏观——基于中国保险业的研究[M]. 天津：南开大学出版社，2017.
[52] 郝臣. 保险公司治理、投资效率与投保人利益保护[M]. 沈阳：东北大学出版社，2021.
[53] 郝臣. 保险公司治理[M]. 北京：清华大学出版社，2021.
[54] 郝臣. 保险公司治理对绩效影响实证研究——基于公司治理评价视角[M]. 北京：科学出版社，2016.
[55] 郝臣. 保险公司治理学：一门新兴分支学科[J]. 保险职业学院学报，2022（2）：21-27.
[56] 郝臣. 金融机构治理手册[M]. 北京：清华大学出版社，2023.
[57] 郝臣. 我国保险机构监督机制有效性研究[M]. 沈阳：东北大学出版社，2021.
[58] 郝臣. 我国保险治理法律法规研究：1979－2022[M]. 天津：南开大学出版社，2023.
[59] 郝臣. 我国中小型保险机构治理研究[M]. 天津：南开大学出版社，2022.
[60] 郝臣. 中国保险公司治理研究[M]. 北京：清华大学出版社，2015.
[61] 郝臣等. 中国保险公司治理发展报告 2018[M]. 天津：南开大学出版社，2019.
[62] 郝臣等. 中国保险公司治理发展报告 2019[M]. 天津：南开大学出版社，2020.
[63] 郝芳静. 保险公司投资中国股市的风险影响研究[M]. 北京：经济管理出版社，2021.
[64] 侯旭华. 保险公司财务报表分析[M]. 上海：立信会计出版社，2005.
[65] 侯旭华. 保险公司财务分析与风险防范[M]. 上海：复旦大学出版社，2013.
[66] 侯旭华. 保险公司会计：第 5 版[M]. 上海：复旦大学出版社，2016.
[67] 胡昌荣. 中国保险企业家成长研究[M]. 北京：中国财政经济出版社，2003.
[68] 胡祥. 我国上市保险公司系统性风险评估[M]. 北京：经济科学出版社，2019.
[69] 黄开旭. 财产保险公司保险调查理论与实务[M]. 北京：中国金融出版社，2007.

[70] 黄溪. 保险公司与基金公司逆周期监管研究[M]. 北京：中国社会科学出版社，2012.
[71] 姬便便. 中外财产保险公司竞争力比较研究[M]. 北京：中国农业出版社，2006.
[72] 贾辉. 你违规了吗？保险机构合规手册[M]. 北京：人民日报出版社，2011.
[73] 江生忠，张雪冰. 保险投资[M]. 北京：中国金融出版社，1993.
[74] 江生忠，锺碧蓉，邵全权. 保险中介前沿问题研究[M]. 天津：南开大学出版社，2013.
[75] 江生忠，祝向军. 保险经营管理学[M]. 北京：中国金融出版社，2001.
[76] 江生忠. 保险会计学[M]. 北京：中国金融出版社，2000.
[77] 江生忠. 保险企业组织形式研究[M]. 北京：中国财政经济出版社，2008.
[78] 江生忠. 保险中介教程[M]. 北京：机械工业出版社，2001.
[79] 江生忠. 中国保险业发展报告 2003 年[M]. 天津：南开大学出版社，2003.
[80] 江生忠. 中国保险业发展报告 2004 年[M]. 北京：中国财政经济出版社，2004.
[81] 江生忠. 中国保险业发展报告 2005 年[M]. 北京：中国财政经济出版社，2005.
[82] 江生忠. 中国保险业发展报告 2006 年[M]. 北京：中国财政经济出版社，2006.
[83] 江生忠. 中国保险业发展报告 2007 年[M]. 北京：中国财政经济出版社，2007.
[84] 江生忠. 中国保险业发展报告 2008 年[M]. 北京：中国财政经济出版社，2009.
[85] 江生忠. 中国保险业发展成果的经验与问题的反思[J]. 保险研究，2018（12）：92-95.
[86] 江生忠. 中国保险业改革与发展前沿问题[M]. 北京：机械工业出版社，2006.
[87] 江先学，吴岚等. 保险公司偿付能力监管研究[M]. 上海：上海交通大学出版社，2013.
[88] 姜付秀，肯尼斯 A 金（Kenneth A. Kim），王运通. 公司治理：西方

理论与中国实践[M]. 北京：北京大学出版社，2016.
[89] 姜付秀，郑晓佳，王莹，马嘉. 公司治理：文献研读与未来展望[M]. 北京：中国人民大学出版社，2023.
[90] 蒋金中. 保险公司业绩管理[M]. 北京：经济科学出版社，2009.
[91] 寇业富. 2015中国保险公司竞争力评价研究报告[M]. 北京：中国财政经济出版社，2015.
[92] 寇业富. 2016中国保险公司竞争力评价研究报告[M]. 北京：中国财政经济出版社，2016.
[93] 寇业富. 2017中国保险公司竞争力评价研究报告[M]. 北京：中国财政经济出版社，2017.
[94] 寇业富. 2018中国保险公司竞争力评价研究报告[M]. 北京：中国财政经济出版社，2018.
[95] 寇业富. 2019中国保险公司竞争力评价研究报告[M]. 北京：中国经济出版社，2019.
[96] 寇业富. 2020中国保险公司竞争力评价研究报告[M]. 北京：中国财政经济出版社，2020.
[97] 寇业富. 2021 中国保险公司竞争力与投资价值评价研究报告[M]. 北京：中国财政经济出版社，2021.
[98] 寇业富. 2022 中国保险公司竞争力与投资价值评价研究报告[M]. 北京：中国财政经济出版社，2022.
[99] 雷明德. 保险公司管理[M]. 北京：海潮出版社，1999.
[100] 雷星晖. 保险公司风险管理观念发展与产品管理创新[M]. 石家庄：河北人民出版社，2001.
[101] 李朝锋. 保险公司偿付能力与许可证监管之比较分析[M]. 太原：山西人民出版社，2009.
[102] 李殿军. 保险企业制胜八大要素[M]. 北京：中国金融出版社，2003.
[103] 李克穆. 保险业信息披露研究[M]. 北京：中国财政经济出版社，2007.
[104] 李维安，郝臣等. 国有控股金融机构治理研究[M]. 北京：科学出版社，2018.
[105] 李维安，郝臣，崔光耀，郑敏娜，孟乾坤. 公司治理研究四十年：脉络与展望[J]. 外国经济与管理，2019（12）：161-185.
[106] 李维安，邱艾超，牛建波，徐业坤. 公司治理研究的新进展：国际

趋势与中国模式[J]. 南开管理评论，2010（6）：13-24+49.
[107] 李维安. 公司治理[M]. 天津：南开大学出版社，2001.
[108] 李晓林，李肖傧. 保险公司信用评级与寿险产品评价体系研究[M]. 北京：中国财政经济出版社，2004.
[109] 李秀芳，解强. 基于多目标规划的保险公司资产负债管理[M]. 北京：中国财政经济出版社，2012.
[110] 李秀芳，施岚等. 中国保险公司效率问题研究[M]. 北京：中国财政经济出版社，2009.
[111] 李亚男. 随机最优控制理论下的保险公司最优化问题研究[M]. 北京：中国金融出版社，2017.
[112] 李艳华. 保险公司合规管理实务[M]. 北京：法律出版社，2007.
[113] 李有祥. 中国保险公司管理层激励与约束机制研究[M]. 北京：中国金融出版社，2006.
[114] 梁涛，何肖峰，任建国. 相互保险组织运作及风险管理研究[M]. 北京：中国金融出版社，2017.
[115] 刘畅. 中资保险公司核心竞争力培育研究[M]. 哈尔滨：东北林业大学出版社，2006.
[116] 刘汉民. 保险公司财务管理[M]. 北京：经济科学出版社，2009.
[117] 刘汉民. 保险公司盈利能力管理[M]. 北京：经济科学出版社，2009.
[118] 刘连生，申河. 保险中介[M]. 北京：中国金融出版社，2007.
[119] 刘茂山，闫东玲，陈璐. 保险发展学[M]. 北京：金融出版社，2005.
[120] 刘茂山. 国际保险学[M]. 北京：中国金融出版社，2003.
[121] 刘宁. 基于经济资本的中国保险公司全面风险管理研究[M]. 武汉：湖北人民出版社，2014.
[122] 刘少君，郭大焕. 保险公司审计要领[M]. 北京：中国发展出版社，2004.
[123] 刘树枫. 保险公司业务实训[M]. 西安：西北大学出版社，2018.
[124] 刘子操. 保险企业核心竞争力培育[M]. 沈阳：东北财经大学出版社，2005.
[125] 龙翔. 保险公司市场退出法律制度研究[M]. 北京：中国财政经济出版社，2012.
[126] 罗安定，欧阳挥义. 保险公司会计核算与理财实务[M]. 北京：海潮出版社，1999.

［127］罗光. 保险公司评级管理［M］. 北京：经济科学出版社，2009.
［128］罗利勇，胡启明，吴欣欣，宋中华. 我国相互保险组织治理研究［M］. 成都：四川大学出版社，2020.
［129］罗利勇，李悦，邹昌波，杨竞. 我国财产保险公司治理研究［M］. 成都：西南财经大学出版社，2020.
［130］罗胜. 保险公司的薪酬监管［J］. 中国金融，2013（6）：68-69.
［131］罗胜，张雁云. 保险公司董事会评价机制研究［J］. 保险研究，2011（9）：109-113.
［132］罗胜，曹顺明. 保险公司控股股东和实际控制人监管的合理性基础与制度设计［J］. 保险研究，2011（2）：26-32.
［133］罗胜. 加强治理结构监管健全保险监管体系［N］. 中国保险报，2006-02-17（002）.
［134］罗亚玲. 基于星系模型的我国保险公司竞争力评价研究［M］. 成都：四川大学出版社，2009.
［135］马海峰. 问题保险公司的救助机制［M］. 上海：立信会计出版社，2019.
［136］马永伟. 各国保险法规制度对比研究［M］. 北京：中国金融出版社，2001.
［137］马玉秀. 中国保险专业中介机构集聚效应研究［M］. 北京：经济科学出版社，2023.
［138］毛惠春. 保险公司分支机构管理大全［M］. 北京：中国金融出版社，2009.
［139］孟龙. 保险公司中介业务监管［M］. 北京：中国财政经济出版社，2013.
［140］闵伟东. 金融新企划——银行、证券公司、保险公司的 CI 战略［M］. 北京：中国经济出版社，1996.
［141］缪若冰. 相互保险组织的法律分析及其应用［M］. 北京：中国社会科学出版社，2020.
［142］慕刘伟. 中资保险公司股权融资问题研究［M］. 成都：四川人民出版社，2003.
［143］穆晓军，袁朝晖. 华泰之道［M］. 北京：中信出版社，2013.
［144］倪莎. 保险公司动态资产配置［M］. 北京：中国社会科学出版社，2016.
［145］聂斌，张瑶. 保险企业管理［M］. 成都：西南财经大学出版社，2018.

[146] 牛雪舫. 论我国相互保险组织内部治理改革[J]. 保险职业学院学报，2018（2）：62-65.
[147] 欧阳挥义. 上市保险公司会计核算实务[M]. 海口：海南出版社，2008.
[148] 潘国臣. 保险企业创新能力问题研究[M]. 武汉：武汉大学出版社，2006.
[149] 彭金柱. 国有保险企业产权制度变革研究[M]. 上海：上海三联书店，2006.
[150] 赛铮. 我国保险公司破产法律制度完善研究[M]. 武汉：武汉大学出版社，2019.
[151] 申曙光. 保险监管[M]. 广州：中山大学出版社，2000.
[152] 沈东，曹亚勇. 财产保险公司财务会计[M]. 北京：首都经济贸易大学出版社，2014.
[153] 沈东，张洪涛，汪波，曹亚勇. 财产保险公司财务管理[M]. 北京：首都经济贸易大学出版社，2014.
[154] 沈健，杜鹃. 相互保险组织与股份保险公司效率比较：国外文献综述[J]. 南方金融，2017（2）：25-31.
[155] 沈烈. 保险公司资产负债管理[M]. 北京：经济科学出版社，2009.
[156] 沈琳. 保险公司综合业务实训[M]. 北京：中国人民大学出版社，2010.
[157] 宋绍富. 我国财产保险公司品牌竞争力的要因构成及其实证研究[M]. 成都：西南财经大学出版社，2018.
[158] 宋铁军. 叩响中国保险业大门：外资保险公司在中国[M]. 北京：中国人民大学出版社，1998.
[159] 粟芳. 中国非寿险保险公司的偿付能力研究[M]. 上海：复旦大学出版社，2002.
[160] 孙磊. 保险公司的风险及其风险管理对策探讨[M]. 成都：西南财经大学出版社，2002.
[161] 孙立娟. 保险公司破产与危机预测问题研究[M]. 北京：经济科学出版社，2016.
[162] 孙祁祥，郑伟. 保险制度与市场经济——历史、理论与实证考察[M]. 北京：经济科学出版社，2009.
[163] 孙祁祥，郑伟. 金融综合经营背景下的中国保险业发展——制度演进、模式比较与战略选择[M]. 北京：经济科学出版社，2008.

[164] 孙祁祥，郑伟. 经济社会发展视角下的中国保险业——评价、问题与前景[M]. 北京：经济科学出版社，2007.
[165] 孙祁祥，郑伟. 欧盟保险偿付能力监管标准II及对中国的启示[M]. 北京：经济科学出版社，2008.
[166] 孙蓉，兰虹. 保险学原理[M]. 成都：成都西南财大出版社，2021.
[167] 孙蓉，彭雪梅，胡秋明等. 中国保险业风险管理战略研究——基于金融混业经营的视角[M]. 北京：中国金融出版社，2006.
[168] 孙蓉. 新中国保险制度变迁[M]. 成都：西南财经大学出版社，2020.
[169] 太平金融稽核服务（深圳）有限公司. 金融保险集团内部审计创新与实践[M]. 成都：西南财经大学出版社，2018.
[170] 谭启俭. 财产保险企业经营实践与探索[M]. 济南：黄河出版社，2004.
[171] 陶存文. 保险公司会计[M]. 上海：立信会计出版社，2003.
[172] 滕焕钦，张芳洁. 财产保险公司风险预警研究[M]. 北京：中国金融出版社，2012.
[173] 庹国柱，李文中. 保险学：第 11 版[M]. 北京：首都经济贸易大学出版社，2023.
[174] 万众. 保险公司财务会计[M]. 北京：经济科学出版社，2009.
[175] 王保平，黄文祥，谷小见. 保险公司财务知识精要[M]. 北京：经济科学出版社，2021.
[176] 王保平，栗利玲. 保险公司会计实务[M]. 北京：中国财政经济出版社，2009.
[177] 王保平，孙娜，程六满. 保险公司会计实务[M]. 北京：中国财政经济出版社，2020.
[178] 王成辉. 保险企业经营竞争力研究[M]. 天津：南开大学出版社，2008.
[179] 王国军，潘兴. 后金融危机时代保险业的风险防范与战略选择[M]. 北京：法律出版社，2009.
[180] 王国良. 现代保险企业管理[M]. 北京：经济科学出版社，2003.
[181] 王建东. 中小财产保险公司发展研究[M]. 天津：南开大学出版社，2011.
[182] 王磊. 基于偿付能力监管下的保险公司效率研究[M]. 南京：南京农业大学出版社，2011.

[183] 王稳. 健康保险公司风险管理[M]. 北京：中国财政经济出版社，2017.
[184] 王向楠，边文龙. 中国保险公司绩效研究[M]. 北京：中国社会科学出版社，2020.
[185] 王晓英，彭雪梅. 国有上市保险公司股权结构对经营绩效的影响研究[J]. 保险研究，2011（4）：28-35.
[186] 王一佳，马泓，陈秉正等. 寿险公司风险管理[M]. 北京：中国金融出版社，2003.
[187] 王玉祥，尤瑞金. 保险机构内部审计[M]. 北京：中国金融出版社，2023.
[188] 王元. 保险公司法律工作管理实务[M]. 北京：中国法制出版社，2012.
[189] 王运鹏. 博弈论视角下保险公司的竞争与市场均衡[M]. 北京：经济科学出版社，2020.
[190] 王正文. 基于经济资本的保险公司整合风险管理研究[M]. 武汉：中国地质大学出版社，2016.
[191] 魏华林. 中国保险市场的开放及其监管[M]. 北京：中国金融出版社，1999.
[192] 魏平. 我国财产保险公司业务结构优化研究[M]. 北京：中国人民大学出版社，2018.
[193] 魏巧琴. 保险公司经营管理[M]. 上海：上海财经大学出版社，2002.
[194] 魏巧琴. 保险公司经营管理：第 6 版[M]. 上海：上海财经大学出版社，2021.
[195] 魏巧琴. 保险企业风险管理[M]. 上海：上海财经大学出版社，2002.
[196] 魏迎宁，杨家发. 保险企业经济活动分析[M]. 北京：国际文化出版社，1994.
[197] 魏迎宁. 保险集团财务风险控制问题研究[M]. 北京：中国财政经济出版社，2010.
[198] 魏迎宁. 保险监管问答[M]. 广州：广东经济出版社，2002.
[199] 吴定富. 股份制保险公司党建工作实践与探索[M]. 北京：党建读物出版社，2006.
[200] 吴定富. 中国保险业发展改革报告（1979－2003）[M]. 北京：中

国经济出版社，2004.
[201] 吴小平. 保险公司非寿险业务准备金评估实务指南[M]. 北京：中国财政经济出版社，2005.
[202] 吴小平. 保险中介机构监管手册[M]. 北京：中国财政经济出版社，2005.
[203] 武亦文. 商业保险公司参与医疗体制改革的路径探析[M]. 北京：中国社会科学出版社，2022.
[204] 谢晓霞，李进. 股权结构、董事会特征与业绩研究——中国保险公司的治理结构分析[J]. 保险研究，2009（8）：90-95.
[205] 邢栋. 保险公司信息披露制度法经济学研究[M]. 长春：吉林人民出版社，2011.
[206] 许荣. 保险机构的治理功能研究[M]. 北京：中国经济出版社，2020.
[207] 许闲. 保险大国崛起[M]. 上海：复旦大学出版社，2018.
[208] 许闲. 保险科技创新运用与商业模式[M]. 北京：中国金融出版社，2018.
[209] 许闲. 合规与监管科技[M]. 北京：中国金融出版社，2021.
[210] 杨波. 医养结合与保险公司介入研究[M]. 南京：南京大学出版社，2018.
[211] 杨波. 中国保险专业中介机构发展问题研究[M]. 南京：南京大学出版社，2010.
[212] 杨馥. 中国保险公司治理监管制度研究[M]. 北京：经济科学出版社，2011.
[213] 杨贵军. 我国保险公司偿付能力[M]. 北京：经济科学出版社，2011.
[214] 杨农，刘绪光，王建平. 保险机构数字化转型[M]. 北京：清华大学出版社，2022.
[215] 杨文灿. 保险企业经营效率论[M]. 上海：上海三联书店，2006.
[216] 杨再贵. 最新保险公司会计[M]. 北京：改革出版社，1999.
[217] 姚伟，黄卓，郭磊. 公司治理理论前沿综述[J]. 经济研究，2003（5）：83-90+94.
[218] 叶成徽，陈晓安. 经理报酬对中国上市保险公司效率的影响——基于随机前沿（SFA）方法的实证研究[J]. 保险研究，2012（8）：29-38.
[219] 余洋. 财产保险公司资产负债管理与动态随机规划法应用研

究[M]. 北京：中国财政经济出版社，2012.
[220] 占梦雅. 保险公司最低偿付能力资本要求研究[M]. 上海：上海交通大学出版社，2011.
[221] 张代军. 保险机构经营管理[M]. 上海：立信会计出版社，2011.
[222] 张庆洪，王海艳. 保险企业资产负债管理[M]. 北京：经济科学出版社，2004.
[223] 张伟. 我国保险公司非寿险 IBNR 准备金精算评估研究[M]. 北京：经济管理出版社，2014.
[224] 张娓主. 大数据时代下保险公司的创新之路[M]. 重庆：重庆大学出版社，2020.
[225] 张扬，郝臣，李慧聪. 国外保险公司治理研究：主题、逻辑与展望[J]. 保险研究，2012（10）：86-94.
[226] 张卓奇. 保险公司会计[M]. 上海：复旦大学出版社，2005.
[227] 张卓奇. 保险公司会计[M]. 上海：上海财经大学出版社，2001.
[228] 张宗军. 中国保险公司市场退出机制研究[M]. 成都：西南财经大学出版社，2015.
[229] 赵东升. 保险企业长寿之道[M]. 北京：中国财政经济出版社，2006.
[230] 赵蕾. 保险公司操作风险量化管理[M]. 北京：经济科学出版社，2023.
[231] 赵雪媛. 保险公司监管信息披露的研究[M]. 北京：中国财政经济出版社，2007.
[232] 郑飞虎. 保险公司治理研究[M]. 北京：中国法制出版社，2004.
[233] 郑功成，许飞琼. 各国保险公司管理与运作[M]. 贵阳：贵州人民出版社，1995.
[234] 郑红亮，王凤彬. 中国公司治理结构改革研究：一个理论综述[J]. 管理世界，2000（3）：119-125.
[235] 郑伟. 保险是推进国家治理现代化的重要工具[J]. 中国保险，2020（5）：17-22.
[236] 郑伟. 中国保险业发展报告 2022[M]. 北京：经济科学出版社，2022.
[237] 郑伟. 中国保险业发展报告 2023[M]. 北京：经济科学出版社，2023.
[238] 郑伟. 中国保险业发展研究[M]. 北京：经济科学出版社，2011.

[239] 郑志刚. 法律外制度的公司治理角色——一个文献综述[J]. 管理世界，2007（9）：136-147+159.
[240] 中国保险监督管理委员会. 保险公司偿付能力报告编报规划 2007[M]. 北京：中国财政经济出版社，2007.
[241] 中国保险监督管理委员会. 中国保险业社会责任白皮书[M]. 北京：经济管理出版社，2014.
[242] 中国保险监督管理委员会保险中介监管部. 保险中介相关法规制度汇编[M]. 北京：中国财政经济出版社，2010.
[243] 中国保险监督管理委员会财务会计部. 保险公司偿付能力报告编报规则 2006[M]. 北京：中国财政经济出版社，2006.
[244] 中国保险监督管理委员会国际部. 外资保险公司驻华机构概览[M]. 北京：中国金融出版社，2000.
[245] 中国保险行业协会. 保险公司个人信息保护实务研究[M]. 北京：法律出版社，2022.
[246] 中国保险行业协会. 保险公司合规管理与大数据应用[M]. 北京：中国金融出版社，2018.
[247] 中国保险行业协会. 保险公司内部审计典型案例集[M]. 北京：中国财政经济出版社，2018.
[248] 中国保险行业协会. 保险公司人力成本总额市场实践研究[M]. 北京：中国金融出版社，2018.
[249] 中国保险行业协会. 保险行业企业社会责任年度报告（2010 辑）[M]. 北京：法律出版社，2010.
[250] 中国保险行业协会. 国内中小财产保险公司发展问题研究报告[M]. 北京：中国金融出版社，2015.
[251] 中国保险行业协会. 国内中小财产保险公司发展研究报告[M]. 北京：中国金融出版社，2015.
[252] 中国保险行业协会. 中小寿险公司发展研究报告[M]. 北京：中国财政经济出版社，2015.
[253] 中国保险行业协会等. 保险机构公司治理监管制度汇编：第二编 董事会治理[M]. 北京：法律出版社，2021.
[254] 中国保险行业协会等. 保险机构公司治理监管制度汇编：第六编 市场约束[M]. 北京：法律出版社，2021.
[255] 中国保险行业协会等. 保险机构公司治理监管制度汇编：第七编 其他利益相关者[M]. 北京：法律出版社，2021.

[256] 中国保险行业协会等. 保险机构公司治理监管制度汇编：第三编 监事会和高管层治理[M]. 北京：法律出版社，2021.

[257] 中国保险行业协会等. 保险机构公司治理监管制度汇编：第四编 风险内控[M]. 北京：法律出版社，2021.

[258] 中国保险行业协会等. 保险机构公司治理监管制度汇编：第五编 关联交易治理[M]. 北京：法律出版社，2021.

[259] 中国保险行业协会等. 保险机构公司治理监管制度汇编：第一编 股东治理[M]. 北京：法律出版社，2021. 12.

[260] 中国保险学会. 保险公司治理的理论与实践[M]. 北京：中国金融出版社，2023.

[261] 中国保险资产管理业协会. 保险问道之公司治理研究[M]. 北京：法律出版社，2022.

[262] 中国保险资产管理业协会. 国内外保险机构大类资产配置研究[M]. 北京：中国金融出版社，2017.

[263] 中国化工集团有限公司统一保险管理办公室，蓝星保险经纪有限公司，对外经济贸易大学保险学院课题组. 企业集团保险管理与实践[M]. 北京：对外经济贸易大学出版社，2020.

[264] 中国人民财产保险股份有限公司组织. 保险公司数据治理理论与实践[M]. 北京：知识产权出版社有限责任公司，2019.

[265] 中国银保监会国际部. 银行业保险业引进来和走出去机构名录——保险业引进来和走出去机构名录[M]. 北京：中国金融出版社，2021.

[266] 中国银保监会国际部. 银行业保险业引进来和走出去机构名录——银行业引进来机构名录[M]. 北京：中国金融出版社，2021.

[267] 中国银行保险监督管理委员会偿付能力监管部. 保险公司偿付能力监管规则及讲解[M]. 北京：中国金融出版社，2022.

[268] 中国再保险集团（股份）有限公司. 中国再保险行业发展报告[M]. 北京：中国金融出版社，2023.

[269] 周爱玲. 保险公司投资农村养老社区研究[M]. 北京：中国经济出版社，2021.

[270] 周德英，中国保险报社通联部. 中国保险业机构名录[M]. 北京：中国城市出版社，1997.

[271] 周晶. 中国保险公司非量化风险评估研究[M]. 北京：经济科学出版社，2016.

［272］周延礼. 保险监管系统党的建设研究［M］. 北京：中共中央党校出版社，2013.

［273］周玉华，张俊. 保险公司合规风险管理［M］. 北京：法律出版社，2010.

［274］周玉华. 保险公司合规管理与风险控制实务指引：第 2 版［M］. 北京：法律出版社，2022.

［275］朱俊生. 中国保险业转型期发展研究［M］. 北京：首都经济贸易大学出版社，2008.

［276］朱文革. 保险公司风险管理［M］. 上海：上海财经大学出版社，2016.

［277］卓志. 保险经营风险防范机制研究［M］. 成都：西南财经大学出版社，1998.

［278］Abdul Latif Alhassan, Kalwani Zyambo, Mary-Ann Afua Boakye. 'Welcome on Board': Resource Dependency and Agency Theoretic Evidence from the South African Life Insurance Market[J]. Corporate Governance, 2021, 21(4): 626-644.

［279］Abdul Latif Alhassan, Mary-Ann Afua Boakye. Board Characteristics and Life Insurance Efficiency in South Africa[J]. Pacific Accounting Review, 2020, 32(2): 217-237.

［280］Adams Mike, Jiang Wei. Do Chief Executives' Traits Affect the Financial Performance of Risk-Trading Firms? Evidence from the UK Insurance Industry[J]. British Journal of Management, 2017, 28(3): 481-501.

［281］Ayobami Folarin Elegunde, Sunday Stephen Ajemunigbohun, Fatimo Titilope Azeez. Evaluation of Corporate Governance Practices on Financial Performance of Selected Insurance Firms in Nigeria[J]. Acta Universitatis Danubius OEconomica, 2020, 16(4): 86-110.

［282］Bahloul Walid, Hachicha Nizar, Bouri Abdelfettah. Modeling the Effect of CEO Power on Efficiency: Evidence from the European Non-Life Insurance Market[J]. The Journal of Risk Finance, 2013, 14(3): 266-285.

［283］Ben Q Honyenuga, Ronald S J Tuninga, Paul W Th Ghijsen. High Performance Organizations Framework as a Predictor of Firm Performance in the Insurance Industry in Ghana[J]. Journal of

Transnational Management, 2014, 19(4): 261-278.
[284] Bharti Sankhla. Research Paper on Corporate Governance, Norms and Growth of Life Insurance Sector in India[J]. International Journal of Innovative Science and Research Technology, 2021, 6(2):314-319.
[285] Cassandra R Cole, Enya He, Kathleen A McCullough, Anastasia Semykina, David W Sommer. An Empirical Examination of Stakeholder Groups as Monitoring Sources in Corporate Governance[J]. Journal of Risk and Insurance, 2011, 78(3): 703-730.
[286] Cassandra R Cole, Enya He, Kathleen A McCullough, David W Sommer. Separation of Ownership and Management: Implications for Risk-Taking Behavior[J]. Risk Management and Insurance Review,2011,14(1):49-71.
[287] Chen-Ying Lee, Wei-Chen Chang, Hsin-Ching Lee. An Investigation of the Effects of Corporate Social Responsibility on Corporate Reputation and Customer Loyalty-Evidence from the Taiwan Non-Life Insurance Industry[J]. Social Responsibility Journal, 2017, 13(2): 355-369.
[288] David M Pooser, Ping Wang, James Barrese. A Governance Study of Corporate Ownership in the Insurance Industry[J]. Journal of Insurance Issues, 2017,40(1): 23-60.
[289] David Mayers, Clifford W Smith. Compensation and Bboard Structure: Evidence from the Insurance Industry[J]. Journal of Risk and Insurance, 2010, 77(2): 297-327.
[290] David Mayers, Clifford W Smith. On the Choice of Organizational Form: Theory and Evidence from the Insurance Industry[M]. New York: Handbook of Insurance, 2013.
[291] Diane Denis. Twenty-five Years of Corporate Governance Research … and Counting[J]. Review of Financial Economics, 2001, 10(3): 191-212.
[292] Donald C Clarke. Corporate Governance in China: An Overview [J]. China Economic Review, 2003, 14(4): 494-507.
[293] Enya He, David W Sommer, Xiaoying Xie. The Impact of CEO Turnover on Property-Liability Insurer Performance[J]. Journal of Risk and Insurance, 2011, 78(3): 583-608.

［294］Enya He, David W Sommer. CEO Turnover and Ownership Structure: Evidence from the US Property-Liability Insurance Industry[J]. Journal of Risk and Insurance, 2011, 78(3): 673-701.

［295］Erdem Kirkbesoglu, Jon McNeill, Emir Huseyin Ozder. An Evaluation of the Effectiveness of Insurance Organizations at Providing Information to Policyholders: A Cross-Cultural Comparison between United Kingdom & Turkey[J]. International Business Research, 2015, 8(9): 35-46.

［296］Folake Feyisayo Olowokudejo, Sunday Adekunle Aduloju, Ayodeji E Oke. Corporate Social Responsibility and Organizational Effectiveness of Insurance Companies in Nigeria[J]. The Journal of Risk Finance, 2011, 12(3): 156-167.

［297］Fuxiu Jiang, Kenneth A Kim. Corporate Governance in China: A Survey[J]. Review of Finance, 2020, 24(4): 733-772.

［298］Hong Shi, Bao Shizhe. Guaranty Funds, Government Shareholding and Risk Taking: Evidence from China[J]. The Geneva Papers on Risk and Insurance-Issues and Practice, 2015, 40(4): 653-677.

［299］Huang Wei, Eling Martin. An Efficiency Comparison of the Non-Life Insurance Industry in the BRIC Countries[J]. European Journal of Operational Research, 2013, 226(3): 577-591.

［300］iang Cheng, J David Cummins, and Tzuting Lin. Organizational Form, Ownership Structure, and CEO Turnover: Evidence from the Property-Casualty Insurance Industry[J]. Journal of Risk and Insurance, 2017, 84(1): 95-126.

［301］Jiang Cheng, J David Cummins, and Tzuting Lin. Organizational Form, Ownership Structure and Top Executive Turnover: Evidence in the Property- Casualty Insurance Industry[J]. Journal of Risk and Insurance,2013,80(1):169-203.

［302］Joseph P H Fan, K C John Wei, Xinzhong Xu. Corporate Finance and Governance in Emerging Markets: A Selective Review and an Agenda for Future Research [J]. Journal of Corporate Finance, 2011, 17(2): 0-214.

［303］L Paige Fields, Manu Gupta, Puneet Prakash. Risk Taking and Performance of Public Insurers: An International Comparison[J].

Journal of Risk and Insurance, 2012, 79(4): 931-962.

[304] Rafael La Porta, Florencio Lopez-d-Silanes, Andrei Shleifer, Robert W Vishny. Law and finance[J]. Journal of Political Economy, 1998, 106(6): 1113-1155.

[305] Li-Ying Huang, Yu-Luen Ma, Nat Pope. Foreign Ownership and Non-Life Insurer Efficiency in the Japanese Marketplace[J]. Risk Management and Insurance Review, 2012, 15(1): 57-88.

[306] Luisa Anderloni, Ornella Moro, Alessandra Tanda. Governance and Performance in Insurance Companies: A Bibliometric Analysis and A Meta-Analysis[J]. International Journal of Economics and Finance, 2020, 12(11): 1-20.

[307] MacMinn R, Ren Y Mutual Versus Stock Insurers: A Synthesis of the Theoretical and Empirical Research[J]. Journal of Insurance Issues, 2011,34(2): 101-111.

[308] Malafronte Irma, Porzio Claudio, Starita Maria Grazia. The Nature and Determinants of Disclosure Practices in the Insurance Industry: Evidence from European Insurers[J]. International Review of Financial Analysis, 2016, 45(C): 367-382.

[309] María Rubio-Misas. Ownership Structure and Financial Stability: Evidence from Takaful and Conventional Insurance Firms[J]. Pacific-Basin Finance Journal, 2020, 62(15): 101355.

[310] Martin Eling, David Antonius Pankoke. Systemic Risk in the Insurance Sector: A Review and Directions for Future Research[J]. Risk Management and Insurance Review, 2016, 19(2): 249-284.

[311] Mehdi Taghavi, Mohammad Masoudi Moghadam. Investigating the Effect of Corporate Governance on Risk of Private Banks and Insurance Firms[J]. Management Science Letters, 2014, 4(1): 11-16.

[312] Muhammad Junaid, Ye Xue, Muzzammil Wasim Syed, Muhammad Ziaullah, Numair Riffat. Corporate Governance Mechanism and Performance of Insurers in Pakistan[J]. Green Finance, 2020, 2(3): 1-16.

[313] Narjess Boubakri. Corporate Governance and Issues from the Insurance Industry[J]. Journal of Risk and Insurance, 2011, 78(3): 501-518.

［314］Nourhen Sallemi, Rim Zouari Hadiji, Ghazi Zouari. Governance Mechanisms and the Takaful Insurance Performance: The Moderating Role of the Leader's Seniority[J]. Journal of Islamic Accounting and Business Research, 2021, 12(2): 149-168.

［315］Owolabi L Kuye, Abdul-Hameed A Sulaimon, Joyce M. Odiachi. Corporate Governance Code: The Application and Effect on Sustainability of Selected Insurance Companies in Nigeria[J]. Academic Journal of Economic Studies, 2020, 6(1): 22-30.

［316］Raed Alqirem, Malik Abu Afifa, Isam Saleh, Fadi Haniah. Ownership Structure, Earnings Manipulation, and Organizational Performance: The Case of Jordanian Insurance Organizations[J]. Journal of Asian Finance, Economics and Business, 2020, 7(12): 293-308.

［317］Riski Wicaksono, Tri Mulyaningsih. Does Ownership Structure Matter? A Cost Efficiency Study of Life Insurance Firms in Indonesia[J]. Bulletin of Monetary Economics and Banking, 2019, 22(3): 1-16.

［318］Spiller R Ownership and Performance: Stock and Mutual Life Insurance Companies [J]. Journal of Risk and Insurance, 1972, 39 (1): 17-25.

［319］Stavros Kourtzidis, Nickolaos G Tzeremes. Investigating the Determinants of Firm Performance: A Qualitative Comparative Analysis of Insurance Companies[J]. European Journal of Management and Business Economics, 2020, 29(1): 3-22.

［320］Steve Miller, Tina Yang. Board Leadership Structure of Publicly-Traded Insurance Companies[J]. Journal of Insurance Issues, 2015,38(2): 184-232.

［321］Stijn Claessens, Joseph P H Fan. Corporate Governance in Asia: A Survey [J]. International Review of Finance, 2002, 3(2): 71-103.

［322］Tony Abdoush. Corporate Governance, Firm Performance and Efficiency: Three Empirical Analyses of the UK Insurance Industry[D]. University of SOUTHAMPTON, 2017.

［323］Xiaoying Xie, Wanke Cai, Weili Lu, Laura Yue Liu, Aaron Takumi. Internal Corporate Control and the Dynamics of Post-Acquisition Bboards: Evidence of US Life Insurers[J]. International Journal of

Business, 2016, 21(2):132-150.

[324] Yu-Luen Ma, Yayuan Ren. Insurer Risk and Performance Before, During, and After the 2008 Ffinancial Crisis: The Role of Monitoring Institutional Ownership[J]. Journal of Risk and Insurance, 2021, 88(2): 351-380.

附表 1　我国人身保险公司名录[①]

序号	机构名称	成立日期	组织形式	规模类型	资本性质	注册城市
1	新华人寿保险股份有限公司	1996-09-28	股份制	大型	中资	北京市
2	中宏人寿保险有限公司	1996-11-15	有限制	中型	外资	上海市
3	建信人寿保险股份有限公司	1998-10-12	股份制	中型	中资	上海市
4	中德安联人寿保险有限公司	1998-11-25	有限制	小型	外资	上海市
5	工银安盛人寿保险有限公司	1999-05-14	有限制	中型	外资	上海市
6	交银人寿保险有限公司	2000-07-04	有限制	中型	外资	上海市
7	中信保诚人寿保险有限公司	2000-09-28	有限制	中型	外资	北京市
8	天安人寿保险股份有限公司	2000-11-24	股份制	中型	中资	北京市
9	中国太平洋人寿保险股份有限公司	2001-11-09	股份制	大型	中资	上海市
10	太平人寿保险有限公司	2001-11-30	有限制	大型	中资	上海市
11	中意人寿保险有限公司	2002-01-31	有限制	中型	外资	北京市
12	富德生命人寿保险股份有限公司	2002-03-04	股份制	大型	中资	深圳市
13	光大永明人寿保险有限公司	2002-04-22	有限制	中型	中资	天津市
14	民生人寿保险股份有限公司	2002-06-18	股份制	中型	中资	北京市
15	中荷人寿保险有限公司	2002-11-19	有限制	小型	外资	大连市
16	北大方正人寿保险有限公司	2002-11-28	有限制	小型	外资	上海市
17	中英人寿保险有限公司	2002-12-11	有限制	中型	外资	北京市
18	中国平安人寿保险股份有限公司	2002-12-17	股份制	大型	中资	深圳市
19	同方全球人寿保险有限公司	2003-04-16	有限制	小型	外资	深圳市
20	中国人寿保险股份有限公司	2003-06-30	股份制	大型	中资	北京市
21	招商信诺人寿保险有限公司	2003-08-04	有限制	中型	外资	深圳市

① 本表统计截止日期为 2022 年 12 月 31 日，下表相同。

续表

序号	机构名称	成立日期	组织形式	规模类型	资本性质	注册城市
22	长生人寿保险有限公司	2003-09-23	有限制	小型	外资	上海市
23	恒安标准人寿保险有限公司	2003-12-01	有限制	小型	外资	天津市
24	瑞泰人寿保险有限公司	2004-01-06	有限制	小型	外资	北京市
25	平安养老保险股份有限公司	2004-12-13	股份制	中型	中资	上海市
26	陆家嘴国泰人寿保险有限责任公司	2004-12-29	有限制	小型	外资	上海市
27	太平养老保险股份有限公司	2005-01-26	股份制	小型	中资	上海市
28	合众人寿保险股份有限公司	2005-01-28	股份制	中型	中资	武汉市
29	华泰人寿保险股份有限公司	2005-03-22	股份制	小型	外资	北京市
30	中国人民健康保险股份有限公司	2005-03-31	股份制	中型	中资	北京市
31	中银三星人寿保险有限公司	2005-05-26	有限制	中型	外资	北京市
32	平安健康保险股份有限公司	2005-06-13	股份制	小型	外资	上海市
33	中美联泰大都会人寿保险有限公司	2005-08-10	有限制	中型	外资	上海市
34	长城人寿保险股份有限公司	2005-09-20	股份制	中型	中资	北京市
35	中国人民人寿保险股份有限公司	2005-11-10	股份制	大型	中资	北京市
36	农银人寿保险股份有限公司	2005-12-19	股份制	中型	中资	北京市
37	小康人寿保险有限责任公司	2005-12-23	有限制	小型	中资	北京市
38	昆仑健康保险股份有限公司	2006-01-12	股份制	中型	中资	上海市
39	和谐健康保险股份有限公司	2006-01-12	股份制	中型	中资	成都市
40	恒大人寿保险有限公司	2006-05-11	有限制	中型	外资	重庆市
41	君康人寿保险股份有限公司	2006-11-06	股份制	中型	中资	北京市
42	华夏人寿保险股份有限公司	2006-12-30	股份制	大型	中资	天津市
43	中国人寿养老保险股份有限公司	2007-01-15	股份制	小型	中资	北京市
44	信泰人寿保险股份有限公司	2007-05-18	股份制	中型	中资	杭州市
45	长江养老保险股份有限公司	2007-05-18	股份制	小型	中资	上海市
46	英大泰和人寿保险股份有限公司	2007-06-26	股份制	中型	中资	北京市
47	泰康养老保险股份有限公司	2007-08-10	股份制	中型	中资	北京市
48	幸福人寿保险股份有限公司	2007-11-05	股份制	中型	中资	北京市

续表

序号	机构名称	成立日期	组织形式	规模类型	资本性质	注册城市
49	国华人寿保险股份有限公司	2007-11-08	股份制	中型	中资	武汉市
50	阳光人寿保险股份有限公司	2007-12-17	股份制	中型	中资	三亚市
51	君龙人寿保险有限公司	2008-11-10	有限制	小型	外资	厦门市
52	鼎诚人寿保险有限责任公司	2009-03-02	有限制	小型	外资	北京市
53	百年人寿保险股份有限公司	2009-06-01	股份制	中型	中资	大连市
54	汇丰人寿保险有限公司	2009-06-27	有限制	小型	外资	上海市
55	中邮人寿保险股份有限公司	2009-08-18	股份制	中型	中资	北京市
56	中融人寿保险股份有限公司	2010-03-26	股份制	中型	中资	北京市
57	大家人寿保险股份有限公司	2010-06-23	股份制	大型	中资	北京市
58	利安人寿保险股份有限公司	2011-07-14	股份制	中型	中资	南京市
59	华汇人寿保险股份有限公司	2011-12-22	股份制	微型	中资	沈阳市
60	前海人寿保险股份有限公司	2012-02-08	股份制	中型	中资	深圳市
61	东吴人寿保险股份有限公司	2012-05-23	股份制	小型	中资	苏州市
62	弘康人寿保险股份有限公司	2012-07-19	股份制	中型	中资	北京市
63	财信吉祥人寿保险股份有限公司	2012-09-07	股份制	小型	中资	长沙市
64	复星保德信人寿保险有限公司	2012-09-21	有限制	小型	外资	上海市
65	珠江人寿保险股份有限公司	2012-09-26	股份制	中型	中资	广州市
66	中韩人寿保险有限公司	2012-11-30	有限制	小型	中资	杭州市
67	德华安顾人寿保险有限公司	2013-07-22	有限制	小型	外资	济南市
68	大家养老保险股份有限公司	2013-12-31	股份制	小型	中资	北京市
69	太平洋健康保险股份有限公司	2014-12-10	股份制	小型	中资	上海市
70	渤海人寿保险股份有限公司	2014-12-18	股份制	中型	中资	天津市
71	国联人寿保险股份有限公司	2014-12-31	股份制	小型	中资	无锡市
72	上海人寿保险股份有限公司	2015-02-16	股份制	中型	中资	上海市
73	中华联合人寿保险股份有限公司	2015-11-24	股份制	小型	中资	北京市
74	新华养老保险股份有限公司	2016-09-19	股份制	小型	中资	深圳市
75	泰康人寿保险有限责任公司	2016-11-28	有限制	大型	中资	北京市
76	横琴人寿保险有限公司	2016-12-28	有限制	小型	中资	珠海市

续表

序号	机构名称	成立日期	组织形式	规模类型	资本性质	注册城市
77	复星联合健康保险股份有限公司	2017-01-23	股份制	小型	中资	广州市
78	和泰人寿保险股份有限公司	2017-01-24	股份制	小型	中资	济南市
79	华贵人寿保险股份有限公司	2017-02-17	股份制	小型	中资	贵阳市
80	爱心人寿保险股份有限公司	2017-06-22	股份制	小型	中资	北京市
81	招商局仁和人寿保险股份有限公司	2017-07-04	股份制	中型	中资	深圳市
82	中国人民养老保险有限责任公司	2017-10-12	有限制	小型	中资	保定市
83	三峡人寿保险股份有限公司	2017-12-20	股份制	小型	中资	重庆市
84	北京人寿保险股份有限公司	2018-02-14	股份制	小型	中资	北京市
85	国宝人寿保险股份有限公司	2018-04-08	股份制	小型	中资	成都市
86	瑞华健康保险股份有限公司	2018-05-15	股份制	微型	中资	上海市
87	海保人寿保险股份有限公司	2018-05-30	股份制	小型	中资	海口市
88	国富人寿保险股份有限公司	2018-06-07	股份制	小型	中资	南宁市
89	友邦人寿保险有限公司	2020-06-17	有限制	中型	外资	上海市
90	恒安标准养老保险有限责任公司	2021-01-18	有限制	微型	外资	天津市
91	国民养老保险股份有限公司	2022-03-22	股份制	小型	中资	北京市

资料来源：南开大学中国保险机构治理指数数据库。

附表 2　我国财产保险公司名录

序号	机构名称	成立日期	组织形式	规模类型	资本性质	注册城市
1	史带财产保险股份有限公司	1995-01-25	股份制	小型	外资	上海市
2	天安财产保险股份有限公司	1995-01-27	股份制	中型	中资	上海市
3	永安财产保险股份有限公司	1996-09-13	股份制	小型	中资	西安市
4	华安财产保险股份有限公司	1996-12-03	股份制	小型	中资	深圳市
5	中国出口信用保险公司	2001-11-08	有限制	中型	中资	北京市
6	中国太平洋财产保险股份有限公司	2001-11-09	股份制	中型	中资	上海市
7	太平财产保险有限公司	2001-12-20	有限制	小型	中资	深圳市
8	中国平安财产保险股份有限公司	2002-12-24	股份制	中型	中资	深圳市
9	中国人民财产保险股份有限公司	2003-07-07	股份制	大型	中资	北京市
10	中国大地财产保险股份有限公司	2003-10-15	股份制	中型	中资	上海市
11	太平洋安信农业保险股份有限公司	2004-09-15	股份制	小型	中资	上海市
12	永诚财产保险股份有限公司	2004-09-27	股份制	小型	中资	上海市
13	安华农业保险股份有限公司	2004-12-30	股份制	小型	中资	长春市
14	安盛天平财产保险股份有限公司	2004-12-31	有限制	小型	外资	上海市
15	中银保险有限公司	2005-01-05	有限制	小型	中资	北京市
16	亚太财产保险有限公司	2005-01-10	有限制	小型	中资	深圳市
17	三星财产保险（中国）有限公司	2005-04-25	有限制	小型	外资	上海市
18	日本财产保险（中国）有限公司	2005-05-31	有限制	小型	外资	大连市

续表

序号	机构名称	成立日期	组织形式	规模类型	资本性质	注册城市
19	阳光财产保险股份有限公司	2005-07-28	股份制	中型	中资	北京市
20	渤海财产保险股份有限公司	2005-09-28	股份制	小型	中资	天津市
21	都邦财产保险股份有限公司	2005-10-19	股份制	小型	中资	吉林市
22	华农财产保险股份有限公司	2006-01-24	股份制	小型	中资	佛山市
23	中华联合财产保险股份有限公司	2006-12-06	股份制	中型	中资	北京市
24	中国人寿财产保险股份有限公司	2006-12-30	股份制	中型	中资	北京市
25	安诚财产保险股份有限公司	2006-12-31	股份制	小型	中资	重庆市
26	现代财产保险（中国）有限公司	2007-03-02	有限制	小型	外资	北京市
27	劳合社保险（中国）有限公司	2007-03-15	有限制	小型	外资	上海市
28	中意财产保险有限公司	2007-04-13	有限制	小型	外资	北京市
29	三井住友海上火灾保险（中国）有限公司	2007-09-06	有限制	小型	外资	上海市
30	利宝保险有限公司	2007-09-21	有限制	小型	外资	重庆市
31	美亚财产保险有限公司	2007-09-24	有限制	小型	外资	上海市
32	长安责任保险股份有限公司	2007-11-07	股份制	小型	中资	蚌埠市
33	国元农业保险股份有限公司	2008-01-18	股份制	小型	中资	合肥市
34	安达保险有限公司	2008-02-01	有限制	小型	外资	上海市
35	瑞再企商保险有限公司	2008-03-17	有限制	微型	外资	上海市
36	鼎和财产保险股份有限公司	2008-05-22	股份制	小型	中资	深圳市
37	东京海上日动火灾保险（中国）有限公司	2008-07-22	有限制	小型	外资	上海市
38	国泰财产保险有限责任公司	2008-08-28	有限制	小型	外资	上海市
39	中煤财产保险股份有限公司	2008-10-13	股份制	小型	中资	太原市
40	英大泰和财产保险股份有限公司	2008-11-04	股份制	小型	中资	北京市
41	爱和谊日生同和财产保险（中国）有限公司	2009-01-23	有限制	微型	外资	天津市
42	紫金财产保险股份有限公司	2009-05-08	股份制	小型	中资	南京市
43	日本兴亚财产保险（中国）有限责任公司	2009-06-19	有限制	微型	外资	深圳市

续表

序号	机构名称	成立日期	组织形式	规模类型	资本性质	注册城市
44	浙商财产保险股份有限公司	2009-06-25	股份制	小型	中资	杭州市
45	国任财产保险股份有限公司	2009-08-31	股份制	小型	中资	深圳市
46	凯本财产保险（中国）有限公司	2009-10-23	有限制	微型	外资	南京市
47	京东安联财产保险有限公司	2010-03-24	有限制	小型	外资	广州市
48	富邦财产保险有限公司	2010-10-08	有限制	小型	外资	厦门市
49	泰山财产保险股份有限公司	2010-12-31	股份制	小型	中资	济南市
50	锦泰财产保险股份有限公司	2011-01-30	股份制	小型	中资	成都市
51	中航安盟财产保险有限公司	2011-02-22	有限制	小型	外资	成都市
52	众诚汽车保险股份有限公司	2011-06-08	股份制	小型	中资	广州市
53	华泰财产保险有限公司	2011-07-29	有限制	小型	外资	上海市
54	长江财产保险股份有限公司	2011-11-18	股份制	小型	中资	武汉市
55	诚泰财产保险股份有限公司	2011-12-31	股份制	小型	中资	昆明市
56	富德财产保险股份有限公司	2012-05-07	股份制	小型	中资	深圳市
57	鑫安汽车保险股份有限公司	2012-06-15	股份制	小型	中资	长春市
58	北部湾财产保险股份有限公司	2013-01-18	股份制	小型	中资	南宁市
59	苏黎世财产保险（中国）有限公司	2013-07-02	有限制	小型	外资	上海市
60	众安在线财产保险股份有限公司	2013-10-09	股份制	中型	中资	上海市
61	中石油专属财产保险股份有限公司	2013-12-26	股份制	小型	中资	克拉玛依市
62	华海财产保险股份有限公司	2014-12-09	股份制	小型	中资	烟台市
63	恒邦财产保险股份有限公司	2014-12-30	股份制	小型	中资	南昌市
64	燕赵财产保险股份有限公司	2015-02-03	股份制	小型	中资	石家庄市
65	合众财产保险股份有限公司	2015-02-11	股份制	微型	中资	北京市
66	中路财产保险股份有限公司	2015-04-03	股份制	微型	中资	青岛市
67	中原农业保险股份有限公司	2015-05-13	股份制	小型	中资	郑州市
68	中国铁路财产保险自保有限公司	2015-07-06	有限制	小型	中资	北京市
69	泰康在线财产保险股份有限公司	2015-11-12	股份制	小型	中资	武汉市

续表

序号	机构名称	成立日期	组织形式	规模类型	资本性质	注册城市
70	东海航运保险股份有限公司	2015-12-25	股份制	微型	中资	宁波市
71	安心财产保险有限责任公司	2015-12-31	有限制	小型	中资	北京市
72	阳光信用保证保险股份有限公司	2016-01-11	股份制	小型	中资	重庆市
73	易安财产保险股份有限公司	2016-02-16	股份制	微型	中资	深圳市
74	久隆财产保险有限公司	2016-03-17	有限制	微型	中资	珠海市
75	新疆前海联合财产保险股份有限公司	2016-05-19	股份制	小型	中资	乌鲁木齐市
76	珠峰财产保险股份有限公司	2016-05-22	股份制	微型	中资	拉萨市
77	海峡金桥财产保险股份有限公司	2016-08-25	股份制	微型	中资	福州市
78	建信财产保险有限公司	2016-10-11	有限制	微型	中资	银川市
79	中远海运财产保险自保有限公司	2017-02-08	有限制	小型	中资	上海市
80	广东能源财产保险自保有限公司	2017-11-10	有限制	微型	中资	广州市
81	黄河财产保险股份有限公司	2018-01-02	股份制	小型	中资	兰州市
82	太平科技保险股份有限公司	2018-01-08	股份制	微型	中资	嘉兴市
83	融盛财产保险股份有限公司	2018-07-09	股份制	微型	中资	沈阳市
84	大家财产保险有限责任公司	2019-08-28	有限制	小型	中资	深圳市
85	中国融通财产保险有限公司	2022-01-30	有限制	小型	中资	上海市

资料来源：南开大学中国保险机构治理指数数据库。